Herrn Spitzenberg
mit einem herzlichen Dankeschön

Zur Erinnerung an den Elvekumer
Weg 10 — Beate + Peter Jacobs

Delrath, den 3. 9. 2014
Peter Jacobs

Das Titelblatt zeigt die älteste bisher bekannte Urkunde vom 7. Februar 1263 mit der Erwähnung des Ortes Delrath als Didenrode.

Der Name Delrath wurde im Lauf der Jahrhunderte immer wieder anders geschrieben und ist vermutlich mit „Teilrodung" zu interpretieren.

Von ganz unten, wo der Name Delraths der Canzley-Schrift der Urkunde nachempfunden ist, nimmt er nach oben steigend und sich stetig ändernd die Schreibweise an, die ihm der französische Vermessungsoffizier Tranchot auf seiner Landkarte gab, bevor der Name Delrath ganz oben in heutiger Schreibweise zum Teil des Titels wird.

Diese Darstellung symbolisiert den Werdegang von Delrath:

Aus der Dunkelheit zum Licht - Per aspera ad astra!

Grafische Gestaltung des Titelblattes:
Kalligraphin Rena Werneyer, Delrath
© *Peter Jacobs und Rena Werneyer*

Herausgeber: Verein „750 Jahre Delrath e.V."

Redaktions-Team: Peter Jacobs, Burkhard Schleif,
                 Dr. Nikolaus Wiesenberger

archaeotopos-Buchverlag, Dormagen

ISBN: 978-3-938473-19-1

Druck: Lambertz + Scheer Medienproduktion, Köln

Homepage: www.delrath.net

750 Jahre Delrath

herausgegeben vom Verein „750 Jahre Delrath e.V."
in Erinnerung an die älteste urkundliche Erwähnung Delraths
am 7. Februar 1263

Delrath 2013

Der Schirmherr
und Ehrenbürger der Stadt Dormagen

Liebe Delratherinnen und Delrather, liebe Gäste,

als mich der Vorstand des Vereins „750 Jahre Delrath e. V." gefragt hat, ob ich die Schirmherrschaft anlässlich des 750-jährigen Dorfjubiläums 2013 übernehme, habe ich mich sehr gefreut. Ich schätze die Menschen in Delrath, weil sie sich für ihren Stadtteil und damit ihren Lebensraum und ihre Heimat immer mit großem Engagement einsetzen.

Dabei beschränken sie sich nicht auf Forderungen an Rat und Verwaltung der Stadt Dormagen. In Delrath werden die Probleme von einer aktiven Bürgerschaft selbst angepackt und gelöst. Ich erinnere an den Dorfplatz, der in eigener Regie realisiert wurde und noch heute gepflegt und unterhalten wird. Als die katholische Kirchengemeinde St. Gabriel auf Weisung aus Köln das Johanneshaus aufgeben sollte, gründeten sie einen Trägerverein, der den wichtigen Versammlungsort heute noch mit Leben füllt. Den geplanten Abbruch des historischen Bahnhofsgebäudes konnten sie mit politischer Hilfe verhindern. Beim Umbau packten die Delrather Schützen mit an und errichteten einen Schießstand mit Treffpunkt auch für andere Vereine.

Auch das Jubiläumsfest wird von einer aktiven Bürgergesellschaft selbst in die Hand genommen. Es werden Spenden gesammelt, eine Ausstellung vorbereitet, ein Festumzug geplant und Feiern organisiert. Die Delrather Kinder erfahren die Dorfgeschichte in einer Projektwoche der Grundschule.

In Delrath wehrt man sich, wenn der heimatliche Lebensraum bedroht wird. Der Einsatz gegen das geplante Gewerbegebiet Am Kohnacker ist hier ein gutes Beispiel.

Das Geschichtsbewusstsein im Ort dokumentiert sich nicht nur durch das geplante Jubiläumsjahr, sondern hat mit Veröffentlichungen von Günter Blank und Burkhard Schleif Tradition.

Ich bin gespannt auf das Jubiläumsjahr und wünsche uns interessante Veranstaltungen und fröhliche Feiern.

Ihr

Heinz Hilgers

Inhaltsverzeichnis

Inhaltsverzeichnis

Die Ministerpräsidentin
des Landes Nordrhein-Westfalen

Beim Wort „Nachbarschaft" denke ich auch heute noch gelegentlich an Willy Brandts erste Regierungserklärung als Bundeskanzler. Vor mehr als 40 Jahren versprach er, dass die Deutschen „ein Volk der guten Nachbarn" sein wollten. Damals ging es natürlich nicht um die Nachbarschaft unter den Deutschen, sondern um die gute Nachbarschaft Deutschlands gerade mit jenen Ländern, die in seinem Namen in zwei Weltkriege gestürzt worden waren. Aber mir gefällt bis heute die Formulierung. „Ein Volk der guten Nachbarn" zu sein - das ist doch ein schönes und zeitloses Ideal. Es wird immer wichtiger in unserer schnelllebigen Zeit mit ihren großen Veränderungen, die immer undurchschaubarer und unberechenbarer werden. Wir müssen aufpassen, dass es nicht noch mehr Einzelkämpfer gibt und dass nicht noch mehr Menschen zu Außenseitern werden. Um sie müssen wir uns kümmern. Auch sie brauchen gute Nachbarn, auf die sie sich verlassen können, und eine starke Gemeinschaft, in der sie gut aufgehoben sind. Delrath ist eine starke Gemeinschaft guter Nachbarn - und das seit 750 Jahren! Zu diesem ebenso schönen wie seltenen Jubiläum gratuliere ich herzlich.

Bei Ihnen in Delrath gibt es viele gute Beispiele dafür, wie gelebter Gemeinsinn dazu beiträgt, Zusammengehörigkeit und Zusammenhalt zu stärken. Das passt gut zu Nordrhein-Westfalen, einem Land, in dem viele engagierte Menschen mit Herz und Verstand gute Traditionen pflegen, sich um die Anliegen ihrer Mitmenschen kümmern und gemeinsam etwas Gutes für alle schaffen. Feiern Sie also kräftig und seien Sie stolz auf all das, was Sie und viele Generationen vor Ihnen in den vergangenen 750 Jahren für Delrath und damit für unser Land Nordrhein-Westfalen geleistet haben. Sie haben viele Gründe dazu!

Hannelore Kraft

Die Regierungspräsidentin
der Bezirksregierung Düsseldorf

Liebe Bürgerinnen und Bürger in Delrath,

selbstbewusst können Sie Ihr 750-jähriges Ortsjubiläum feiern! In seiner langen, unverwechselbaren Geschichte hat sich Delrath 1975 bei der Eingemeindung nach Dormagen nicht zuletzt den Ortsnamen und die Ortsgrenzen erhalten können. Auch damit haben Sie sich ein hohes Maß an Eigenständigkeit bewahrt.

Delrath verdient seinen Platz im Regierungsbezirk Düsseldorf namentlich durch den Gemeinsinn seiner Bürgerinnen und Bürger, die nicht nur in zahlreichen Vereinen, Sport und Karneval zusammenleben, sondern sich darüber hinaus für ihren Ort und ihr Zusammenleben engagieren. Beispiel dafür ist nicht allein der in Eigeninitiative geschaffene und gestaltete Dorfplatz.

Auch in der Stadt Dormagen, in der Region und in unserem Land verfolgen die Delrather selbstbewusst eigene Interessen, bemüht um eine Weiterentwicklung des Ortes insbesondere durch Ansiedlung von Gewerbebetrieben und Unternehmen und eine bessere verkehrliche Anbindung.

Mit eigener Leistung, Lebensqualität und Zusammengehörigkeitsgefühl haben Bürgerinnen und Bürger sich ihr Delrath aufgebaut und bis heute erhalten, mit Ihrem Engagement ist auch eine erfolgreiche Weiterentwicklung des Ortes in Zukunft zu erwarten.

Ich wünsche Ihnen ein festliches Jubiläumsjahr und frohes Feiern!
Ihre

Anne Lütkes
Regierungspräsidentin

Der Landrat
des Rhein-Kreises Neuss

„Das Wesen der Geschichte", so der Schweizer Kulturhistoriker Jacob Burckhardt, „ist ihre Wandlung". Die Menschen in Delrath feiern in diesem Jahr, dass sich Ihr Stadtteil im Wandel der Zeiten behauptet hat und deshalb auf eine 750-jährige Geschichte zurückblicken kann. Zu diesem großen Jubiläum gratuliere ich im Namen des Rhein-Kreises Neuss ganz herzlich.

Jeder Ort hat seine unverwechselbare Geschichte; und zu dieser Geschichte gehören nicht nur die herausragenden Persönlichkeiten und die großen Ereignisse. Was einen Ort im Kern ausmacht, das sind die Menschen, die täglich ihr Werk verrichten, sich eine Existenz aufbauen, sich um Familie und Nachbarn kümmern und die sich durch Katastrophen oder Schicksalsschläge nicht entmutigen lassen, sondern immer wieder von vorn anfangen. Sie sind es, die einen Ort gestalten und am Leben halten.

Dieser Gemeinschaftssinn ist in Delrath besonders lebendig. Denn das Ehrenamt hat hier einen herausragenden Stellenwert – ob in der Kirchengemeinde, bei den Schützen, im Sport oder im Karneval. Und das große Engagement der Delrather Heimatforscher wird auch in unserem Archiv für den Rhein-Kreis Neuss geschätzt, das Anlaufstelle für alle ist, die sich für die Geschichte unseres Kreises oder der Stadt Dormagen interessieren.

Geschichte ist aber nicht nur Rückblick, auf ihr fußt unsere Gegenwart und Zukunft. Und wenn wir heute im Rhein-Kreis Neuss von der

Wirtschaftsleistung bis zur anerkannt hohen Lebensqualität nach wie vor gut dastehen, dann ist ein gewichtiger Grund dafür, dass unsere Unternehmen zu ihrem Standort stehen und unsere Bürgerinnen und Bürger sich - so wie in Delrath - auch für das Wohl aller engagieren. Das ist ein klarer Vorteil, auf den wir bei uns bauen können. Denn auch in Zukunft wird es auf das Engagement unserer Bürgerinnen und Bürger ankommen. Viele Menschen waren stets bereit, an der Geschichte von Delrath mitzuschreiben, und deshalb, davon bin ich überzeugt, kann Delrath auch mit Zuversicht auf die kommenden 750 Jahre blicken.

In der Gegenwart, liebe Delratherinnen und Delrather, ist aber erst mal Feiern angesagt, und ich wünsche Ihnen ein gut nachbarschaftliches Jubiläumsfest.

Ihr

Hans-Jürgen Petrauschke
Landrat

Der Bürgermeister
der Stadt Dormagen

Sehr geehrte Damen und Herren,
liebe Delrather!

Einer der kleineren Dormagener Stadtteile, dessen Name „Delrath" schon einmal beinahe von der Landkarte verschwunden wäre, feiert nun sein 750-jähriges Bestehen.

Ein kleinerer Stadtteil, dessen Einwohner aber schon immer nach Eigenständigkeit strebten und die gerne ihre besonderen Interessen wahren wollten. Die Delrather waren in diesen 750 Jahren nicht gerne Teile des „Dingstuhls Hülchrath", der „Munizipalität Zons" und der „Mairie oder Gemeinde Nievenheim". Auch Stadtteil von Dormagen ist man 1975 nur eingeschränkt willig geworden. Es waren die Delrather, die die Beibehaltung der alten Ortsnamen der Dormagener Stadtteile durchsetzten, und es waren auch die Delrather, die eine Verschiebung ihrer westlichen Ortsgrenze errangen, damit die beiden großen Höfe Latourshof und Sülzhof nicht nach Nievenheim abgetrennt wurden.

Delrath liegt heute in etwa zwischen der Bahnlinie Köln-Krefeld und der Autobahn 57 eingebettet und wurde in den frühen Jahren des vorigen Jahrhunderts industrialisiert. Die umweltbelastende Zinkhütte, die jedoch auch den größten Arbeitgeber für die Delrather darstellte, gibt es nicht mehr. Heute ist das Industriegebiet Delrath durch die Niederlassungen und Logistikzentralen zahlreicher Firmen geprägt. Falls der Anschluss an die A 57 doch noch verwirklicht werden kann, könnte das für diese Unternehmen und die weitere Entwicklung des Ortes nur von Vorteil sein.

In dem kleinen Delrath steht man fest zusammen. Im Ortsteil agieren zwischen Silbersee und Kohnacker viele Vereine. Fast jeder Delrather kann seinem Hobby organisiert nachgehen.

Als Beispiel für bürgerschaftliches Engagement aus den Reihen der Vereine kann die Pflege des Zerringer Büschchens zwischen Sportplatz und Autobahnraststätte und der von den Delrathern in Eigeninitiative geschaffene und liebevoll gestaltete Dorfplatz gelten. Hier erinnern Skulpturen eines Landwirts und eines Zinkschmelzers an vergangene Zeiten, als diese beiden Berufsgruppen den Hauptanteil der arbeitenden Bevölkerung ausmachten. Der Dorfplatz ist ein Zeichen des hier herrschenden „Wir-Gefühls".

Ich wünsche dem Ortsteil und seinen Bewohnern alles Gute für die nächsten 750 Jahre! Ich bin sicher, dass die Delrather auch weiterhin fest zusammenhalten werden.

Herzlichst Ihr

Peter-Olaf Hoffmann
Bürgermeister

DELRATH

Zum Geleit

von Peter Jacobs

Die Festschrift zum Jubiläum „750 Jahre Delrath" soll in erster Linie der Gegenwart und der Zukunft unseres Ortes gewidmet sein. Natürlich kann aber ein 750-jähriges Jubiläum nicht ohne einen Blick in die Vergangenheit begangen werden, denn nur wer die Vergangenheit kennt, kann die Gegenwart verstehen und die Zukunft gestalten.

Verständlicherweise beginnt diese Schrift mit einem Blick auf archäologische Funde und auf jene Urkunde, auf welcher die bisher älteste bekannte Erwähnung des Ortsnamens Delrath festgehalten ist. Da wegen Baumaßnahmen an einer neuen U-Bahnstrecke das Kölner Stadtarchiv Anfang März 2009 einstürzte, ist diese Urkunde zurzeit nicht verfügbar. Die Autoren mussten sich aus diesem Grund mit einer Reproduktion aus einer alten Mikroverfilmung begnügen.

Natürlich ist der geschichtliche Werdegang unseres Ortes mit seinen im Laufe der Jahrhunderte wechselnden Zugehörigkeiten zu den verschiedenen Verwaltungen unverzichtbar. Ansonsten wird Geschichtliches in dieser Schrift immer dann aufbereitet, wenn es in die Gegenwart mündet oder einen besonderen Einfluss auf das Heute oder Morgen hat oder haben könnte. Aus der Zeit der ältesten Erwähnung Delraths bestehen bis in die Gegenwart drei Höfe, von denen zwei auch heute noch erfolgreich bewirtschaftet werden. Der Latourshof feiert im Jahr 2013 sein 720-jähriges Bestehen, während der Sülzhof dann seit 664 Jahren besteht. Die Ursprünge des Leckenhofes gehen auf das Jahr 1254 zurück. Er ist damit 759 Jahre urkundlich nachweisbar. Das immer noch genutzte Hauptgebäude des Lecken- oder Quirinushofes, dessen Wirtschaftsgebäude 1932 abbrannten, stammt aus der Zeit um 1650. Die Gebäude des Sülzhofes wurden 1766 errichtet, während der Latourshof nach dem Zweiten Weltkrieg wieder neu aufgebaut werden musste.

Der Historiker befasst sich in der Regel nicht mit Ereignissen, die weniger als 50 Jahre zurückliegen, da wegen der geringen zeitlichen Distanz eine objektive Betrachtung und Bewertung meist schwierig ist. In der vorliegenden Arbeit soll aber von diesem Grundsatz bewusst abgewichen werden, denn einerseits soll diese Schrift kein „Geschichtsbuch" sein und andererseits besteht die erklärte Absicht, Kenntnisse und Erfahrungen aus der Geschichte für eine positive Gestaltung der Zukunft Delraths zu nutzen.

Über Delrath, den drittkleinsten Ortsteil von Dormagen, gibt es erstaunlich viele Bücher.

Der Delrather Günter Blank verfasste außer seinem Mundartwörterbuch „Platt kalle en Delrod un um Delrod eröm" und dem „Delrather Liederheft" sieben Bücher, die er „Delrather Zeitreise" nannte und in denen er „Wichtiges und weniger Wichtiges" [Günter Blank] festhielt. Seine „Zeitreise" begann mit der ältesten urkundlichen Erwähnung Delraths im Jahr 1263 und endet im Jahr 2010. Blank gab seine Bücher selbst heraus.

Eine andere, sehr wichtige Arbeit ist die von Burkhard Schleif mit dem Titel: „Wo lit Delrod?". Sie erschien im Jahr 1995 als Nr. 16 in der Historischen Schriftenreihe der Stadt Dormagen (ISBN 3-926963-16-6).

Walter Lorenz, der zugleich als Herausgeber genannt ist, veröffentlichte kurz vor der Kommunalreform seine beiden Bände „Gohr, Nievenheim, Straberg" (Quellen zur Geschichte des Amtes Nievenheim, seiner Bewohner und Siedlungen), 1. und 2. Teil, Köln 1973 und 1974. Auch wenn Delrath im Titel nicht genannt wird, so sind doch viele Quellen zu Delrath dort zu finden (ISBN 3-7927-0179-0).

Neben den genannten Büchern erschienen im Lauf der Jahre viele Festschriften und Chroniken der Delrather Vereine. Die Vereine sind ein ganz wesentlicher Teil der sozialen Gesellschaft von Delrath. Die dort aufzufindenden Berichte von Zeitzeugen geben nicht nur wichtige Einblicke in vergangene politische, sondern auch in die früheren gesellschaftlichen Verhältnisse. Aus diesen Gründen wird die Geschichte der Delrather Vereine als untrennbarer Teil der Geschichte von Delrath dargestellt. Details aus dem Vereinsleben, die Nennung der Namen von Vorständen und Ehrenmitgliedern sollen jedoch den Vereinschroniken vorbehalten bleiben.

Auf Fuß- oder Endnoten wurde in der Regel aus Gründen der besseren Lesbarkeit verzichtet. Quellen sind dann am Ende der Kapitel aufgelistet. Zum Zweck einer exakteren Quellendarstellung erschien es bei einzelnen Beiträgen jedoch richtiger, von dieser Regel abzuweichen.

Damit diese Festschrift Anfang 2013 vorliegen konnte, mussten die Arbeiten Ende 2012 abgeschlossen sein. Da naturgemäß nicht alle Kapitel gleichzeitig fertig gestellt werden konnten, war bei dem einen oder anderen Textbeitrag bereits im Oktober 2012 Redaktionsschluss. Aus diesem Grund konnten neueste Ereignisse und Entwicklungen nicht immer berücksichtigt werden.

Die Toten mahnen,
es darf nie wieder Krieg geben!

Das Ehrenmal im Jahr 2012 (Foto: P. Jacobs)

Eine aus allen Delrather Vereinen bestehende Interessengemeinschaft setzte sich für den Bau eines Ehrenmals zum Gedenken an die Opfer der beiden Weltkriege von 1914 bis 1918 und von 1939 bis 1945 ein. Die notwendigen Mittel wurden durch Haussammlung in Delrath aufgebracht, das Denkmal wurde an dem Straßendreieck Zinkhüttenweg, Leckenhofstraße und Industriestraße errichtet und im September 1954 eingeweiht.

Nachdem 1997 schon der Sockel renoviert und die Flächen um das Ehrenmal erweitert worden waren, wurden im Juni 2002 auch die inzwischen stark verwitterten Namen auf Bronzetafeln erneuert. Da noch einige Namen von Kriegsopfern nachgetragen werden mussten, wurde das Ehrenmal im August 2007 erneut geändert und erhielt die heutige Form.

Das Ehrenmal im Jahr 1999 (Foto: G. Blank)

Wie die meisten Menschen wurden auch die Delrather vom Ausbruch des Zweiten Weltkrieges überrascht. *„Anstatt Schützenfest zu feiern, zogen einige Schützen in den Krieg"*, kann man in der Schützenchronik lesen. Bald schon kamen die ersten Todesnachrichten, Soldaten wurden vermisst gemeldet, kamen nie mehr zurück. Im Archiv des Rhein-Kreises Neuss befinden sich Listen mit den Gefallenen der Gemeinde Nievenheim. In der Liste sind neben Name und Gemeinde auch Dienstgrad, Todestag und *„Ort des Todes"* angegeben. Vielfach steht dort *„Osten"*, aber auch *„Lazarett verstorb."* oder in einigen Fällen *„Sprengbombe getötet"*.

Die Namen auf dem Ehrenmal, hier in alphabetischer Reihenfolge:

Lorenz Baumann	Gottlieb Klutsch	Engb. Schuhmacher
Jakob Blees	Franz Loibl	Josef Schuhmacher
Martin Borghans	Balthasar Longerich	Josef Schumacher
Karl Brandscheidt	Hans Longerich	Josef Schupp
Heinrich Cremer	Josef Longerich	Heinrich Sebetzki
Wilhelm Deimling	Wilhelm Longerich	Franz Seckler
Josef Does	Bruno Maly	Johann Seckler
Adolf Engels	Günter Maly	Hubert Senden
Peter Engelskirchen	Jakob Maly	Franz Stanossek
Franz Esser	Katharina Maly	Georg Stanossek
Ludwig Fassbender	Luise Maly	Mathias Stodden
Peter Fassbender	Karl Marten	Wilhelm Stolz
Bernh. Feuerstacke	Alfred Michalke	Wilhelm Untucht
Julius Feuerstacke	Gerhard Michels	Albert Weiler
Johann Flor	Josef Nacke	Edmund Weiler
Josef Flor	Günter Nussbaum	Eduard Weiler
Ady Frey	Johann Olpen	Paul Weiler
Heinrich Frey	Felix Rapior	Herbert Wicker
Franz Herrig	Heinrich Rapior	Heinrich Wünsch
Heinrich Hilgers	Hans Rentergent	Theodor Zaum
Franz Hoffmann	Josef Richrath	
Hermann Klophausen	Heinz Schaak	

Quellen:
Wir feiern Schützenfest ..., 75 Jahre St. Hubertus Bürgerschützenverein Delrath 1926 e. V., 75 Jahre Sappeurzug Delrath, Hrsg: St. Hubertus Bürgerschützenverein Delrath 1926 e. V., Dormagen 2001
Archiv im Rhein-Kreis Neuss, Amt Nievenheim, Nr. 90
Blank, Günter: Delrather Zeitreise, Bände 1 bis 7, 1998 - 2010
Schleif, Burkhard: Wo lit Delrod?, Historische Schriftenreihe der Stadt Dormagen, Nr. 16, Hrsg. Stadt Dormagen 1995
Angaben von H.-D. Longerich 2012, ehem. Vorsitzender des Bürgerschützenvereins

Ausgewählte archäologische Fundstellen und Funde aus dem Raum Delrath

von Jost Auler

Funde aus der Steinzeit bei Delrath

1999 hat der Verfasser dieser Miszelle eine archäologische Gebietsaufnahme von Delrath publiziert. Vorgelegt wurden damals sämtliche bis zu diesem Zeitpunkt bekannt gewordenen archäologischen Fundstellen mit ihren Artefakten und durch alle Zeitläufe auf der Grundlage der publizierten Literatur bzw. der Eintragungen im Ortsarchiv des Rheinischen Amtes für Bodendenkmalpflege (Bonn). Sämtliche Fundstellen wurden damals kartiert; somit liegt eine chorologische Fundplatzübersicht für Delrath vor, die kaum an ihrer Gültigkeit verloren haben dürfte.

Aus den wildbeuterischen Epochen, der Alt- (Paläolithikum) und Mittelsteinzeit (Mesolithikum), liegen aus dem Betrachtungsraum keine Funde und Befunde vor; von einer Begehung des Gebietes durch schweifende Jäger-, Fischer- und Sammlerpopulationen kann jedoch aufgrund der Beobachtungen aus nahe angrenzenden Gebieten sicher ausgegangen werden. Die folgende Miszelle stellt drei Fundstellen, die lithisches Fundmaterial geliefert haben, aus dem Weichbild von Delrath vor. Das Material datiert ins Neolithikum, die Jungsteinzeit, und zwar in die mittlere und jüngere Jungsteinzeit (ca. 4100-1800 B.C.); eine genauere Zuordnung zu einer bestimmten Formengruppe (Kultur) ist aufgrund der spärlichen Materialbasis in der Regel nicht möglich. In der Epoche der Jungsteinzeit lebten die Menschen sesshaft und betrieben Ackerbau und Viehzucht.

Stelle Nievenheim 34: Östlich der Autobahnraststätte ‚Nievenheim-West' konnten 1971 einige wenige Feuersteinartefakte – unter anderem eine mandelförmige Pfeilspitze – aufgelesen werden. Bei diesem Projektil handelt es sich um einen Abschlag aus grauem Flint; er ist 2,8 cm lang. Die Pfeilbewehrung ist zur Spitze hin dorsal und ventral an den Kanten retuschiert.

Stelle Nievenheim 30: Südlich vom Sülzhof wurde eine terminal gebrochene Klinge aus grauem, gefleckten Silex geborgen. Das noch 5 cm lange Bruchstück weist eine Kratzerkappe auf. Solche Klingenkratzer dienten der Fellbearbeitung.

Stelle Nievenheim 15: Rund 400 m westlich vom Silbersee und ca. 250 m nordwestlich vom Stüttger Hof wurde eine Axtklinge aus Felsgestein aufgelesen. Das Artefakt aus Grünstein ist noch 11,5 cm lang und 6 cm breit. Weil das schwach konische Schaftloch sich in der Schneidenhälfte befindet, kann davon ausgegangen werden, dass das Gerät nachgeschliffen worden ist. Dass das Schaftloch exzentrisch sitzt – vom Nacken aus liegt es in der Mitte (!) – lässt sich zwanglos mit dem Nachschliff erklären. Weil die neue Schneide kaum Gebrauchsspuren aufweist, der gerundete Nacken aber deutliche Klopfspuren zeigt, ist anzunehmen, dass die Axt auch als Hammer genutzt wurde und wohl kurze Zeit nach der Nachschärfung verlustig ging. Das Fundstück kann – unter Vorbehalt – der mittelneolithischen Rössener Kultur (ca. 4100-3700 B.C.) zugeordnet werden.

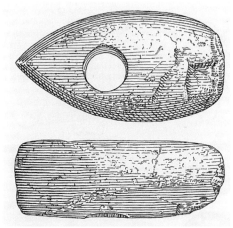

Grünsteinaxt/Breitkeil (nach Brandt 1982, Tafel 138 Nr. 3).

Eine keltische Hofstelle nordöstlich von Delrath

2001 konnte eine Lehmentnahmegrube aus der frühen vorrömischen Eisenzeit archäologisch untersucht werden, die sekundär als Abfallgrube verfüllt worden war. Dieser Befund kann als Siedlungsanzeiger einer Hofstelle auf der Rheinniederterrasse angesprochen werden. Der hier vorzustellende Befund (Stelle 9/10) erwies sich als eine ca. zehn Quadratmeter große Grube, die sich in acht einzelne Mulden aufteilen ließ. Dabei bleibt fraglich, ob separate Gruben oder lediglich unterschiedliche Deponierungsvorgänge vorliegen. Es handelt sich bei dieser Grube um den einzig relevanten archäologischen Befund dieser Ausgrabung; sie war homogen verfüllt. Insbesondere die Scherbenfunde und die Pflanzenreste sind von Relevanz.

Fundmaterial

Im Fundstoff dominieren die Keramiken; über 850 Funde stammen von Gefäßen: Schalen, Schrägrandgefäße und Schüsseln / Breitbecher. Artefakte aus Feuerstein konnten nicht geborgen werden. Zahlreiche Fragmente von Rotlehm wurden ergraben; die Bruchstücke wiesen in keinem Falle Abdrücke von Staken auf und könnten eventuell von einem Estrich aus Stampflehm – also von einem Bodenbelag – stammen. Des Weiteren liegen wohl Fragmente von Mahlsteinen sowie Trümmer von hitzegeborstenen Kochsteinen vor. Geborgen wurden weiterhin Holzkohlen und Knochen sowie verkohlte Reste von Kulturpflanzen und Hölzern.

Kulturpflanzenreste

Neben den oben vorgestellten Funden können auch verkohlte Pflanzenreste – Holzkohlen, Früchte und Samen – auf vorgeschichtlichen Ausgrabungen gefunden werden. In nahezu jeder ur- und frühgeschichtlichen Ausgrabung ist das Erdmaterial von Siedlungshorizonten und Gruben mit solchen Pflanzenresten durchsetzt. Die Pflanzenreste sind durch die Einwirkung von Feuer in mehr oder weniger reinen Kohlenstoff umgewandelt worden, etwa durch das Mitverbrennen in einem Herdfeuer. In diesem Zustand sind sie für die Mikroorganismen im Boden nicht mehr verwertbar und können sich über Jahrtausende erhalten, solange sie nicht mechanisch zerstört werden. Bei solchen verkohlten Pflanzenresten handelt es sich meist um Überreste der einst angebauten Nahrungspflanzen wie beispielsweise Getreide, Hülsenfrüchte oder Ölsaaten sowie der zusammen mit den Kulturpflanzen geernteten Ackerkräuter (‚Unkräuter‘). Bei diesen botanischen Resten handelt es sich ebenso wie etwa bei Scherbenmaterial oder vergleichbaren Fundobjekten um archäologische Artefakte, die wie diese zur Rekonstruktion der Geschichte ausgewertet werden können.

Zwei Bodenproben der Ausgrabung bei Delrath wurden untersucht. Das gesamte Material wurde geschlämmt und gesiebt sowie anschließend mit dem Binocular-Mikroskop bei 2,5- bis 32-facher Vergrößerung untersucht. Neben Aschepartikeln und Holzkohlen fanden sich die Reste von nicht weniger als fünf verschiedenen Getreidearten, die während der letzten vorchristlichen Jahrhunderte im Rheinland als Nahrungsmittel von Bedeutung waren. Dinkel bzw. Spelz (*Triticum aestivum ssp. spelta*), ein bespelztes hexaploides Getreide der Weizenreihe, ist u. a. durch 10 Körner und 105 Spelzenbasisteile nachgewiesen. Es bildet in den Proben – neben Hirse – das Hauptgetreide. Nachgewiesen ist ebenfalls der Emmer,

Zweikorn/Einkorn (*Triticum aestivum ssp. dicoccum/t. ae. Ssp. mono-coccum*), ein tetraploides Spelzgetreide und wichtigstes Getreide der Weizenreihe während des Neolithikums und der Bronzezeit in Europa. Es liegen vor: 13 kleine Bruchstücke, 7 halbe und 4 doppelte Spelzen-Basisteile sowie 1 Korn (Karyopse). Emmer wurde sowohl zum Bierbrauen als auch zur Nahrung verwendet. Die recht anspruchslose sechszeilige Gerste (*Hordeum vulgare*) tritt seit der Jungsteinzeit gemeinsam mit Weizen auf, allerdings als minderwertiges Getreide. In den Proben erscheint sie mit 6 Körnern und einem Spindelabschnitt hinter Dinkel und Hirse. Dies entspricht dem allgemeinen Bild der Gerste im Rheinland dieser Zeit. Die Gerste ist kein Brotgetreide, denn Gerstenmehl ist nicht backfähig, sondern eignet sich nur zur Herstellung flacher Fladen. Gerste lässt sich gut als Suppeneinlage verwenden und zu Brei verarbeiten; dass bereits zu dieser Zeit Bier gebraut wurde, ist gesichert. Zudem fand die Gerste Verwendung als Tierfutter. Hirse, seit dem Beginn des Neolithikums bekannt und seit der Bronzezeit auch am Niederrhein vertreten, erfuhr während der vorrömischen Eisenzeit eine starke Ausbreitung bis an den Niederrhein und in die Niederlande. Die Hirse hatte in den Metallzeiten des Rheinlandes eine immens große Bedeutung; in urnenfelderzeitlichen und eisenzeitlichen Siedlungen wurden oft mehr Hirsekörner als Körner von den großfrüchtigen Getreidearten gefunden. Die Kolben- oder Borsten-Hirse (*Setaria italica*) konnte mit 32 Körnern (Karyopsen) und die Rispen-Hirse (*Panicum miliaceum*) mit 9 Körnern sowie wenigen fraglichen Bruchstücken nachgewiesen werden; bezeichnenderweise finden sich die Körner der erstgenannten Art weit in der Überzahl. Fast überall in Mitteleuropa überwog die Rispen-Hirse; lediglich im Rheinland war die Kolben-Hirse die wichtigere der Hirsearten. Genau dieses Verhältnis spiegeln auch die Nachweise von Delrath wider. Hirse ist ein Getreide der ärmeren sandigen Böden. Es eignet sich kaum zum Brotbacken, sondern wird meist als Brei, Grütze oder Fladen verzehrt. Als singulärer Fund unter den verkohlten botanischen Resten in den beiden Proben ist eine Nuss-Frucht des Ampfer, vielleicht des Sauerampfer, zu nennen. Das Holz stammt überwiegend von der Eiche (*Quercus spec.*), aber auch die Hasel (*Corylus avellana*) ist vertreten.

Datierung

Das Scherbenmaterial datiert in die Phase Hallstatt C/D (etwa 700 bis 600 v. Chr. bzw. 600 bis 475 v. Chr.), also in die frühe Eisenzeit, mit einer deutlichen Tendenz zu Hallstatt C.

Interpretation

Während der frühen Eisenzeit war das Rheinland durch kleine Streusiedlungen aus mehreren Hofanlagen geprägt. Diese umfassten in der Regel ein Wohngebäude, mehrere Neben- und Speichergebäude, Abfallgruben sowie eine oder mehrere kleine Lehmentnahmegruben.

Wohnhaus der Vorrömischen Eisenzeit mit Blick in das Innere.

Der Bodeneingriff nahe Delrath erbrachte die Aufdeckung einer solchen ehemaligen Grube zur Entnahme von Lehm als Baumaterial, die einst zu einer solchen Hofstelle gehörte. Diese Grube wurde, zumindest zeitweise und in sekundärer Nutzung, zur Abfallentsorgung von Küchenabfällen genutzt; diesen Schluss legen jedenfalls die ergrabenen dinglichen Hinterlassenschaften (Tongeschirr) aus dem Grubenbefund nahe. Dafür sprechen auch die Ergebnisse der Bodenprobenanalyse: Es scheint so, als lägen hier Reste eines Herdfeuers vor, in welches die wenigen Getreidereste hineingeraten und worin sie verkohlt waren. Man feuerte mit Eichenholz und mit den Zweigen des Haselstrauches. Die Grube stand wohl über einen längeren Zeitraum vor und nach der Nutzung als Abfallgrube offen. Die durch Erosion abgetragene Altoberfläche wies im Umfeld dieser Grube keinerlei Gebäudespuren mehr auf. Die Analyse der verkohlten Kulturpflanzenreste ergab fünf Getreidearten; sie passen zwanglos in das Spektrum der zur damaligen Zeit am Niederrhein angebauten Zerealien. Im näheren Umfeld dieses keltischen Gehöftes wuchsen Eichen und Haselsträucher.

Fazit

Zwischen Dormagen-St. Peter und Delrath im Rhein-Kreis Neuss wurden 2001 im Vorfeld umfangreicher Baumaßnahmen (Aldi-Logistikzentrum) Spuren einer prähistorischen Siedlung entdeckt und untersucht. Diese Ausgrabung legte eine große Grube frei, die primär der Entnahme von Baumaterial (Lehm) und später der Entsorgung von Müll diente, der bei der Zubereitung von Speisen (Küchenabfall) entstanden war. Aus diesen Einfüllungen konnten genügend Artefakte, besonders Keramik, geborgen werden, um eine Zuordnung der Siedlung in die frühe Eisenzeit (Ha C/D) zu rechtfertigen. Es ist von einer Hofstelle mit einem Wohn- und wenigen Nebengebäuden, Speicherbauten sowie wenigen zugehörigen Gruben auszugehen. Bodenproben aus dem oben erwähnten Grubenbefund erbrachten Pflanzenkohlen, die Hinweise auf die damalige Vegetation und die Kulturpflanzenwelt auf der Niederterrasse des Rheines liefern und als bescheidener Beitrag zur Erhellung der niederrheinischen Agrargeschichte verstanden werden wollen. Eine Bestimmung des geborgenen Knochenmaterials steht ebenso noch aus wie eine genaue Analyse des Keramikspektrums.

Ein römischer Friedhof am Stüttger Hof in Delrath

Im Sommer 1998 legten Archäologen im Vorfeld der Verlegung einer Erdgasleitung rund 550 m westlich des Stüttger Hofes einen kleinen Friedhof aus der Römerzeit frei, der allerdings nur in Teilen erfasst werden konnte. Ergraben werden konnten mindestens dreizehn Grablegen; es fanden sich sowohl Brandgruben-, Brandschüttungs- und Urnengräber. Die Gräber datieren in die Zeit zwischen der Mitte des 1. und dem Anfang des 3. nachchristlichen Jahrhunderts. Die kleine Nekropole dürfte zu einem römischen Landgut (*villa rustica*) gehört haben, die sich unmittelbar südöstlich als Oberflächenfundstreuung zu erkennen gibt. Im folgenden Text werden drei der Gräber beispielhaft vorgestellt.

Stelle 12. Das *bustum* zeigte sich als rechteckige Grube (1,2 m x 0,57 m), deren Wände durch die Hitzeeinwirkung des Scheiterhaufens verziegelt waren. Die lehmige Verfüllung der Grube enthielt zahlreiche Holzkohlen. Dem Grab lassen sich vier Keramikgefäße – ein Kochtopf, ein Firnisbecher sowie zwei Henkelkrüge – zuordnen, die unverbrannt sind, also nicht auf dem Scheiterhaufen gestanden haben. Das Grab datiert in die Jahre um 200. Bei einem *bustum* handelt es sich um eine Brandbestattung, bei der der Tote oberhalb oder in einer offenen Grube auf einem

Scheiterhaufen verbrannt wird. Die Reste dieses Brandes dienten der anschließenden Verfüllung dieser Grube. Der Begriff *bustum* ist übrigens der einzige originäre, lateinische Begriff für einen bestimmten Typ eines Brandgrabes.

Zeichnerische Rekonstruktion eines bustum (nach: Bechert 1980, Tafel 39 oben).

Stelle 19/20. In einer quadratischen Grabgrube (0,8 m x 0,8 m) fanden sich die Reste eines groben, braungrauen Kochtopfes mit nach innen gebogenem Rand; die Außenseite des Gefäßes ist durch ein Reiserbesendekor verziert. Zugehörig zu diesem ältesten Grab dieses Platzes ist ein kleiner, rauhwandiger Becher. Der Komplex stammt aus der ersten Hälfte bis zur Mitte des 1. Jahrhunderts.

Urnengrab während der Freilegung 1998 (Foto: J. Auler)

Stellen 24/25. Die Verfüllung einer annähernd quadratischen Grabgrube (Stelle 24) enthielt zahlreiche Holzkohlen, verbrannte Knochen sowie mehrere Metallfunde. Drei fragmentierte Gefäße wiesen sekundäre Brandspuren auf, standen also einst auf dem Scheiterhaufen. Eine danebenliegende Grube (Stelle 25) enthielt neben zwei Bechern zwei kleine Dolchfibeln, also Gewandspangen, die besonders am Mittel- und Niederrhein während der zweiten Hälfte des 1. Jahrhunderts beliebt waren.

Die vorstehende Miszelle stellte eine Grabgruppe aus der Römerzeit vor, die zu einem landwirtschaftlichen Betrieb gehörte, der zumindest vom 1. bis zum 3. Jahrhundert nahe dem heutigen Stüttger Hof existierte.

Literatur:
Auler, Jost: Archäologische Funde aus Dormagen-Delrath. Ein Überblick. In: Auler, Jost: Eine Hofstelle aus der frühen Eisenzeit bei Dormagen-St. Peter. Blätter zur Geschichte von Zons und Stürzelberg 10, 2005, 5-13.
Auler, Jost: Ein früheisenzeitliches Gehöft nahe Dormagen-St. Peter. Der Niederrhein 3, 2005, 147-151.
Bechert, Tilmann: Zur Terminologie provinzialrömischer Brandgräber. Archäologisches Korrespondenzblatt 10, 1980, 253-258.
Blank, Delrather Zeitreise 1931-1960. o.O. (Delrath) 1999, 5-13.
Brandt, Johanna: Kreis Neuss. Archäologische Funde und Denkmäler des Rheinlandes 4. Köln/Bonn 1982, 196-198.
Gechter-Jones, Jennifer: Vorgeschichte (bis 54/53 v Chr.). In: P. Dohms/H. Pankalla (Hrsg.), Nievenheim. Die Geschichte des Kirchspiels, der Bürgermeisterei und des Amtes von den Anfängen bis zur Gegenwart. Dormagen 1996, 27-42.
Soeters, Gilbert / Trier, Marcus: Ein römischer Bestattungsplatz beim Stüttgerhof in Nievenheim. Archäologie im Rheinland 1998. Köln/Bonn 1999, 70-72.

Die älteste urkundliche Erwähnung Delraths

von Peter Jacobs

Die älteste bisher bekannte und umseitig abgebildete Urkunde mit der Namensnennung von Delrath stammt vom 7. Februar 1263: ***Marsilius und Amilius von Didenrode*** [Delrath] traten bei einem Verkauf von 45 Morgen Ackerland in Ückerath als Zeugen vor dem Gericht in Nievenheim auf. Die entsprechende Stelle in der Urkunde, einem so genannten Siegelbrief, wurde zur besseren Auffindung unterstrichen.

Bisher wurde diese Urkunde noch in keiner Veröffentlichung über Delrath abgebildet. Die Nachfrage beim Historischen Archiv in Köln ergab, dass auch die „Delrather" Urkunde beim Einsturz des Stadtarchivs zunächst verloren ging und zurzeit nicht zugänglich ist, so dass auf eine alte, schwach aufgelöste Mikroverfilmung zurückgegriffen werden musste, die vom Kölner Stadtarchiv zur Verfügung gestellt wurde.

Die nachfolgende Beschreibung der Urkunde ist wörtlich der Internetseite des Kölner Stadtarchivs entnommen. *„Ritter Philippus de Uckerode und seine Söhne Wernerus und Jacobus verkauften 45 Joch Ackerlandes bei Uckerode [Ückerath] sowie eine Rente von 15 Schilling 6 Denaren und 40 Hühnern aus ihren Gütern bei Strabruch in der Pfarrei Nivenheim [Nievenheim], alles Eigenbesitz der Verkäufer, für 33 Mark Kölner Pfennige an die Kirche von St. Georg zu Köln. Der Verzicht erfolgte vor der Kurie Uckerode; Henricus thesaurarius, Theodericus cellerarius, Godescalcus de Stamheim und Hildegerus Hardevust, Kanoniker an genannter Kirche, empfingen den Besitz im Namen ihrer Kirche in Form einer festen Rente nach Erbrecht in der Weise, dass der Aussteller jährlich 12 Malter Weizen in Kölner Maß auf Martini ins Getreidehaus des Stiftes von gt. Gut zu liefern hat. Bei Säumigkeit verfällt das Gut dem Stift. (feria IV. post purificationis b. M.) Es siegeln Abt und Konvent Knecsteden [Knechtsteden] sowie der Dekan Cristian von St. Georg namens seiner Kirche mit Konventssiegel. Zeugen außer gt. Kanonikern Theodericus plebanus de Nivenheim; Heid[enricus] iudex; Conradus et Volmarus, Schöffen; Ludolfus de Aldenbrugen; Hermannus cognatus suus;* ***Marsilius et Amilius de Didenrode****; Hermannus de Uckerode; Henricus campanarius; Godefridus gt. Campanarius; Godefridus genannt Voiszh u.a.*

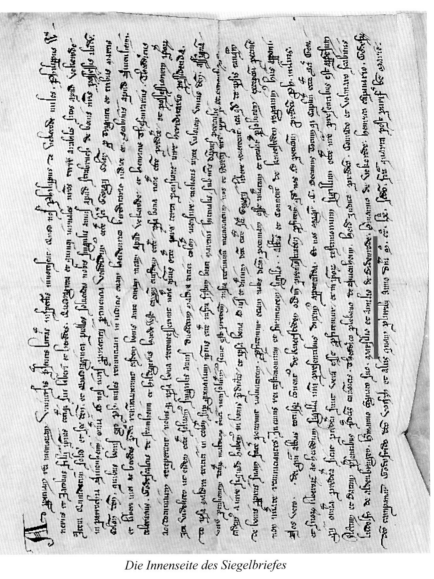

Die Innenseite des Siegelbriefes

Der Text der Urkunde wurde, wie in dieser Zeit allgemein üblich, in der Canzley-Schrift mit Sepia auf Pergament geschrieben und als Siegelbrief verfasst. Wie den eigenwilligen Formen der Ober- und Unterlängen der Schrift zu entnehmen ist, hatte der Schreiber in der Abfassung von Urkunden etc. viel Erfahrung.

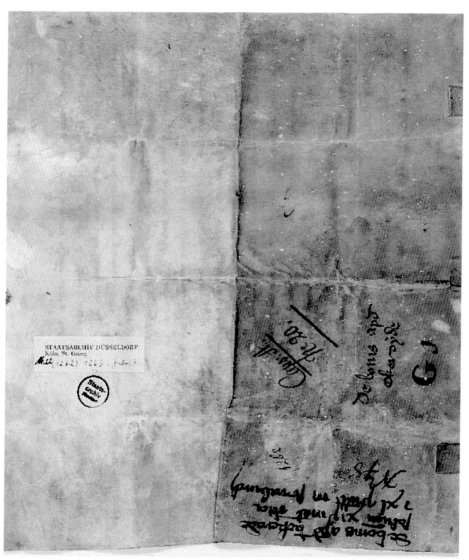

Die Außenseite des Siegelbriefes

Lorenz listet in seinen „Quellen zur Geschichte des Amtes Nievenheim"
weitere Urkunden auf, die einen Bezug zu Delrath haben.

Die nächste Urkunde (Nr. 77) ist über 30 Jahre später entstanden. Sie datiert vom 3. Oktober 1293. *„Gerhard von Slicheym und seine Frau Hildegund verkaufen der Deutschordenskommende St. Katharina in Köln
eine Manse Ackerland nebst dem Hof genannt zu **Dornen** [dem heutigen
Latourshof] [...] in der Pfarrei Nievenheim und zwei Holzgewalten, [...]*

31

*von denen eine im Wald genannt **Stüttgen (Stuytghe)**, die andere im Wald, genannt der Mühlenbusch (Mulenbruch) gelegen ist [...]."*

In der Urkunde Nr. 169 vom 9. März 1329 wird ein Erbpachtvertrag beurkundet. *"Johann und Aleydis von Balgheym haben [...] eine Hofstätte und Ackerland in der Pfarrei Niuenheym zu Erbpacht erhalten [...]. Dabei waren anwesend die Schöffen (von Nievenheim): Konrad von Meyginsale, **Heinrich Kege von Delrath (Dedelrade)** [...]".*

Eine völlig andere Quelle stellen zwei Karten des Amtes Zons dar, die 1751, also zur Zeit des Barockbaumeisters Conrad Schlaun, entstanden und 488 Jahre jünger sind als die zuvor erwähnte älteste Urkunde. Die Karten befinden sich in der Kartensammlung des NRW-Landesarchivs in Düsseldorf. Sie stellen das Amt Zons dar und wurden im Auftrag Kurkölns durch den Landmesser Mathias Ehmans angefertigt.

Eine Karte (Karte 1980) zeigt in zweidimensionaler Darstellung rot hervorgehoben den Verlauf der Grenze des Amtes Zons, das Straßen- und Wegenetz, Flurbezeichnungen sowie die Umrisse etlicher ebenfalls rot hervorgehobener Flurstücke im Bereich von Stürzelberg, das damals zum Amt Zons gehörte.

Die andere Karte (Karte 3532) stellt die Landschaft dreidimensional dar aus einer Art Vogelperspektive. Auch diese Karte zeigt den Verlauf der Grenze des Amtes Zons, das Straßen- und Wegenetz, einige Flurnamen, jedoch nur wenige hervorgehobene Flurstücke, wieder ausschließlich im Bereich von Stürzelberg.

Es sind zwei sehr unterschiedliche kartografische Darstellungen, auf beiden ist Delrath als Ort dargestellt. Auffällig ist, dass auf den Karten unterschiedliche Schreibweisen verwendet wurden, obwohl beide vom selben Kartografen stammen und im selben Jahr entstanden: „Nievenheim, Deelrath, Das Deelrather Feld" (Karte 1980) bzw. „Niuenheim, Deelrot, Das Deelroter Feld" (Karte 3532).

Auf beiden Karten ist der Zonser Gerichtsplatz dargestellt. Zwischen der Land-Strasse von Cöln nach Neuss Cleve (der heutigen B 9) und dem Rhein stand südlich, knapp unterhalb der Amtsgrenze bei den Grenzpunkten 26 (nahe der Landstraße) und 27 (nahe am Rhein), ein dreipfostiger Galgen. Er ist in beiden nachfolgenden Ausschnittsvergrößerungen gut erkennbar. Damit kann am heutigen Stüttger Hof nicht der Zonser Galgen gestanden haben. Dieser Bereich gehörte auch nicht zu Zons.

Ausschnitt aus der Karte 1980

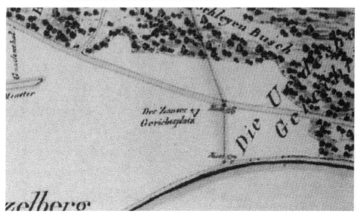

Ausschnittsvergrößerung aus Karte 1980 mit dem „Zonser Gerichtsplatz"

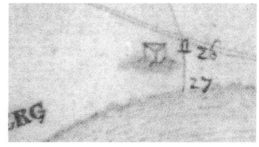

Ausschnittsvergrößerung aus Karte 3532 mit dem dreipfostigen Galgen

„Geometrische Delineation des Ambts Zons v. Dessen limitt und Gräntz Scheidung, dan der Ahnstoßender örther = der Herren Spighen, Großgewächs und des Heckhoffes ligenschafft. Wie dießes Gemeßen im Jahr 1751. Durch mich Mathias Ehmans Approhb. Lantmeßer"

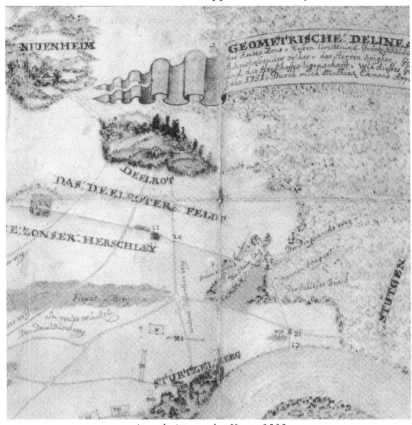

Ausschnitt aus der Karte 3532

Quellen:
Historisches Archiv Köln, Bestand: 214, Signatur: U 1/22, Datierung: 7. Februar 1262 /1263
Lorenz, Walter (Hrsg.): Gohr, Nievenheim, Straberg (Quellen zur Geschichte des Amtes Nievenheim, seiner Bewohner und Siedlungen), 1. Teil, Köln, 1973 (S. 69, 76, 103)
Schleif, Burkhard: Wo lit Delrod?, Historische Schriftenreihe der Stadt Dormagen, Nr. 16, Hrsg. Stadt Dormagen 1995
Angaben der Kalligraphin Rena Werneyer, Dormagen-Delrath 2012
Landesarchiv NRW, Kartensammlung 1980 bzw. 3532, Mathias Ehmans, Karten des Amtes Zons, 1751
Auler, Jost: Die Kölner Landmesserfamilie Ehmans und ihre Kartenwerke zu Dormagen, Kreis Neuss, Dormagener historische Beiträge 1, 1992, 81-112
Auler, Jost: Mathias Ehmans (geb. ca. 1720), in: Lebensbilder aus dem Kreis Neuss 2, 1995, 29-34

Delrather Rittergüter und Adelssitze, berühmte Persönlichkeiten

von Burkhard Schleif

Die Anfänge der Delrather Geschichte und Entwicklung sind eng mit der Landwirtschaft verknüpft. Die Rodungen im 13. Jahrhundert dienten neben der Schaffung von Siedlungsraum nämlich auch dazu, den Boden für eine landwirtschaftliche Bearbeitung urbar zu machen. Der Baumstumpf im Delrather Wappen weist auf diese landwirtschaftlichen Anfänge hin.

In den älteren Quellen, die überwiegend Kauf- und Pachtverträge dokumentieren, sind zahlreiche Hof- und Landbezeichnungen zu finden. Die meisten der dort erwähnten Höfe sind jedoch inzwischen untergegangen.

Bei drei Delrather Höfen, dem *Leckenhof, Latourshof* und *Sülzhof*, ist die Quellenlage so gut, dass sich deren Geschichte über die Jahrhunderte nachzeichnen lässt. Diese Höfe waren Rittergüter oder Adelssitze überwiegend im Eigentum des Erzbischofs von Köln und wurden von diesem als Lehen vergeben.

Ein Lehen stellte Grundbesitz dar, der vom Eigentümer, dem Grundherrn oder Lehnsherrn, an einen Lehnsmann oder Lehnsträger zur Nutzung verliehen wurde. Der Lehnsträger war dem Grundherrn zu bestimmten Diensten, u. a. dem Hand- und Spanndienst oder auch dem Kriegsdienst, verpflichtet. Das Lehen war vererbbar, manchmal nur auf männliche Nachkommen (Mannlehen), da in der Regel nur diese die vereinbarten Dienste wahrnehmen konnten. Später wurden die persönlichen Leistungen durch Abgaben ersetzt und das Lehnsverhältnis wandelte sich quasi zu einem Pachtverhältnis. Wenn auch nicht ganz korrekt, werden die beiden Bezeichnungen Lehen und Pacht nachfolgend als Synonyme verwendet.

Als adlig galt immer der Grundbesitz, nicht dessen Besitzer. Damit besaß der Hof einen besonderen Wert und wurde für den jeweiligen Besitzer attraktiv. Dieser war nämlich zu Sitz und Teilnahme an den kurkölnischen Landtagen berechtigt und brachte ihm damit eine gehobene gesellschaftliche Stellung ein. Der Eigentümer oder Lehnsherr „besaß" den Hof, der Lehnsmann oder Besitzer „saß" auf dem Hof.

Die kriegerischen Auseinandersetzungen im 16. und 17. Jahrhundert führten nicht nur dazu, dass die Lehnsnehmer Kriegsdienste verrichten mussten, auch deren Höfe wurden in Mitleidenschaft gezogen. In den

Schadensmeldungen an den Kurfürsten von Köln war insbesondere von beschlagnahmten Pferden die Rede.

Die Quellenlage des frühen 19. Jahrhunderts ist sehr spärlich. Im Anschluss an die Besetzung des Rheinlandes durch die Franzosen zerfiel der kölnische Kurstaat. Folge war unter anderem die Aufhebung der Lehnsgüter, die in den vollen Besitz ihrer Inhaber übergingen. Für den Prozess der Säkularisierung unter französischer Herrschaft gibt es noch umfangreiche Quellen, für die Zeit der frühen preußischen Herrschaft ab 1815 sind die Quellen äußerst dürftig.

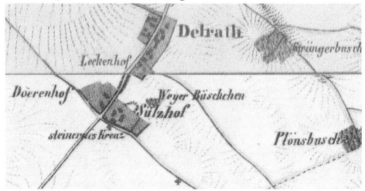

Delrath im Jahr 1842 mit Leckenhof, Sülzhof und Doerenhof (Latourshof)
(Ausschnitte aus preußischen Manöverkarten)

Während der **Leckenhof** nach einem Brand im Jahre 1932 aufgegeben wurde, existieren der **Sülzhof** und der **Latourshof** weiterhin als landwirtschaftliche Betriebe, sind also im heutigen Stadtbild noch vorhanden.

Die erhaltenen Teile des Hauptgebäudes des ehemaligen *Leckenhof*es (heute Johannesstraße 26, 28 und 30) stammen aus der Zeit um 1650, die heute noch bestehenden Gebäude des *Sülzhofes* gehen auf das Jahr 1766 zurück, während der Latourshof nach dem Zweiten Weltkrieg wieder neu aufgebaut werden musste.

Einige Hofinhaber waren Mitglieder adliger Familien und über die Grenzen Delraths hinaus berühmt gewordene Persönlichkeiten. So lebte der Geschichtsschreiber *Martin Henriquez von Strevesdorff* auf dem *Leckenhof* und der berühmte Münsteraner Baumeister *Johann Conrad Schlaun* auf dem *Sülzhof*. Diese beiden Personen werden daher im nachfolgenden Text etwas ausführlicher dargestellt.

Die Bezeichnungen der Höfe wechselten oftmals mit ihren Eigentümern oder Pächtern und deren Familiennamen wurden zur Hofbezeichnung.

Aber auch der umgekehrte Fall ist belegt, dass sich Pächter nach dem Hof benannten. In den folgenden Darstellungen wurden weitestgehend die Namen und ihre Schreibweisen aus den Urkunden übernommen.

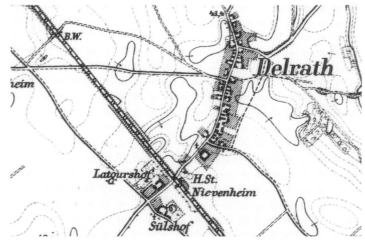

Ausschnitt aus einer Karte von 1893 mit der ersten Bahnhaltestelle Nievenheim, dem Latours- und Sülshof [!], jedoch ohne namentliche Ausweisung des Leckenhofes.

Die 1855 eröffnete Eisenbahnlinie Nippes-Neuß verlief zwischen zwei der ältesten Höfe Delraths und dem Ort. Mit der kommunalen Neugliederung am 1. Januar 1975 war zuerst der Name Delrath verschwunden, dann erklärte die Stadtverwaltung von Dormagen die Eisenbahnlinie zur neuen Ortsgrenze. Heftige Gegenwehr der Delrather Bürger in den Jahren 1989/90 führte dazu, dass erst der Ortsname wieder in die Hauptsatzung der Stadt aufgenommen wurde und auch die Grenze so gezogen wurde, dass beide Höfe wieder zu Delrath gehören.

Der Lecken- oder Quirinushof

Die älteste bekannte Quelle zu diesem Hof datiert vom 12. September 1254. Über die Jahrhunderte wechselte der Hof oftmals mit dem jeweiligen Pächter seinen Namen. Im 13. Jahrhundert wurde er erstmals unter dem Namen *„Forsthof"* erwähnt, der später unterging. Im 14. Jahrhundert bestand er an gleicher Stelle als *„Lindenhof"*, hieß ab dem 16. Jahrhundert *„Leckenhof"* und wurde im 17. Jahrhundert durchgängig auch als *„Quirinushof"* bezeichnet. Eigentümer des Hofes war bis in das 17. Jahrhundert das adlige Frauenstift der Neusser St. Quirinuskirche, deren jeweilige Äbtissin den Hof zweihändig, das heißt an Eheleute, verpachtete.

Als 1597 der damalige Pächter zu den Landständen gerufen wurde, wurde dessen Hof als adeliges Gut und Edelsitz anerkannt. Bereits 1580 war der damalige Pächter Juncker Goddard von Lieckh [daher Leckenhof] in finanzielle Schwierigkeiten gekommen. Über mehrere Jahre konnte er seine Pacht nicht zahlen und musste 1589 auch eine Hypothek auf den Hof aufnehmen. In den Kriegswirren des Jülich-Klevischen Erbfolgestreits (1609 - 1614) erlitt er zusätzliche Schäden durch niederländische Soldaten, die im Gefolge des Kurfürsten von Brandenburg marschierten. Ein Vergleich mit dem Neusser Stift über die ausstehenden Pachtzahlungen kam erst im Jahre 1626 zustande.

Martin Henriquez von Strevesdorff

Da auch der folgende Pächter über viele Jahre seine Pacht schuldig blieb, übertrug die Äbtissin des Stiftes St. Quirin am 27. Juni 1649 den Hof an Martin Henriquez von Strevesdorff. Der neue Hofinhaber wendete 2.600 Reichstaler für die Abfindung des bisherigen Pächters, 950 Reichstaler für Reparaturkosten an den alten Gebäuden und weitere 1.500 Reichstaler für ein neues Haus mit steinernen Giebeln auf. Dieses neue Haus ist als Teil des Leckenhofes bis heute erhalten geblieben. An der Johannesstraße 28 befindet sich an dem steinernen Giebel auch noch das stark verwitterte Wappen der Familie von Strevesdorff.

links: Ansicht des ehemaligen Hauptgebäudes (heute Johannesstr. 26, 28, 30)
rechts: Giebel mit dem Wappen der Familie von Strevesdorff (Fotos B. Schleif)

Martin Henriquez von Strevesdorff wurde 1619 in Neuss auf der Oberstraße geboren und war ein Enkel des damaligen namensgleichen Neusser Bürgermeisters. Seine vermögenden Eltern konnten ihm eine gute Ausbildung und ein Studium in Köln ermöglichen. Er galt bereits Mitte des 17. Jahrhunderts als einer der vermögendsten Männer in Köln. So gehörten ihm zwei Häuser in der Kölner Innenstadt, von denen er das Haus in der Schildergasse mit seiner Ehefrau selbst bewohnte. Er bekleidete die Stelle eines „Generaleinnehmers", d. h. er war der verantwortliche oberste Steuereinnehmer für das Kurfürstentum Köln.

Abbildung des
Martin Henriquez von Strevesdorff

Familienwappen derer
von Strevesdorff

1660 wurde er vom Kaiser mit dem erblichen Adelstitel eines Barons ausgezeichnet und gleichzeitig zum kaiserlichen „Hofpfalzgrafen" ernannt. Dies berechtigte ihn zur Führung eines Wappens.

Durch die Landbeschreibung des Amtes Hülchrath wird belegt, dass er bereits 1663 das Eigentum an dem *„Delrather Leeckengut"* erworben hatte. Der Adelssitz wurde beschrieben als Haus, Hof, Baumgarten und Garten mit 4 Morgen 19 Ruten und 6 Fuß Größe sowie weiteren 127 Morgen und 2 Viertel Ländereien.

Doch Martin Henriquez von Strevesdorff zeichnen nicht nur seine gesellschaftliche Stellung und seine Vermögensverhältnisse aus. Durch Veröffentlichung mehrerer Bücher fand er auch als Schriftsteller große Beachtung. Seine wichtigste Schrift war die 1662 veröffentlichte „Archidioecesis Coloniensis descriptio historica". Hierin beschreibt er das Kurfürstentum Köln und erwähnt unter anderem die Schlacht von Worringen (1288) und das Salvatorfest zu Nievenheim.

Auch der Kirche war Martin Henriquez von Strevesdorff sehr zugetan. Seine fromme Einstellung begründet sich auf dem guten Verhältnis zu seinem Onkel, dem Weihbischof Wolterus Henriquez in Mainz. So gestattete 1656 von Strevesdorff dem Pastor zu Nievenheim, anlässlich der Gottestracht mit der Prozession am Hoftor zu halten und an einem geschmückten gedeckten Tisch die Zeremonien zu begehen. Der Pächter sollte anschließend dem Pastor einen Reichsthaler aushändigen, den der Pächter von der Pacht kürzen sollte.

Zu dem Hof gehörte auch eine Kapelle. Von seinem Onkel erhielt Martin Henriquez von Strevesdorff für diese Kapelle einen Bischofshut, den der Onkel dort auch als Familienandenken aufbewahrt wissen wollte. In dieser Hauskapelle durfte ab 1729 von einem der späteren Söhne des Martin Henriquez von Strevesdorff auch außerhalb der höchsten kirchlichen Feste die Messe zelebriert werden.

1664 verstarb die Ehefrau Katharina von Mecheln nach 12-jähriger glücklicher, aber kinderloser Ehe. Drei Jahre später heiratete Martin Henriquez von Strevesdorff die Kölnerin Maria Gertrud von Kreps. Aus dieser Ehe gingen vier Söhne und zwei Töchter hervor, wovon einige aber schon im Kindesalter verstarben.

Martin Henriquez von Strevesdorff selbst starb am 7. Dezember 1679 im Alter von 60 Jahren. Berufsbedingt hatte er die letzten Jahrzehnte seines Lebens meist in Köln verbracht, doch der Besitz in Delrath hatte ihm stets am Herzen gelegen. Seine Witwe und zwei Söhne waren nun Besitzer des *„Quirinushofs zu Delrath"*, dessen Wert auf 6.000 Reichstaler geschätzt wurde.

Zunächst verkaufte 1729 der älteste Sohn Johann Franz Ferdinand von Strevesdorff (* 12. Juni 1671), Geistlicher und Kanoniker an St. Viktor zu Mainz, sein Drittel an den Vetter Melchior Rutger Kerich (* 24. April 1696) und dessen Frau Maria Sibille, geb. de Bruyn von Blankenhorst.

Vier Jahre später, 1733, beglich der jüngste Sohn Franz Egon Peter von Strevesdorff (* 18. Dezember 1678) seine bei Melchior Rutger Kerich vorhandenen Schulden durch den Verkauf des restlichen Hofanteils. Melchior Rutger Kerich war im gleichen Jahre Bürgermeister der freien Reichsstadt Köln geworden.

Für den Neubau der Nievenheimer Kirche (1740 - 1743) stifteten die neuen Besitzer des *„Quirinushofes zu Delrath"* Melchior Rutger Kerich und seine Frau Sibille den linken Seitenaltar. Der Entwurf zu diesem bis an die Gewölbe hinaufgeführten Muttergottesaltar stammte in seiner ursprünglichen Konzeption von dem westfälischen Baumeister Johann Conrad Schlaun, dem damaligen Besitzer des Sülzhofs. Bei den beiden von einem Engel gehaltenen Wappen handelt es sich um das Allianzwappen der Herren zu Elsen und Bürgermeister von Köln Melchior Rutger Kerich und seiner Frau Maria Sibille, geb. Bruyn von Blankenhorst.

Melchior Rutger Kerich verstarb am 30. Oktober 1754 im Alter von 58 Jahren. Sein Name als Besitzer des Hofes geriet schnell in Vergessenheit, denn spätere Beschreibungen des Hofes bezeichneten diesen wieder als *„Leckenhof"* oder *„Ländereien des Herrn Strevesdorff"*.

Die Geschichte des *„Leckenhofes"* im 19. Jahrhundert liegt mangels Zeugnissen im Dunkeln. Erst zu Beginn des 20. Jahrhunderts sind wieder Quellen über den Leckenhof vorhanden. 1927 übernahmen Gerhard Robens und seine Frau Maria Gertrud den Hof. Im Hochsommer des Jahres 1932 verbrannten nach einem Blitzeinschlag die Scheune und Stallungen mitsamt dem Vieh. Gerhard Robens teilte daraufhin die Wohngebäude in drei Teile und verkaufte die beiden Seitenflügel. Der mittlere Gebäudeteil wurde zu einem Zweifamilienhaus umgebaut. Der Leckenhof ist seitdem ein reines Wohngebäude, das sich seit 1940 im Besitz der Familie Reimer befindet.

Im Jahre 1988 beschäftigte sich der Bezirksausschuss Nievenheim mit dem ursprünglichen *„Leckenhof"*. Es wurde der Bürgerantrag gestellt, das Wappen restaurieren und eine Gedenktafel anbringen zu lassen. Ferner sollten Fachleute die Mauerreste des ursprünglichen Hofes, die sich im Vorgarten und Keller befinden, untersuchen und zeichnerisch für die Nachwelt erhalten. Des Weiteren sollte bei einer zukünftigen Straßen- oder Platzbenennung der Begriff *„Quirinushof"* wieder Verwendung finden. Diesem Bürgerantrag wurde teilweise stattgegeben.

Durch die Gedenktafel vor dem Hauptgebäude und durch die Straßennamen „Leckenhofstraße" und „Am Quirinushof" wird die Erinnerung an dieses untergegangene Rittergut bis in die Gegenwart erhalten. Und im Delrath-Wappen weist der goldene Ring mit rotem Rubin auf seinen berühmtesten Eigentümer Martin Henriquez von Strevesdorff hin.

Der Latourshof

Der heutige Latourshof wird in den älteren Quellen als *„ Villa Slecheym"* oder *„Dornenhof"* erwähnt. Diese Bezeichnung wandelt sich im 18. Jahrhundert zu *„Dörenhof"*. Seit Mitte des 19. Jahrhunderts findet dann der Name *„Latourshof"* durchgängig Verwendung.

Die älteste bekannte Quelle stammt vom 2. Oktober 1293: Gerhard von Slicheym und seine Frau Hildegund verkauften der Deutschordenskommende St. Katharina in Köln eine Manse Ackerland nebst dem Hof, genannt *„zu Dornen"*, in der Pfarrei Nievenheim und zwei Holzgewalten, von denen die eine im Wald, genannt Stuytge (Stüttger Busch), die andere im Wald, genannt der Mulenbruch (Mühlenbusch), gelegen war. Die bisherigen Eigentümer erhielten Hof und Land gegen eine Jahrespacht von 2 Malter Weizen und 8 Malter Roggen als Lehen.

Ritter Gerhard von Slicheym stammte aus dem Geschlecht der Herren von Helpenstein. Diese hatten u. a. Gericht und Besitz in Schlich, einem Dorf südwestlich von Glehn. Gerhard von Slicheym hatte sich mit Hildegund von den Dornen vermählt und damit in den *„Hof zu den Dornen"* eingeheiratet. Sein persönliches Ansehen war jedoch größer als das des Geschlechtes „zu den Dornen", so dass der Hof, solange er dort wohnte, als *„ Villa Slicheym"* bezeichnet wurde.

Nachdem Gerhardt von Slicheym 1317 verstorben war, heiratete seine Witwe neu. Sie und ihre späteren Nachkommen blieben noch mehr als 100 Jahre Pächter des Hofes, der in Urkunden als *„Vandendornen"*, *„Ort Slickheym"* und *"Haydorne"* bezeichnet wurde.

Bemerkenswert ist, dass zu Beginn des 15. Jahrhunderts noch immer die Nachwirkungen der Schlacht von Worringen (1288) zu spüren waren. Ein Enkel des Gerhard von Slicheym und seiner Frau Hildegund von den Dornen hatte nämlich 1401 die Deutschordensherren von Köln „mit Raub und Brand angefallen". Dies hatte er in dem Glauben getan, dass seine Familie noch immer das Eigentum an dem *„Gut zu den Dornen"* besaß. Erst als ihn Freunde über den damaligen Verkauf unterrichteten, verzichtete er gegenüber den Deutschordensherren auf alle vermeintlichen Ansprüche und Forderungen. Des Weiteren erklärte er einige Jahre später gegenüber Herzog Adolf von Berg und der Stadt Köln, dass er gegen diese *„nichts Feindliches unternehmen oder sich rächen werde,* *weil seine Familie in der Fehde gegen den Erzbischof von Köln gezwungen worden war, Bollwerk und Festung Worringen zu übergeben."* 1525, also gut 100 Jahre später, erhielt Daniel zo Deylraidt [Delrath], zo den Dornen, vom Deutschordenshaus St. Katharina in Köln *„Haus und Scheuer, genannt zo den Dornen"*, mit rund 58 Morgen Artland und ¼ Seil Erbbusch in Stuetgen auf 24 Jahre zur Pacht. Der Pächter verstarb jedoch während der Pachtzeit, so dass das Lehen seiner Tochter Metza zu Deilraidt zufiel. Diese verzichtete später wegen Alter und Leibesschwachheit zu Gunsten ihres Sohnes Johann zu Deilraidt und dessen Frau Geirtgen.

Noch vor dem Jahre 1659 muss der Hof abgebrannt sein. Denn in einem Pachtvertrag, den am 9. Februar 1659 Jörg Connen an der Linden und seine Frau Margaretha auf 12 Jahre schlossen, erhielten diese das Hofrecht für den Platz, auf dem früher Haus, Scheuer und Ställe gestanden haben und welcher jetzt unbebaut war. Die Pächter versprachen, die Gebäude innerhalb von ein bis zwei Jahren auf eigene Kosten zu erstellen. In einer kurz darauf erstellten Landesbeschreibung des Amtes Hülchrath wurde das *„Dornhöfgen"* mit Baumgarten, Garten und Kamp und abgebrannter Hofstatt erwähnt.

Als am 26. Juni 1694 die Pachtverträge erneuert wurden, war die Auflage, die Gebäude wieder aufzubauen, bereits gestrichen. Es kann daher angenommen werden, dass die vorherigen Pächter diese Verpflichtung vereinbarungsgemäß ausgeführt hatten.

Die weitere Geschichte des Hofes liegt mangels Zeugnissen im Dunkeln. Lediglich bei Kaufverträgen des 18. Jahrhunderts wurde der *„Dörrenhof"* für die Lagebeschreibung von Grundstücken erwähnt.

Noch bis zur Mitte des 19. Jahrhunderts wurde in Landkarten der Hof als *„Doerenhof"* (1842) oder *Dörenhof"* (1844) bezeichnet. Danach wurde er mit seinem heutigen Namen *„Latourshof"* in den Karten eingetragen.

Ob der Namenswechsel mit dem Kayserlichen Regiment Latour zusammenhängt, das 1794 gegen die Franzosen gekämpft hatte, ist nicht belegt. Belegt durch das Delrather Urkataster ist aber dagegen, dass im Jahre 1818 Peter Galleri Latour Inhaber des Hofes war. Während die Bezeichnung *„Latourshof"* für den Hof erhalten blieb, lebt aber auch die alte Hofbezeichnung noch heute in den Flurbezeichnungen und Straßennamen (Doerer Weg) weiter.

In der ersten Hälfte des 19. Jahrhunderts war Peter Mathias Schumacher, Bürgermeister von Nievenheim, Besitzer des Latourshofes. Danach war das Eigentum an dem Hof an die Familie Zaun gefallen. Diese verkaufte den Hof 1933/34.

Während des Zweiten Weltkrieges lag der Latourshof wegen der nahen Bahnlinie unter starkem Beschuss und brannte bis auf die Grundmauern nieder.

Nach dem Wiederaufbau wurde im Jahr 1976 die Viehwirtschaft aufgegeben und 1985 setzte sich der damalige Besitzer Karl Bützler zur Ruhe.

Der neue Eigentümer, Max-Ottfried Busch, begann 1991 (neben dem verbliebenen Ackerbau) mit dem Obstanbau. Auf ca. 10 Hektar wurden Obstbäume gepflanzt. Der Sohn Max-Peter Busch, ein studierter Gartenbaumeister mit der Fachrichtung Obstbau, übernahm 1999 den Hof und baute die Obstplantage weiter aus. Begann man zunächst mit Kernobst, so wurde das Spektrum in den letzten fünf Jahren um das Angebot an Steinobst erweitert, überwiegend Süßkirschen.

Der Latourshof mit seinen Obstplantagen (Foto: Latourshof)

Straßenansicht des Latourshofes (Foto: B. Schleif)

Im Jahr 2004 wandelte man die ehemaligen Stallungen und Speicher in Wohnungen um.

Die Lagerhalle wird seit 2005 aus Gründen der Nachhaltigkeit mit selbst erzeugtem Solarstrom betrieben, was sich wegen ständig steigender Energiekosten auch wirtschaftlich rechnet.

Das seit 2010 alljährlich am 1. Mai durchgeführte Apfelblütenfest erfreut sich in der Bevölkerung großer Beliebtheit. Das Programm 2012 bot neben verschiedenen bunten Ständen, der Imkerfamilie Reimer und musikalischer Unterhaltung auch fachkundige Führungen durch die Obstanlage und Informationen über Obstanbau und Lagertechnik. Es gab Fahrten mit dem Apfelexpress durch die Anlage, ein Apfelquiz und ein Schaubrennen. Zum Fest wird besonders Kindern viel geboten: Kinderschminken, Maltische, Hüpfburg, Ponyreiten usw. Außerdem sorgt man mit vielerlei Angeboten auch für das leibliche Wohl aller Gäste. Während des Apfelblütenfestes ist nicht nur der Hof voll mit Besuchern, auch die Obstplantage ist  gut besucht. Führungen durch die Obstplantagen werden auf Anfrage auch außerhalb des Apfelblütenfestes durchgeführt.

So sichert das Standbein Obstanbau zusammen mit dem Hofverkauf und anderen Aktivitäten nicht nur das Überleben sondern auch die Zukunft dieses Hofes, der im Delrather Jubiläumsjahr 2013 gemäß der ältesten bekannten urkundlichen Erwähnung auch schon seit immerhin 720 Jahren besteht.

Der Sülzhof

Die Geschichte des Sülzhofes, der Eigentum des Kurfürsten von Köln war, lässt sich urkundlich seit dem Jahr 1349 belegen.

Lehnsnehmer vom *„Hof in Sultze"*, *„Sultzhoff"*, *„Hof zu Stultze"* oder *„Hof zom Sultze"* war bis zum Jahre 1488 die rheinische Adelsfamilie derer von Uedesheim, benannt nach dem gleichnamigen Ort bei Neuss.

1488 erhielt Ritter Friedrich von der Arfft den *„Sultzhoue"* [Sultzhove] als Lehen vom Erzbischof von Köln. Die Familie von der Arfft bewohnte seit 1456 das Kurkölnische Schloss Hackhausen, das seitdem nach seinen Bewohnern Schloss Arfft bzw. Arff genannt wurde.

Die Familie von der Arfft verlor 1572 ihren Besitz am Sülzhof. Katharina von der Arft, die Tochter des letzten Lehnsträgers Gerhardt von der Arfft, hatte in die Adelsfamilie von Baexen aus Geldern eingeheiratet. Der Erzbischof zu Köln belehnte den „Sultzhove" daraufhin an Albert von Baexen und seine Ehefrau Katharina.

Im Truchsessschen- oder Kölnischen Krieg (1582 – 1589) geriet Albert von Baexen in Gefangenschaft. Aber auch der Sülzhof wurde in Mitleidenschaft gezogen. Wegen der Beschädigungen an seinem „Hoff zu Sultz" durfte Albert von Baexen diesen 1588 verpfänden und 1.500 Taler auf den Hof aufnehmen. Dass sich die Besitzer des Sülzhofes nicht so schnell von den Kriegsschäden erholten, geht daraus hervor, dass auch Johann von Baexen, der Sohn des Albert von Baexen, 1610 wiederum 3.000 Reichstaler auf das „Gut zur Sultz" aufnehmen musste. Der Erzbischof zu Köln erlaubte die Belastung des Hofes mit der Auflage, dass die Schulden nach 10 Jahren getilgt sein sollten.

Im Jülich-Klevischen Erbfolgestreit (1609 – 1614) erlitt der „Sülz" durch niederländische Soldaten im Konvoi des Kurfürsten von Brandenburg erneut Beschädigungen.

Nach dem Tode des Johann von Baexen erhielt am 21. April 1616 sein Sohn Erich Albert von Baexen als letzter männlicher Vertreter seiner Familie den Sülzhof vom Erzbischof zu Köln zu Lehen.

Seine Erbin, vermutlich seine Schwester Maria Gertrude, heiratete am 12. Mai 1639 auf dem Sülzhof Johann Adam Freiherr von Blittersdorff zu Wiefelsburg und Königshoven. Maria Gertrude brachte Veynau bei Roisdorf, Arff bei Hackenbroich und den Sülzhof mit in die Ehe. Aber auch der Bräutigam stammte aus reicher Familie. Johann Adam von Blittersdorf zu Arff, wie er sich ab nun nannte, und seine Frau Maria Gertrude wurden gemeinsam Pächter des Sülzhofes. Doch bei allem Reichtum der Familie von Blittersdorf blieb die Verschuldung zu Lasten des Sülzhofes bestehen. Eine Zusammenstellung des Generaleinnehmers Martin Henriquez von Strevesdorff (Eigentümer des Leckenhofs) belegt 1672 die Verpfändung des „Sülzhofs zu Delrath". 1673 mussten die Pächter auf den Sülzhof wiederum 900 Reichstaler und 1674 erneut 600 Reichstaler aufnehmen. Das letzte Darlehen war notwendig geworden, weil auch der niederländische Krieg (1672 - 1679) Schäden auf dem „Sülß-Hof" verursacht hatte.

Im Jahre 1683 blieb Carl Jakob Ferdinand von Blittersdorff seinem Dar-
lehensgeber Hofrat Dr. jur. utr. Johann Gabriel Fabri die Zinsen schuldig. Er bot zur Tilgung des Darlehens und der aufgelaufenen Zinsen seinem Gläubiger am 28. November 1683 den „Seltzenhof" an.

Die Darlehensablösung kam zustande und Johann Gabriel Fabri erhielt
den „Sulzhof (Schultzhoff)" im September 1684 als Lehen. Johann Gabriel Fabri verstarb im November 1726. Der „Sülzhof", „Schultzhof" oder
„Schültzerhoff" blieb aber noch weitere fünf Jahre im alleinigen Besitz
der Familie Fabri.

Johann Conrad Schlaun

Am 26. August 1731 wurde dann der „Sulzhof" mit Erlaubnis des Erzbischofs zu Köln vom Hofkammerrat Johann Franz Bourell, einem Vetter
des Johann Gabriel Fabri, und seinem Schwager Johann Conrad Schlaun
übernommen. Diese Übertragung sollte zur besseren Instand- und Unterhaltung des Hofes beitragen. Johann Conrad Schlaun trat hierbei im Namen seiner Frau Maria Anna Katharina Bourell auf.

Nachdem auch Johann Franz Bourell - wie bereits zuvor die übrigen Mit-
erben des Johann Gabriel Fabri - abgefunden worden war, verzichtete
dieser im Mai 1732 zugunsten seines Schwagers auf seine Erbanteile am
„Sülzhof". Damit ging der Sülzhof auf seinen berühmtesten Besitzer, Johann Conrad Schlaun, als alleinigen Lehnsnehmer über.

Johann Conrad Schlaun (* 5. Juni 1695) war einer der bedeutends-
ten Barockarchitekten Westfalens und des Rheinlands. Zahlreiche
Barockbauten entstammen seiner Planung. Seine Wahlheimat war
Münster in Westfalen, wo er bis zu seinem Tode in einem von ihm
entworfenen Stadthaus an der Hollenbecker Straße wohnte. In
Münster finden sich daher von ihm geplante Bauwerke wie die
Clemenskirche, das Haus Rüschhaus (unter anderem Wohnsitz von
Annette von Droste-Hülshoff, die dort „Die Judenbuche" schrieb),
der Erbdrostenhof, das Lotharinger Kloster und das Fürstbischöfli-
che Schloss. Andere bekannte Gebäude außerhalb Münsters sind
Schloss Nordkirchen, die Schlösser Augustusburg und Falkenlust
in Brühl, Schloss Beck in Bottrop und der Klosterneubau der Be-
nediktinerabtei am Schloss Iburg.

*Johann Conrad Schlaun * 5. Juni 1695, † 21. Oktober 1773 (Foto: privat)*

Die erste Frau von Johann Conrad Schlaun, Maria Anna Katharina Bourell, verstarb am 23. September 1738 in Münster. 1740 heiratete Johann Conrad Schlaun seine zweite Frau Anna Katharina Rehrmann.

Als in den Jahren 1741 bis 1743 die Kirche St. Salvator in Nievenheim neu erbaut wurde, entwarf Johann Conrad Schlaun für diesen Kirchenneubau den Hochaltar für das Salvatorbild und die beiden Seitenaltäre. Den rechten Seitenaltar stifteten am 29. Oktober 1743 die Eheleute Johann Conrad Schlaun und Anna Katharina Rehrmann zu Ehren der Heiligen Familie, des Erlösers und der Heiligen Drei Könige. Sie ließen sich die erste Kirchenbank davor und als Begräbnisstätte den Platz zwischen dem Altar und der Bank reservieren. Dies geschah zur Erhaltung der Rechte, die von alters her den Besitzern des Sülzhofes zustanden. Diese durften ihr Wappen in der Kirche anbringen und im Chor unter einer schwarzen Marmorplatte eine Ruhe- und Begräbnisstätte besitzen. Der Pastor zu Nievenheim, Gottfried Krosch, bezeugte diese Rechte aus Dankbarkeit für andere in der Kirche erbrachte und bekannte Wohltaten.

1766 ließ Johann Conrad Schlaun nach eigenen Plänen auf dem Sülzhof neue Wirtschaftsgebäude errichten, die bis heute noch erhalten sind. Es

handelt sich hierbei um eine geschlossene burgähnliche fünfeckige Hof-
anlage mit einem Hoftor, das von einem überdachten Korbbogen über-
baut ist.

Hofeinfahrt zum Sülzhof (Foto: B. Schleif)

Links und rechts der Toreinfahrt befindet sich im Mauerwerk je ein ca.
40 x 60 cm großer Stein. Durchgehend vom linken zum rechten Stein befinden sich hierauf der Schlaunsche Wahlspruch „IN DEO SPES MEA
(In Gott ist meine Hoffnung)" sowie die Jahreszahl „ANNO
MDCCLXVI (Im Jahre 1766)". Auf dem linken Stein werden seine Initi-
alen „J. C. SCH." und auf dem rechten Stein das Wappen der Familie
Schlaun wiedergegeben. Das Originalwappen enthält drei in Winkel gesetzte, mit den Stielen aneinanderstoßende, silberne Lindenblätter in rotem Felde.

*Im Torbogen des Sülzhofs
eingelassene Steine
(Fotos: B. Schleif)*

49

Am 21. Oktober 1773 verstarb Johann Conrad Schlaun im Alter von 78 Jahren in Münster/Westfalen, wo er am 23. Oktober 1773 in der Pfarrkirche „Liebfrauen-Überwasser" beigesetzt wurde.

Nach dem Testament erhielt Maria Anna Gertrudis Franziska Schilgen, geb. Schlaun, die älteste Tochter aus erster Ehe, das „Gut Sülzhof" mit rund 140 Morgen Ländereien.

Dies war die letzte Belehnung des Sülzhofs, da der Kölnische Kurstaat im Anschluss an die französische Revolution und die Besetzung des Rheinlandes durch die Franzosen zerfiel. Wie bereits erwähnt, ist die Quellenlage aus dieser Zeit sehr dürftig. Nach dem Delrather Urkataster ist für das Jahr 1818 Franz Joseph Kaulen zu Erprath als Eigentümer des „Sülshofes" belegt.

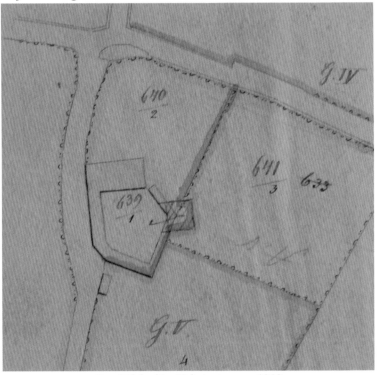

Der Sülzhof im Urkataster von 1818

Schließlich gelangte der Hof in den Besitz der Familie Coenen, die in früheren Zeiten auf dem Wittgeshof und anderen Höfen ansässig gewesen war.

Am 31. Oktober 1917 kaufte die Familie Schumacher den Hof mit 146 Morgen Land und einem neben dem Hof am Bahnhof liegenden Haus.

Von 1971 bis 2005 führte Kurt Schumacher den Betrieb. Er baute von 1980 bis 2005 Gurken an, erweiterte 1988 versuchsweise um den Anbau einiger Apfel- und Birnbäume sowie von Beerenobst (Himbeeren und Brombeeren). Die ersten Äpfel wurden 1990 verkauft.

1991 wurde dann im großen Stil, zusätzlich zum bisherigen reinen Ackerbau, mit einer Apfelplantage die Obstzucht aufgenommen. Von den insgesamt 300 Morgen Land wurden 28 Morgen mit rd. 10.000 Apfelbäumen bepflanzt. 1995 folgte der Anbau von Steinobst (Pflaumen).

Der Sohn Peter Schumacher, der den Hof heute betreibt, übernahm ihn 2005 und begann sogleich mit dem Anbau von Süßkirschen, Mini-Kiwis, Aprikosen, Pfirsichen, Johannisbeeren und Stachelbeeren.

In den Jahren 1996 bis 2003 führte der Sülzhof vielbesuchte Krippen- und Adventsausstellungen durch.

Seit 2004 findet am zweiten Wochenende im September für Groß und Klein ein alljährliches Apfelfest statt. Wildschwein am Spieß wird angeboten, dazu gibt es einen Grillstand, Waffeln und Kuchen und viele andere Dinge. Für die Kleinen werden Kinder-Basteln und -Schminken angeboten. Zudem finden Apfel-Rundfahrten durch die Anlage statt und natürlich gibt es auch ein Gewinnspiel rund um den Apfel.

Am 18./19. Januar 2007 beeinträchtigte der Orkan Kyrill das öffentliche Leben nicht nur in weiten Teilen Europas mit Windgeschwindigkeiten bis zu 225 km/h. Er verursachte auch an der Scheune des Sülzhofes erhebliche Sachschäden, indem er das Dach zum Einsturz brachte.

In die wieder aufgebaute Scheune wurden Wohnungen integriert. Außerdem wird es dort einen neuen Verkaufsraum geben.

So sichern auch im Fall des Sülzhofes Obstanbau, Hofverkauf und weitere kreative Aktivitäten das Überleben und die Zukunft eines Hofes, der mindestens seit 1349 nachweisbar ist und damit im Delrather Jubiläumsjahr 2013 seit immerhin 664 Jahren besteht.

Quellen:

Felten, W.: Zur Geschichte des Quirinushofes bei Delrath, in: Beiträge zur Geschichte der Kreise Neuss und Grevenbroich, Jg. 1900, S. 108 - 111

Lorenz, Walter (Hrsg.): Gohr-Nievenheim-Straberg, Quellen zur Geschichte des Amtes Nievenheim, seiner Bewohner und Siedlungen, Teil 1, Bonn 1973 und Teil 2, Bonn 1974

Lithograph Institut von Arnz & Co (Hrsg.): „Topographische Karte von Düsseldorf in 10 Sektionen à 1 Quadratmeile im Maßstab 1 : 25000", Manöverkarten des 7. preußischen Armeekorps 1842, Section 8 (Grimlinghausen) und Section 10 (Hülchrath und Nievenheim), aufgenommen von Pr. Lt. von Falkenstein aggr. dem 5. Ulanen Regts., Pr. Lt. von Franseykl des 16. Inf. Regts., Pr. Lt. v. Rappard des 17. Inf. Regts., Dienstl. Adj. bei der 14. Division - Lithographirt von Moras und Lachmann in dem Lithograph Institut von Arnz & Co. zu Düsseldorf

Landesvermessungsamt Nordrhein-Westfalen (Hrsg.): „Preußische Kartenaufnahme 1 : 25000 - Neuaufnahme - von NRW 1892 -1912", Blatt 2779 (Neuss), Königl. Preuss. Landes-Aufnahme 1893. Herausgegeben 1895

Neubecker, Ottfried (Hrsg.): Johann Siebmachers Wappen-Buch, Faksimile Nachdruck der 1701/05 bei Rudolph Johann Helmers in Nürnberg erschienenen Ausgabe, Alle sechs Teile mit Anhang, Register und allen Erweiterungen bis zum Abschluß der Stammausgabe von 1772, München 1975, Tafeln 129 und 132

Neuß-Grevenbroicher Zeitung (NGZ) vom 5. August 1993: „Millionen investiert: Obst ‚made in Dormagen' soll die Zukunft sichern"

Peters, Heinz: Johann Conrad Schlaun - Ein Beitrag zu seiner Tätigkeit in Nievenheim, in: Düsseldorfer Jahrbuch 1955, Bd. 47, S. 235 - 253

Schmitz, Gottfried: Die Geschichte des Sülzhofes in Nievenheim, o. O., o. J.

Sticker, Johannes: „Pfarrgemeinde St. Gabriel. Aus Delraths Ortsgeschichte. Heute: Martin Henriquez von Strevesdorff - Herr zu Dielrath", in: Pfarrbrief der kath. Pfarrgemeinde St. Gabriel Dormagen-Delrath, Dezember 1989, S. 48; März 1990, o. S.; November 1990, S. 42 ff.; Ostern 1992, S. 48 und Ostern 1993, o. S.

Zerhusen, Agnete: Die Geschichte der Pfarrkirche und des Gnadenbildes in Nievenheim, Dormagen-Nievenheim 1980

Archiv im Rhein-Kreis Neuss, Katasterunterlagen Gemeinde Nievenheim, NV19, „Flurkarte der Section L, Delrath, in einem Blatte, Aufgenommen im Jahr 1818, Durch den Geomet^r Reichard, Maßstab von 1 : 2500" Zusatztext: „Die Einschätzung bewirkt am 19 und 20ten Oktober 1862"

Programm des Apfelblütenfestes auf dem Latourshof am 1. Mai 2012

Angaben des Gartenbaumeisters Max-Peter Busch (Latourshof), Delrath 2012

Angaben von Vera Schumacher (Sülzhof), Delrath 2012

http://de.wikipedia.org/wiki/Orkan_Kyrill

Die Verwaltungsentwicklung

von Burkhard Schleif

Die administrative Entwicklung Delraths war von jeher eng an die von Nievenheim geknüpft, so dass dessen administrative Entwicklung immer prägend für die Verwaltung Delraths war.

Der Gillgau in fränkischer Zeit

Die Grundlagen der noch heute geltenden Verwaltungsstrukturen wurden bereits in fränkischer Zeit (400 - 900) gelegt.

In dieser Zeit entstanden die Gaue, denen königliche Beamte, die Grafen, vorstanden. Diese Gaue waren keine Verwaltungsbezirke im heutigen Sinne, sondern stellten eher Gemeinschaften der in dieser Gegend lebenden Menschen dar.

Einer dieser Bezirke war der *Gillgau*, der den Süden des heutigen Kreises Neuss einnahm. Innerhalb dieses Gaus gab es vier Siedlungsschwerpunkte, unter anderem das Gebiet auf der Niederterrasse des Rheins zwischen Worringen und Holzheim an der unteren Erft mit dem Hauptort Nievenheim.

Die Gaue waren aber auch Heeres- und Gerichtsbezirke. So wurde der „pagus Nivanheim" bereits im Jahre 796 als Gerichtsstätte urkundlich erwähnt.

Die Grafschaft Hülchrath

Um 900 zerfielen das fränkische Reich und damit auch die fränkischen Gauverfassungen. Es entstanden neue territoriale Zusammenschlüsse.

Aus dem fränkischen Gillgau wurde später die *Grafschaft Hülchrath*. Die Befehlsmacht des Grafen umfasste jedoch nicht mehr das ganze bisherige Gaugebiet, da einzelne lokale starke Grundherren, deren Adelsgeschlechter sich bis ins Hoch- und Spätmittelalter hielten, eigene Territorialgewalten begründeten. Zunehmend begünstigt wurde diese Entwicklung durch den Siedlungsprozess im 11. - 13. Jahrhundert, der auch die Rodung von Wäldern zur Schaffung der Siedlungsgebiete erforderte. In diese Zeit fällt auch die älteste bekannte urkundliche Erwähnung von Delrath.

Das Kurkölnische Amt Hülchrath

Im 13. Jahrhundert wurde diesem Auflösungsprozess in immer kleinere Einheiten Einhalt geboten. An die Stelle der alten Gaugrafschaften traten nun die *Landesfürstentümer*. So entstanden die Territorien des Kölner Kurfürsten und des Grafen von Jülich.

Die Grafschaft Hülchrath war zwischenzeitlich durch Erbfolgen und Heirat an die Grafen von Kleve gefallen. Im Jahre 1314 verkaufte Dietrich Luv von Kleve aus Geldnot seine Grafschaft für 30.000 Gulden an den Erzbischof von Köln. Erst mit der Abzahlung der Kaufsumme 1323 fiel diese endgültig an Köln und ging damit gebietsmäßig im Wesentlichen in dem späteren *Kurkölnischen Amt Hülchrath* auf.

Die Ämter waren in Dingstühle und Kirchspiele eingeteilt. Delrath gehörte zum *Kirchspiel Nievenheim* im *Dingstuhl Hülchrath*. Diese Verwaltungsorganisation des Kölner Kurstaates blieb mit wenigen Veränderungen bis zu seinem Ende im 18. Jahrhundert erhalten.

Die französische Besetzung des Rheinlandes

Ab 1792 besetzten die Franzosen durch wechselhaftes Kriegsglück zeitweise und dann ab 1794 für zwei Jahrzehnte die linke Rheinseite.

Bereits im Dezember 1794 begannen die Franzosen mit einer ersten Neuordnung der Verwaltungsstrukturen. So wurde für das Gebiet des Kurfürstentums Köln in Bonn eine Bezirksverwaltung eingesetzt. Dieser unterstanden sieben Kantone, unter anderem der Kanton Zons. Dieser umfasste neben den Munizipalitäten Bedburg, Wevelinghoven und Zons auch die *Munizipalität Hülchrath*.

Die Munizipalität Hülchrath wurde bald aufgelöst und damit fielen Nievenheim und Delrath zur *Munizipalität Zons*. Zons war als Hauptort des Kantons auch Sitz dieser Munizipalität und für alle eingegliederten Gemeinden Sitz des Friedensgerichtes.

Bereits 1798 erfolgte eine radikale Änderung der Staats- und Verwaltungsstrukturen. Das gesamte von den Franzosen besetzte Gebiet wurde in vier Departements eingeteilt. Diese Departements waren gegliedert in Arrondissements, diese wiederum in Kantone und letztere in Mairien, den späteren Bürgermeistereien. Die Mairien als unterste Verwaltungseinheit stellten eine Zusammenfassung von kleineren Gemeinden dar.

Delrath gehörte unter französischer Besetzung zur *Mairie Nievenheim* im *Kanton Dormagen*. Dieser gehörte wiederum zum *Arrondissement Köln* innerhalb des *Departement de la Roer* (benannt nach der Rur, einem Nebenfluss der Maas) mit der Hauptstadt Aachen. Völkerrechtlich wurden die linksrheinischen Länder im Frieden von Lunéville 1801 dem Kaiserreich Frankreich einverleibt.

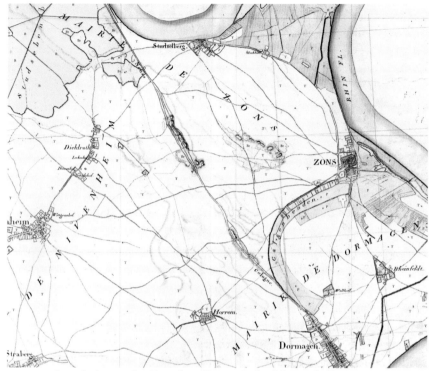

Ausschnitt aus der Tranchot-Karte mit der Mairie de Dormagen, der Mairie de Zons und der Mairie de Nievenheim

Nach der seit fränkischer Zeit weitgehenden Selbstverwaltung war die Gemeinde Nievenheim nun nur noch ein staatlicher Verwaltungsbezirk. Die Gerichtsbarkeit wurde vereinfacht und durch den „Code Napoléon" bzw. durch den „Code Civil" vereinheitlicht.

Die preußische Rheinprovinz

Nach dem Sturz Napoleons wurden auf dem Wiener Kongress 1815 die politischen Verhältnisse in Europa neu geordnet. Zur Verhinderung künftiger Kriege wurde auf ein Gleichgewicht der künftigen Territorien geachtet.

Eine Zuordnung des Rheinlandes zu *Preußen* war also das Ergebnis dieser politischen Zielsetzung und nicht Ausfluss eines beidseitigen Zusammengehörigkeitsgefühls. Insbesondere die Bevölkerung des ehemaligen Kurkölns stand der neuen preußischen Herrschaft skeptisch und zurückhaltend, aber nicht ablehnend gegenüber. Bezeugend für diese Haltung ist der überlieferte Ausspruch des Kölner Bankiers Adam Schaafhausen: „Jesses, Marja, Josef! Do hirohde mer in 'n ärm Famillich!" [Jesus, Maria, Josef! Da heiraten wir in eine arme Familie!]

Die preußische Neuerwerbung wurde 1816 zunächst in zwei Provinzen aufgeteilt. Es entstanden im Norden die *Provinz Jülich-Kleve-Berg* (mit den Regierungsbezirken Düsseldorf, Köln und Kleve) mit Sitz des Oberpräsidenten in Köln und im Süden die Provinz Niederrhein (mit den Regierungsbezirken Koblenz, Trier und Aachen) mit Sitz des Oberpräsidenten in Koblenz.

Die Einteilung der Regierungsbezirke und Landkreise orientierte sich weniger an den Grenzen der bisherigen französischen Kantone als an den Einwohnerzahlen. Delrath gehörte zur *Gemeinde Nievenheim* im *Landkreis Neuß* im *Regierungsbezirk Düsseldorf*. Bis zur kommunalen Neugliederung im Jahre 1929 hatte diese Zuordnung Bestand.

1822 wurden die beiden rheinischen Provinzen zusammengeschlossen und der gemeinsame Oberpräsident wählte Koblenz zu seinem Amtssitz. Die neue Bezeichnung *Rheinprovinz* setzte sich jedoch erst ab 1830 durch.

Die französische Besatzungszeit mit dem Prinzip der Gleichheit in den Rechten und Pflichten der Bürger hatte ihre Spuren hinterlassen. So hatte die Rheinprovinz gegenüber den übrigen Teilen Preußens einige Besonderheiten. Beispielsweise blieb der „Code Civil" im Rheinland bis zum 1. Januar 1900 mit der Einführung des Bürgerlichen Gesetzbuchs (BGB) gültig.

Die Einrichtung der preußischen Provinzialstände mit den Kurien des Adels, der Städte und der Bauern wirkte am Rhein befremdlich. Mit der Wiederherstellung des Adels im Jahre 1826 wurde eine größere Zahl von Gütern, die über eine bestimmte Hoffläche verfügten, zu Rittergütern deklariert.

Eine Neuordnung der Gemeindeverfassung erfolgte dann 1845 mit der „Rheinischen Gemeindeordnung". Die *Landbürgermeisterei Nievenheim* umfasste die *Gemeinde Nievenheim* mit Delrath, die Gemeinde Straberg und ab 1870 auch die Gemeinde Gohr.

Im Jahre 1927 wurde für alle rheinländischen Landbürgermeistereien die - der westfälischen Amtsverfassung entlehnte - Bezeichnung des Amtes eingeführt. Aus der Landbürgermeisterei Nievenheim wurde somit das *Amt Nievenheim*.

Die kommunale Verwaltungsgliederung war auf die ländlichen und kleinstädtischen Verhältnisse des frühen 19. Jahrhunderts zugeschnitten. Im Laufe der Zeit gab es deshalb immer wieder zwischen benachbarten Städten und Landkreisen regelrechte Eingemeindungskämpfe. Der preußische Innenminister setzte dem im Jahre 1928 ein Ende und forderte die Regierungspräsidenten auf, Vorschläge für eine Gebietsreform auszuarbeiten.

Es meldete daraufhin die Stadt Düsseldorf Ansprüche auf den gesamten Südteil des Landkreises Neuß, unter anderem mit dem Amt Nievenheim, an. Demgegenüber verteidigte der Landkreis Neuß seinen Besitzstand.

Das Gesetz zur kommunalen Neuordnung fasste dann am 29. Juli 1929 die bestehenden Landkreise Neuß und Grevenbroich zum *Großkreis Grevenbroich-Neuß* mit der Kreisstadt Grevenbroich zusammen.

Die nationalsozialistische Zeit

Mehrere Versuche der preußischen Regierung zur umfassenden Neuordnung der Gemeinde- und Kreisverfassungen, um den geänderten Verhältnissen Rechnung zu tragen, scheiterten im Jahre 1933 im Landtag.

Im Jahre 1935 wurde die nationalsozialistische „Deutsche Gemeindeordnung" eingeführt, die die kommunale Selbstverwaltung stark aushöhlte. Unter anderem wurden die Wahlen abgeschafft. Dies ermöglichte die Besetzung der Gemeindevertretungen mit „zuverlässigen" Personen. Damit besaß die nationalsozialistische Partei die alleinige Macht in allen sachlichen und personellen Entscheidungen.

Die britische Militärregierung und der demokratische Neubeginn

Nach dem Ende des Zweiten Weltkrieges wurden 1946 durch die britische Militärregierung neue kommunale Vertretungen ernannt. Sie oktroyierte auch eine neue Gemeindeordnung, die in mancher Hinsicht dem britischen Vorbild folgte. Dies wurde insbesondere deutlich durch die Trennung der Funktionen des Gemeindeoberhauptes von denen des leitenden Beamten. Der Titel Bürgermeister blieb dem gewählten Vorsitzenden des Gemeinderates vorbehalten, während für den leitenden Beamten die Bezeichnung Gemeindedirektor eingeführt wurde.

Der bisherige Landkreis Grevenbroich-Neuß erhielt am 23. April 1946 die Bezeichnung *Landkreis Grevenbroich*.

Erste Gemeindewahlen fanden im Herbst 1946 statt. Jedoch erst 1952 wurde in Nordrhein-Westfalen eine neue Gemeindeordnung verabschiedet. Die Grundsätze der 1946 eingeführten „britischen" Gemeindeordnung wurden in der bis 1994 gültigen Kommunalverfassung beibehalten.

Die kommunale Neugliederung

Für die seit 1929 gültige Gebietsgliederung trat am 1. Januar 1975 eine kommunale Neuordnung in Kraft. Diese basierte auf dem „Gesetz zur Neugliederung der Gemeinden und Kreise des Neugliederungsraumes Mönchengladbach / Düsseldorf / Wuppertal", das lange Zeit heftig umkämpft wurde. Aus dem Landkreis Grevenbroich und der bis dahin kreisfreien Stadt Neuss wurde der neue Kreis Neuss (heute: Rhein-Kreis Neuss). Die Kreisstadt wurde nach Neuss verlegt.

Die Gemeinde Nievenheim hatte zuvor lange Zeit versucht, gemeinsam mit den Ämtern Norf und der Stadt Zons eine neue Großgemeinde zu schaffen. Diese Großgemeinde sollte aus Nievenheim, Gohr, Straberg, Norf, Rosellen und Zons bestehen.

Dagegen entwickelte der Deutsche Städtetag Vorstellungen über Eingemeindungen von Zons und Nievenheim mit Straberg nach Neuss und über eine Eingemeindung von Dormagen nach Köln. Gleichzeitig orientierte sich das Amt Norf immer mehr nach Neuss.

Unter diesen Rahmenbedingungen verhandelte daraufhin im Jahre 1971 die Gemeinde Nievenheim mit Dormagen über eine Neugliederung. Ziel dieser Überlegungen war, dass Dormagen nicht nur selbstständig bleiben, sondern zu einem neuen Mittelzentrum zwischen Neuss und Köln vergrößert werden sollte.

Am 1. Januar 1975 entstand die neue Stadt Dormagen. Sie bestand aus den Bezirken Dormagen, Hackenbroich, Zons, Straberg, Gohr und Nievenheim. Die alten Ortsteilbezeichnungen ließ man entfallen, entgegen der vertraglichen Vereinbarung. Fremde, die nach Delrath kamen, fanden keinen Hinweis auf Delrath. Das ließ Delrather Lokalpatrioten nicht ruhen. Sie wirkten so lange auf die Politik ein, bis die Stadt wieder in Stadtteile unterteilt und Delrath auf den Ortseingangsschildern wieder genannt wurde. Sie erreichten auch die Wiederherstellung der ursprünglichen Dorfgrenze jenseits der Bahnlinie, so dass der Latourshof und der Sülzhof heute wieder in Delrath liegen.

Das 2001 vom St. Hubertus Bürgerschützenverein Delrath gestiftete Ortswappen findet sich heute auf eigenen Schildern an den drei Delrather Ortseingängen (Bismarckstraße, Zinkhüttenweg und St.-Peter-Straße).

Quellen:
Emsbach, Karl: Vom alten Landkreis Neuß zum heutigen Kreis Neuss - 170 Jahre Kreisverwaltung an Rhein und Erft / Jüngste Neugliederung, in: Unser Kreis - eine runde Sache. Eine Beilage in der NGZ vom 12. April 1986
Hansmann, Aenne: Geschichte von Stadt und Amt Zons (mit Beiträgen von Elicker, Artur / Justenhoven, Jakob / Milz, Herbert), 1. Auflage, Düsseldorf 1973
Institut für Landeskunde in der Bundesanstalt für Landeskunde und Raumforschung (Hrsg.): Landkreis Grevenbroich, Regierungsbezirk Düsseldorf, aus der Reihe: Die Landkreise in NRW, Reihe A: Nordrhein, Band 5, Bonn 1963
Kastner, Dieter/Torunsky, Vera: Kleine rheinische Geschichte 1815 -1986, Köln 1987
Kirchhoff, Hans Georg (mit einem Beitrag von Bömmels, Nicolaus): Heimatchronik des Kreises Grevenbroich (aus der Reihe: Heimatchroniken der Städte und Kreise des Bundesgebietes, Band 40), 1. Auflage, Köln 1971

Das Ortswappen an der St.-Peter-Straße (Foto: P. Jacobs)

Landesvermessungsamt Nordrhein-Westfalen (Hrsg.): „Kartenaufnahme der Rheinlande durch Tranchot und v. Müffling 1803 - 1820", (Topographische Aufnahme rheinischer Gebiete durch französische Ingenieurgeographen unter Oberst Tranchot 1803 - 1813 und durch preußische Offiziere unter Generalmajor Frhr. v. Müffling 1816 - 1820 mit Ergänzungsblättern 1826 - 1828), Blatt 52 (Zons), aufgenommen 1807 von Capitaine Ing.-Geograph 2. Klasse Raffy, aus dem Originalmaßstab 1 : 20000 in den Maßstab 1 : 25000 reduziert, Publikation der Gesellschaft für Rheinische Geschichtskunde XII 2. Abteilung, Neue Folge, Reproduktion und Druck 1966
Lorenz, Walter (Hrsg.): Gohr-Nievenheim-Straberg, Quellen zur Geschichte des Amtes Nievenheim, seiner Bewohner und Siedlungen, Teil 1, Bonn 1973 und Teil 2, Bonn 1974
Blank, Günter: „Delrather Zeitreise A", PowerPoint-Vortrag, Delrath 2007

Landkarte um 1872

Die Karte um 1872 zeigt die Grenzen zwischen den Bürgermeistereien Zons und Nievenheim, die „Rheinische Eisenbahn" (noch ohne Empfangsgebäude), den Dörenhof (Dornenhof = Latourshof) und den Schützhof (Sülzhof). Der Leckenhof (Quirinushof) ist nicht namentlich erwähnt. (Archiv G. Blank - Delrather Zeitreise A.ppt)

Die Siedlungsentwicklung

von Burkhard Schleif

Ausgehend von dem Ortsnamen Delrath lässt sich die Besiedlung in die Zeit des groß angelegten Landausbaus in der hochmittelalterlichen Rodezeit (900 - 1300) datieren. Die Schaffung von neuem Siedel- und Nutzland durch Urbarmachung (Rodung) in den damals vorhandenen großen Waldgebieten gab den in dieser Zeit entstandenen Siedlungen die charakteristischen Namensendungen -rod oder -rath.

Delrath ist hier als vereinzelter Rodungsort im Osten des Kreisgebietes Neuss zu finden. Ein riesiges Waldgebiet - bezeichnet als der Stüttger Busch - erstreckte sich zwischen Uedesheim, Nievenheim, Horrem und Zons. Im 18. Jahrhundert umfasste dieses Waldgebiet eine Fläche von rund 2.000 Morgen, in dem noch im Jahre 1799 Wölfe lebten. Die Rodung, d. h. das Wegholzen des Waldes, begann von Zons aus; aber auch von Grimlinghausen, Uedesheim und Nievenheim drang man in das Waldgebiet vor. Die letzten Waldstücke wurden schließlich in der zweiten Hälfte des 19. Jahrhunderts gerodet.

Die älteste bisher bekannte Urkunde mit der Namensnennung Delrath stammt vom 7. Februar 1263. Das lässt vermuten, dass die Rodung hier erst im 13. Jahrhundert begann.

Da Delrath für damalige Verhältnisse weit ab lag von den historisch wichtigen Verkehrswegen, dem Rhein als Schifffahrtsstraße, der Römerstraße von Neuss nach Köln (der heutigen Bundesstraße 9) und den Postkutschenwegen, verlief dessen Besiedlung relativ langsam.

Delrath entstand aus der Ansiedlung von ursprünglich wenigen Höfen. So verzeichnete im Jahr 1663 die Landesbeschreibung des Amtes Hülchrath für Delrath 13 Häuser und Hofstätten. Später entwickelte sich Delrath zunächst zum Straßendorf entlang der Durchgangsstraße, der heutigen Johannesstraße.

Die nachfolgenden Kartenaufnahmen des 19. Jahrhunderts lassen die geringe Siedlungsdichte von Delrath und deren geringfügige Veränderung in dem Zeitraum von 86 Jahren erkennen. In den amtlichen Ortschaftstabellen des Jahres 1885 war Delrath mit 276 Einwohnern verzeichnet. Auch 20 Jahre später, im Jahr der Gründung des Gesangsvereins 1905, ergab eine Zählung gerade einmal 287 Einwohner (siehe hierzu auch das Kapitel von Wiesenberger: Der MGV „Sangeslust" Delrath 1905).

Erst durch die Einrichtung einer Haltestelle der Eisenbahnverbindung Köln-Krefeld verlief zu Beginn des 20. Jahrhunderts die Besiedlung schneller. Im Jahre 1929 hatte sich die Einwohnerschaft bereits auf 574 Einwohner erhöht.

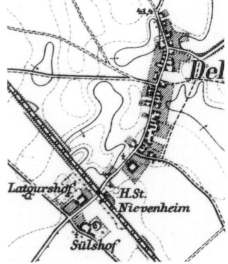

Delrath im Jahre 1807
nach: Kartenaufnahme durch
Tranchot und Müffling, Blatt 52

Delrath im Jahre 1893
nach: Preuß. Kartenaufnahme, Blatt 2779
(Neuss)

Bedeutete schon der Erste Weltkrieg eine Zäsur, weil einige Delrather auf den Schlachtfeldern ihr Leben lassen mussten, so wirkte doch der Zweite Weltkrieg wesentlich tiefer in das Leben der Delrather hinein.

Blank führt aus: *„Französische Kriegsgefangene werden in Holzbaracken an der Zinkhütte einquartiert und als Zwangsarbeiter [...] eingesetzt. Später wurden die französischen Zwangsarbeiter durch russische ausgetauscht, die bis zum Kriegsende in der Zinkhütte beschäftigt wurden."*

Je länger der Krieg dauerte, desto häufiger brachte der Briefträger, wie der Postzusteller damals noch genannt wurde, Todesnachrichten von der Front in die Delrather Familien. Die 58 Namen auf dem Ehrenmal, unter denen sich auch Tote des Ersten Weltkrieges befinden, gehören nicht nur gefallenen Soldaten, sondern auch zivilen Opfern des Zweiten Weltkrieges. Am 24. Mai 1941 wurde das Haus der Familie Maly völlig zerstört und die anwesende Familie mit Großeltern, Eltern und einem Sohn ausgelöscht, während der älteste Sohn als Soldat eingezogen war.

Hauptziele der gegen Kriegsende häufiger werdenden Bombenangriffe waren die Bahnlinie, auf der kriegswichtige Güter transportiert wurden, der Bahnhof selbst, an welchem die Verladungen stattfanden und die Zinkhütte wegen ihrer ebenfalls kriegswichtigen Produkte. 1944 fand eine heftige Bombardierung des Bahnhofs statt, bei der nicht nur das Bahnhofsgebäude stark beschädigt wurde, sondern auch an der Bahn liegende Wohnhäuser sowie der Latourshof getroffen wurden. Am 9. Oktober 1944 unterbrach man in Delrath wegen der Bombenangriffe den Schulbetrieb und im März 1945 wurden zahlreiche Häuser in Delrath durch Bomben, Granatsplitter und -treffer beschädigt oder zerstört.

Ebenso tiefe wie detaillierte Einblicke in die Zeit vor, während und nach dem Krieg gibt Günter Blank in seinen „Delrather Zeitreisen", in denen auch viele Zeitzeugen mit persönlichen Eindrücken zu Wort kommen.

Nach dem Krieg herrschte, wie fast überall in Deutschland, allgemein große Not, die durch Flüchtlinge und Vertriebene noch vergrößert wurde. In der Delrather Schulchronik ist hierzu vermerkt: *„In den Sommermonaten* [des Jahres 1946] *ergoß sich ein gewaltiger Strom von Flüchtlingen* [...] *in die westdeutschen Gebiete. Auch in unserer Gemeinde Nievenheim fanden viele hundert Flüchtlinge Aufnahme. Das ohnehin schon schwierige Wohnungsproblem wurde dadurch fast unlösbar.* [...] *Am 31.03.1952 hatte sich die Bevölkerungszahl* [der Gemeinde Nievenheim] *auf 4.672 erhöht. Davon sind 952 Heimatvertriebene bzw. Neubürger, also 20,4 Prozent."*

Die Flüchtlinge wurden provisorisch untergebracht. Noteinquartierungen erfolgten im Saale Schlüter, im Stüttger Hof und in einem Barackenlager an der Zinkhütte. Es gab aber auch Einquartierungen in der Siedlung und in der Volksschule.

Viele Kriegsschäden wurden in Eigeninitiative beseitigt. Blank nennt sieben Familien, die sich 1949 mit viel Einsatz eigene Einfamilienhäuser bauten.

„Eine Linderung der Wohnungsnot schaffte der von 15 engagierten Nievenheimern am 20. März 1949 gegründete Gemeinnützige Bauverein ‚Eigenbau' des Amtes Nievenheim, der in den [19]*50er Jahren bereits rund 100 Mitglieder hatte. Dieser erstellte 1954 acht Einfamilienhäuser für Belegschaftsmitglieder der Zinkhütte, die durch Gewährung von Arbeitgeberdarlehen zunächst ein Nutzungsrecht für fünf Jahre erhielten.* [...] *Weitere 10 Eigenheime wurden für Personen, die in menschenunwürdi-*

gen Unterkünften hausen mussten, erstellt und für Spätheimkehrer baute der Bauverein in Delrath weitere 16 Eigenheime." Eine ausführlichere Darstellung findet sich in dem Buch „Wo lit Delrod?".

Die anschließende Industrialisierung der Delrather Heide im Zuge des wirtschaftlichen Aufschwungs nach dem Zweiten Weltkrieg führte zu einem Wanderungs- und damit sprunghaften Einwohnerzuwachs. So wurden im Jahre 1950 bereits 1.914 Einwohner registriert, von denen allein 383 Personen in der Siedlung an der Zinkhütte wohnten.

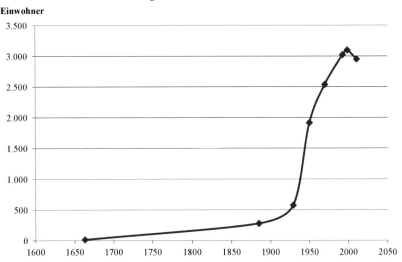

Abbildung: Delraths Bevölkerungsentwicklung im Zeitablauf (Grafik: B. Schleif)

Im 20. Jahrhundert stieg die Einwohnerzahl bis zum Beginn der 70er Jahre auf 2.536 an, um dann in den 80er Jahren auf annähernd 3.000 Einwohner und in den 90er Jahren auf etwa 3.100 Personen anzuwachsen. Mittlerweile ist die Einwohnerzahl jedoch wieder rückläufig. Zum 31.12.2011 waren nur noch 2.949 Einwohner in Delrath verzeichnet. Die Entwicklung der Bevölkerung im Zeitablauf wird durch die vorstehende Abbildung verdeutlicht.

Mit dem Einwohnerzuwachs und der damit notwendigen Schaffung von Wohnraum dehnte sich gleichzeitig das ursprüngliche Straßendorf in der Fläche aus, was deutlich auf den beiden Kartenaufnahmen aus den Jahren 1955 und 1983 zu erkennen ist.

Die Kartenaufnahme des Jahres 1983 zeigt im Wesentlichen den heutigen Delrather Siedlungsraum, wie er auch auf der nachfolgenden Luftaufnahme von 2011 dargestellt ist.

Delrath im Jahr 1955 (links) und Delrath im Jahr 1983 (rechts)
nach: Deutsche Grundkarte, Blatt 480623 (Delrath) und 480629 (Nievenheim)

Delrath im Jahre 2011 mit freundlicher Genehmigung der Stadt Dormagen
(Der Bürgermeister, Fachbereich Städtebau/Geobasisdaten;
Aufbereitung: Wolfgang Rinke †, Delrath)

Ab Mitte der 90er Jahre des 20. Jahrhunderts ist Delrath-Süd (Am Quirinushof) als letztes größeres Wohnbaugebiet erschlossen worden. Ansonsten blieb es in den letzten zwanzig Jahren bei der Schließung von Baulücken und kleineren Baumaßnahmen, die aber keine Erweiterung des Delrather Siedlungsraums darstellen.

Delrath als Teil des Nievenheimer Entwicklungsplans

Wäre es nach dem Willen der Gemeindeväter des Jahres 1965 gegangen, sähe Delrath heute ganz anders aus. In diesem Jahr entstand die nachfolgend skizzierte Planung für das „künftige Nievenheim".

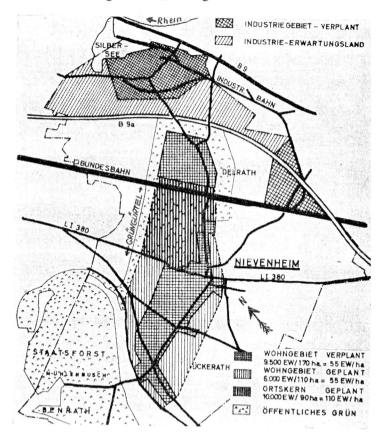

Planung des Mittelzentrums „Das künftige Nievenheim";
nach: RA vom 13. August 1965

Der zukünftige Ortsmittelpunkt Nievenheims sollte im Gebiet zwischen Neußer Straße und Bundesbahn liegen und Nievenheim mit Delrath ver-

binden. Die Bebauung dieses Ortszentrums sollte dichter und höher werden und 10.000 Einwohner aufnehmen. Dies hätte eine Verdoppelung
der Einwohnerdichte von rund 55 auf 110 Einwohner pro Hektar bedeutet.

Insgesamt erwartete man für das künftige Nievenheim eine Gesamtbe-
völkerung von 40.000 bis 50.000 Einwohnern. Delraths Anteil an dieser
Bevölkerung wurde mit 16.000 Einwohnern prognostiziert. Am Rande
des bebauten Gebietes sollte für die dort lebenden Menschen als Naher-
holungsgebiet ein Grüngürtel vom Mühlenbusch bis nach Delrath zur
Autobahn entstehen.

Mit Aufforstungen zwischen der Zinkhütte und der Bundesstraße 9 waren bereits die Anfänge für den geplanten Grüngürtel gemacht worden.
Weitere Aufforstungen von Geländestreifen entlang der Autobahn wurden im Folgejahr zum Lärmschutz, aber auch als Teil dieses Grüngürtels
realisiert.

Erst im Jahre 1973 stellte sich Skepsis an der Planung dieser Einwohnerzahlen ein. Mit knapp 2.500 Einwohnern und dem zu dieser Zeit gerade
aufgestellten Bebauungsplan Delrath-Süd mit geplanten weiteren rund
1.200 Einwohnern [!] war das Ende der Einwohnerentwicklung für Delrath bereits abzusehen.

Doch zumindest die geplanten Erholungsgebiete erhielten Bestätigung
durch den im Jahr 1974 vorgelegten Landschaftsentwicklungsplan, der neben der vorrangig diskutierten Nievenheimer Seenplatte den Grünzug Nie-
venheim-Nord vom Mühlenbusch bis an die Bundesautobahn enthielt.

Erholungsflächen und Spielplätze

Als Bestandteil der zuvor erwähnten Naherholungsgebiete für Delrath
wurde 1967 die Kiesgrube am Zerrenger Büschgen umgestaltet. Die
Uferböschungen wurden abgeflacht und durch Anpflanzungen gartenar-
chitektonisch gestaltet. Rund 1.000 Bäume und Wasserpflanzen wurden
angepflanzt und 1968 wurde mit dem Bau der Wanderwege begonnen. In
einem Beitrag über den Namen „Zerrenger Büschgen" (nicht „Zerringer
Büschchen") beklagt sich der ehemalige Amtsdirektor Johannes Sticker:
*„Während der 26 Jahre, die seit der kommunalen Neugliederung [An-
merkung: 1. Januar 1975] verstrichen sind, hat man dieses kleine Delrather Paradies anscheinend ohne jede Pflege sich selbst überlassen, so-
daß die Bänke, die Geländer und die Treppen verrotteten und die Wege
zuwuchsen."* Günter Blank hielt 2001 fest: *„Die Stadtverwaltung Dor-*

magen sperrt den Rundweg im Zerrenger Busch, weil die Holztreppe marode war und aus Sicherheitsgründen abgebaut werden musste." Wieder waren es die Delrather, die sich das Ziel setzten *„ehrenamtlich den Rundweg am Ententeich wieder herzurichten, ohne den Schutz der Wasservögel und ihrer Brutgebiete zu gefährden."* Blank nennt namentlich acht Privatpersonen und den Freundeskreis der St.-Georgspfadfinder Delrath. So wurde der Weg um den Ententeich durch ehrenamtlich arbeitende Delrather wieder sicher und das Zerrenger Büschgen wieder zugänglich gemacht.

„Der Stadtdirektor der Stadt Dormagen, Paul Wierich, bezeichnete dieses Delrather Erholungsgebiet als ‚das schönste Fleckchen Erde im Stadtgebiet'."
(aus: Delrather Zeitreise, Bd. 4)

Ebenfalls im selben Jahr wurde mit Hilfe von Bundeswehreinheiten die Anlage des Altenparks geschaffen. Auf dem 7.000 qm großen Grundstück, das zuvor als Kiesgrube genutzt worden war und mittlerweile als Schuttabladeplatz missbraucht wurde, sollte für Delrath ein bewaldetes Spaziergängerparadies entstehen. Damit dieser Park nicht zu einem „Alten-Ghetto" würde, wurden auch Anziehungspunkte für junge Menschen und Kinder vorgesehen. Neben einem überdachten Sitzplatz war zum Beispiel auch ein Planschbecken geplant.

An der Straßenecke Hüttenstraße / Rheinstraße (heute: Johannesstraße) wurde 1968 ein Brunnenplatz erstellt. Der neugestaltete Platz wurde plattiert, eine Springbrunnenanlage installiert, Bäume wurden gepflanzt sowie Ruhebänke und Blumenkübel aufgestellt. Nachdem der Brunnen bereits lange Jahre nicht mehr in Betrieb war, wurde er im Jahr 2003 demontiert und der Platz umgestaltet. Auf der gegenüberliegenden Straßenseite entstand ein weiterer Platz mit Bäumen und Bänken.

1970 erfolgte im Rahmen der Baumaßnahmen entlang der Kurt-Schumacher-Straße auch die Planung für den Ausbau und die Gestaltung des Roncalliplatzes. Dieser Platz erweiterte das Angebot an öffentlichen Kinderspielplätzen in Delrath. Der erste öffentliche Spielplatz war bereits 1956 in der Siedlung am von-Sack-Platz auf dem alten Bunker geschaffen worden. Weitere öffentliche Spielplätze folgten zwischen Albert-Schweitzer- und Pestalozzistraße gegenüber dem Montessori-Kindergarten, auf der Fläche „Im Grund" und Ende der 90er Jahre des 20. Jahrhunderts im Baugebiet „Am Quirinushof". Auch der Schulhof der Henri-Dunant-Grundschule steht in den Nachmittagsstunden als Spielfläche zur Verfügung.

Im Jahre 2002 schuf das aus zehn Ehrenamtlichen bestehende „Team Dorfplatz" den Dorfplatz an der Ecke Gabriel-/Pestalozzistraße. Dieser Dorfplatz soll zum einen zum Verweilen anregen, zum anderen die Delrather Geschichte begreifbar machen. Des Weiteren dient der Dorfplatz auch für die Ausrichtung der jährlichen Feier zum 1. Mai sowie von Dorfplatzfesten.

Quellen:
Schleif, Burkhard: Wo lit Delrod?, Historische Schriftenreihe der Stadt Dormagen, Nr. 16, Hrsg. Stadt Dormagen 1995
Cardauns, Hermann / Müller, Reiner (Hrsg.): Die Rheinische Dorfchronik des Joan Peter Delhoven aus Dormagen (1783 - 1823), 2. Auflage, Dormagen 1966
Einwohnermeldeamt der Stadt Dormagen: Unveröffentlichte Daten zur Bevölkerung Delraths
Wiesenberger, Nikolaus: Der MGV „Sangeslust" Delrath 1905 (in diesem Band)
Institut für Landeskunde in der Bundesanstalt für Landeskunde und Raumforschung (Hrsg.): Landkreis Grevenbroich, Regierungsbezirk Düsseldorf, aus der Reihe: Die Landkreise in NRW, Reihe A: Nordrhein, Band 5, Bonn 1963
Kirchenchronik der Pfarre St. Gabriel
Kirchhoff, Hans Georg (mit einem Beitrag von Bömmels, Nicolaus): Heimatchronik des Kreises Grevenbroich (aus der Reihe: Heimatchroniken der Städte und Kreise des Bundesgebietes, Band 40), 1. Auflage, Köln 1971

Kreis Neuss - Der Oberkreisdirektor (Hrsg.): Statistisches Jahrbuch 1993, 5. Jahrgang, Neuss/Grevenbroich 1994

Landesvermessungsamt Nordrhein-Westfalen (Hrsg.): „Kartenaufnahme der Rheinlande durch Tranchot und v. Müffling 1803 - 1820", (Topographische Aufnahme rheinischer Gebiete durch französische Ingenieurgeographen unter Oberst Tranchot 1803 - 1813 und durch preußische Offiziere unter Generalmajor Frhr. v. Müffling 1816 - 1820 mit Ergänzungsblättern 1826 - 1828), Blatt 52 (Zons), aufgenommen 1807 von Capitaine Ing.-Geograph 2. Klasse Raffy, aus dem Originalmaßstab 1 : 20000 in den Maßstab 1 : 25000 reduziert, Publikation der Gesellschaft für Rheinische Geschichtskunde XII 2. Abteilung, Neue Folge, Reproduktion und Druck 1966

Landesvermessungsamt Nordrhein-Westfalen (Hrsg.): „Preußische Kartenaufnahme 1 : 25000 - Neuaufnahme - von NRW 1892 -1912", Blatt 2779 (Neuss), Königl. Preuss. Landes-Aufnahme 1893. Herausgegeben 1895

Landesvermessungsamt Nordrhein-Westfalen (Hrsg.): „Deutsche Grundkarte 1 : 5000 - Grundriss", Blatt 480623 (Delrath) und 480629 (Nievenheim), herausgegeben 1953, Ausgabe 1956 mit den letzten Nachträgen 1955

Landesvermessungsamt Nordrhein-Westfalen (Hrsg.): „Deutsche Grundkarte 1 : 5000 - Grundriss", Blatt 480623 (Delrath), herausgegeben 1978, und 480629 (Nievenheim), herausgegeben 1965, jeweils mit den letzten Nachträgen 1983

Luftbild von Delrath 2011 (© Stadt Dormagen, Fachbereich Städtebau / Geobasisdaten)

Lorenz, Walter (Hrsg.): Gohr-Nievenheim-Straberg, Quellen zur Geschichte des Amtes Nievenheim, seiner Bewohner und Siedlungen, Teil 1, Bonn 1973 und Teil 2, Bonn 1974, Quellen Nr. 55 und 649.

Regierungspräsident Düsseldorf (Hrsg.): Amtliche Ortschafts- und Entfernungstabelle des Regierungsbezirkes Düsseldorf, Düsseldorf 1890

Rheinischer Anzeiger (RA): Ausgaben der Jahre 1952 – 1994

Rheinischer Anzeiger vom 13.08.1965: „Das künftige Nievenheim"

Rhein-Kreis-Neuss: Verzeichnis der Gemeinden und Wohnplätze zum 31.12.2011, Internetseite www.rhein-kreis-neuss.de/de/kreisportrait/zahlen-daten-fakten-rhein-kreis-neuss/ wohnplatzverzeichnis-rhein-kreis-neuss.html

Blank, Günter: „Delrather Zeitreise, Band 2, 1931 – 1960", Delrath 1999

Blank, Günter: „Delrather Zeitreise, Band 4, 1976 – 1990", Delrath 2005

Blank, Günter: „Delrather Zeitreise, Band 5, 1991 – 2001", Delrath 2006

Blank, Günter: „Delrather Zeitreise B", PowerPoint-Vortrag, Delrath 2007

Schulchronik der Volksschule Delrath 1927 - 1953

Hugo Steinbach,
aus dem Leben eines Delrather Pfarrers
von Nikolaus Wiesenberger

Überblick

Hugo Steinbach hat während seiner fast zwanzigjährigen Tätigkeit als Seelsorger in Delrath die Entwicklung unseres Ortes maßgeblich beeinflusst. In seine Amtszeit fallen nicht nur der Bau der neuen Kirche, sondern auch die schrittweise Abtrennung von Nievenheim und die Errichtung einer selbständigen Kirchengemeinde.

Hinzu kommt der glückliche Umstand, dass Hugo Steinbach seit seinem Eintreffen in Delrath im Oktober 1948 bis zu seiner Erkrankung 1967 eine Pfarrchronik geführt hat, die auf 237 mit der Hand beschriebenen Seiten mit zusätzlich eingeklebten Zeitungsausschnitten das kirchliche und zivile Leben in Delrath in anschaulicher Weise schildert und so eine Fülle von Informationen zur Ortsgeschichte liefert.

Mit dem Neubau der Kirche St. Gabriel wurde in der Amtszeit von Hugo Steinbach in Delrath ein sakraler Raum von hoher architektonischer Qualität geschaffen. (Foto: Johannes Vossebrecher)

Der begrenzte Umfang dieser Festschrift bringt es mit sich, dass hier keine umfassende Darstellung seines Lebens vorgelegt wird, sondern lediglich wichtige Daten seines Werdegangs aufgezeigt und einzelne Ereignisse seiner Tätigkeit in Delrath mit ihren Zusammenhängen dargestellt werden. Da die kirchliche Geschichte Delraths und damit die Amtszeit von Hugo Steinbach schon an anderen Stellen behandelt wurden, können zu manchen Begebenheiten – etwa zum Neubau der Kirche - kaum noch Neuigkeiten mitgeteilt werden[1].

71

In diesem Rahmen werden hier Steinbachs Werdegang bis zu seinem ersten Amtsjahr in Delrath, eine für unseren Ort wichtige Personalsache, Steinbachs Verhältnis zur Politik und die Errichtung der selbständigen Kirchengemeinde St. Gabriel behandelt.

Steinbachs Werdegang bis 1948 und sein erstes Amtsjahr in Delrath

Hugo Steinbach wurde am 6. Juli 1903 als viertes von sechs Kindern des Landwirtes Franz Steinbach und seiner Frau Gertrud, geborene Scheurer, in der Ortschaft Linde in der Gemeinde Lindlar im heutigen Rheinisch-Bergischen Kreis geboren[2]. Sein Abitur legte er am 19. Februar 1923 am St.-Michael-Gymnasium in Bad Münstereifel ab[3]. Die auf dem Personalbogen des Generalvikariats überlieferten Noten des Abiturzeugnisses weisen Hugo Steinbach als überdurchschnittlichen Schüler aus[4].

Nach dem Theologiestudium an der Universität Bonn und dem Eintritt ins Priesterseminar im Herbst 1927 empfing er am 14. März 1929 im Kölner Dom von Weihbischof Hammels zusammen mit 20 weiteren Priesteramtskandidaten die Priesterweihe[5]. Nach einer ersten nur wenige Monate dauernden Aushilfstätigkeit in Lamersdorf, Gemeinde Inden, das 1929 noch zum Erzbistum Köln gehörte[6], wurde Hugo Steinbach im Oktober 1929 zum zweiten Kaplan an St. Mariä Rosenkranz in Düsseldorf-Wersten ernannt[7]. Im Januar 1935 trat er die Stelle des ersten Kaplans an der Herz-Jesu-Kirche in Essen-Frintrop an[8].

Wie dem Personalbogen weiter zu entnehmen ist, wurde Steinbach im Juni 1942 zur Wehrmacht eingezogen und meldete sich Ende 1945 bei seinem

Hugo Steinbach am Tag seiner Primizfeier im März 1929 (Foto: privat)

damaligen Pastor Peter Lutz in Essen-Frintrop zurück. 1946 wurde er für einige Monate nach Sankt Peter in Oberhausen zur Vertretung des dortigen Pfarrers entsandt[9].

Anfang 1947 schickte man Steinbach zur Aushilfe nach Waldorf bei Bornheim. Drei Monate später wurde er dort Kaplan[10]. Da das Handbuch für das Erzbistum Köln von 1958 in Waldorf für diese Zeit keinen Pfarrer benennt, ist anzunehmen, dass Hugo Steinbach in den rund eineinhalb Jahren in Waldorf vertretungsweise die Funktion des Pfarrers ausübte[11]. Am 11. September 1948 kam dann die Ernennung zum – wie es im Kirchlichen Anzeiger für die Erzdiözese Köln wörtlich heißt – „Kaplan in Nievenheim (Delrath), Dekanat Zons"[12].

Es folgte die schon an anderen Stellen zitierte Eisenbahnfahrt im Oktober 1948 von Köln nach Nievenheim[13]. Wie Steinbach schreibt, sah er zunächst zur Linken einen Kirchturm und deutete dies als Zeichen seiner künftigen Tätigkeit. Doch die Enttäuschung folgte sogleich. Sein Weg führte ihn nämlich vom Bahnhof aus nicht zur Nievenheimer Kirche, sondern in die andere Richtung eine lange Dorfstraße entlang bis zur Holzkapelle in Delrath.

Die alte Delrather Kirche entstand aus einer Wohnbaracke des Ersten Weltkrieges. Hugo Steinbach hat dieses „Kapellchen" im Laufe der Zeit lieb gewonnen. (Foto: Archiv G. Blank)

Doch nach dem ersten Schock vermerkte Steinbach in seiner Chronik, dass er dieses Kapellchen im Laufe der Zeit lieb gewonnen habe. Er sah gute Voraussetzungen für seine neuen seelsorglichen Aufgaben. Der Ort gehörte kirchlich zu Nievenheim und war damit Teil eines traditionsreichen Wallfahrtsortes. Weiter notierte er, dass sich die Einwohner Delraths 1926 bei der Errichtung der hölzernen Kapelle tatkräftig engagiert hätten. In der umgestalteten ehemaligen Wohnbaracke aus dem Ersten Weltkrieg, die man auch mit einem kleinen Glockenturm versehen hatte, sei jeden Sonntag und ein- oder zweimal in der Woche die heilige Messe gelesen worden[14].

Auch die kirchliche Aufsichtsbehörde hatte sich bemüht, die Seelsorge in Delrath zu verbessern. Auf Initiative des Kirchenvorstandes war aus Köln schon 1947 verfügt worden, dass in der Delrather Kapelle Taufen, Trauungen und die Feier der ersten heiligen Kommunion durchgeführt werden können[15]. Steinbach sah sich daher als selbständiger Seelsorger einer Gemeinde von etwa 1.200 Seelen, die sich im Norden bis zur Zinkhütte erstreckte, im Westen bis zu den Bauernhöfen Bützler und Schumacher und im Süden bis zur Ziegelei, jedoch ohne die Wohnungen auf der anderen Bahnseite[16].

Steinbach bezog am 22. November 1948 das Haus Rheinstraße 50[17], das in Höhe der heutigen Einmündung der St.-Peter-Straße in die Johannesstraße stand und 1942 von der Kirchengemeinde Nievenheim als Vikariegebäude angekauft worden war[18].

Zu den ersten Initiativen Steinbachs gehörte die Wiedergründung des Kirchenchores, der bereits Weihnachten 1948 eine mehrstimmige Messe sang[19]. Ab Februar 1949 bereitete Steinbach eine *„große Volksmission"* vor. Er besuchte alle Familien und überbrachte in jedes Haus Einladungen. In der Woche nach Ostern predigten zwei Franziskanerpatres in der meist bis auf den letzten Platz besetzten Holzkapelle. Nicht ohne Stolz hielt Steinbach fest, dass in den Tagen der Volksmission über 90 % der Katholiken gebeichtet und kommuniziert hätten[20].

In dem Bericht über die Volksmission, den er zusammen mit Pfarrer Knor aus Nievenheim nach Köln schickte, steht jedoch auch:

> *„Die Mehrzahl der Bevölkerung sind Arbeiter. Daneben einige Großbauern. Viel Sonntagsarbeit und Versäumnis der Sonntagsmesse. Die Wohnverhältnisse sind im Allgemeinen gut. Verhältnismäßig wenig Flüchtlinge."*

Zur pastoralen Situation wurde angemerkt:

> *„Bei den Alteingesessenen mehr äußeres, traditionelles Christentum. Die Zugezogenen (und das sind die meisten) lau und rück-*

ständig. Da die Gemeinde erst einige Jahre selbstständig ist, fehlt ein festes Brauchtum."

Beklagt wurden auch Ehescheidungen und ungültige Ehen[21].

Ein weiteres wichtiges Ereignis war die Priesterweihe von Hans Roßlenbroich, dessen Elternhaus in der Zinkhüttensiedlung stand. Ende Juli 1949 feierte der junge Priester seine Primiz in der Delrather Kapelle. Beim anschließenden Festakt in der Gaststätte Michalke (heute Gaststätte „Zur Schranke", Johannesstraße 8) nahm auch Amtsdirektor Schwill teil und hielt zu Ehren des Primizianten eine Ansprache[22].

Auch schon 1949 wurde am ersten Sonntag im September Schützenfest gefeiert. Kaplan Steinbach zelebrierte ein feierliches Hochamt mit anschließender Gefallenenehrung. Dass in Delrath rund 200 Protestanten lebten und deshalb von der Gründung einer Schützenbruderschaft abgesehen wurde, war für Steinbach kein Problem.

Ende August fand eine Wallfahrt mit 90 Teilnehmern nach Neviges statt - offenbar mit Bus oder Bahn. Es folgte eine Wallfahrt nach Knechtsteden, die Steinbach als „wirkliche" Wallfahrt empfand, da sowohl der Hinweg als auch der Rückweg zu Fuß zurückgelegt wurden[23].

Seine Begabung in Bau- und Organisationsfragen stellte der neue Kaplan bereits in seinem ersten Amtsjahr unter Beweis. Er sorgte dafür, dass die Holzkapelle einen Taufstein erhielt. Bis dahin verwahrte man das Weihwasser in einer einfachen Flasche in der Sakristei. Auch ein Baldachin wurde angeschafft. Er war besonders leicht, weil seine Stangen aus Aluminium bestanden. Vorher hatte man immer einen Baldachin in Nievenheim ausleihen müssen[24].

Die Pfarrbücherei konnte Anfang November wieder eröffnet werden. Zuvor waren unter Leitung von Steinbach im Ort rund 150 Bücher gesammelt worden, um den vorhandenen Bestand der Borromäusbücherei aufzustocken.

Im Sommer wurde außerdem der Kirchbauverein neu gegründet, weil man annahm, dass die Holzkapelle in wenigen Jahren durch einen Neubau ersetzt werden müsse. Im Oktober veranstalteten die sieben Gründungsmitglieder zusammen mit Steinbach eine Haussammlung, die fast 400 DM erbrachte[25]. Die Gelder, die der seit den dreißiger Jahren bestehende Vorläuferverein gesammelt hatte, waren durch die Währungsreform vom 20./21. Juni 1948 auf unter 1.000 DM zusammengeschmolzen[26].

Hugo Steinbach mit Kommunionkindern des Jahres 1950. Die Aufnahme wurde vor dem gemauerten Eingang der Holzkapelle an der damaligen Rheinstraße am 16. April 1950 gemacht. (Foto: Privat)

Insgesamt zog Steinbach für sein erstes Amtsjahr eine positive Bilanz. Er sprach allerdings auch von mehreren Enttäuschungen, die er aber nicht genauer beschreibt[27].

Personalsache van Houtte

Nicht nur beim Organisieren zeichnete sich der neue Kaplan durch Geschick und persönlichen Einsatz aus. Auch in einer für unseren Ort wichtigen Personalsache bewies er Engagement und Stehvermögen - auch wenn es ihm letztlich nicht gelang, seinen Kandidaten bei der Besetzung der Stelle des Rektors der katholischen Volksschule in Delrath durchzusetzen.

Die Auseinandersetzung hatte folgenden Hintergrund: Anton van Houtte, geboren 1892 in Köln, war nach seiner Ausbildung und der Teilnahme am Ersten Weltkrieg 1920 als Lehrer des Schulverbandes Nievenheim eingestellt worden. 1928 wurde er Hauptlehrer der katholischen Volksschule in Delrath und war damit Schulleiter. Im August 1939 erfolgte sein Einzug zur Wehrmacht. Anfang Januar 1950 kehrte er aus russischer Kriegsgefangenschaft zurück[28] und wollte wieder als Hauptlehrer in Delrath tätig sein.

Steinbach war gegen die Wiedereinsetzung van Houttes als Schulleiter. Seine Bedenken trug er in zwei Berichten dem zuständigen Prälaten im Generalvikariat vor. Die Berichte sind als maschinengeschriebene Entwürfe im Pfarrarchiv St. Gabriel erhalten[29]. Der Posteingang im Generalvikariat ist nicht vermerkt, da Steinbach seine Briefe offenbar unmittelbar an den damit befassten Prälaten schickte.

Im ersten Bericht nahm Steinbach zunächst Bezug auf das mit dem zuständigen Prälaten am Tag zuvor geführte Gespräch und schrieb, dass van Houtte eifriges Parteimitglied gewesen und weder zur Kirche noch zu den Sakramenten gegangen sei. Van Houtte habe dem damaligen Kaplan Orschall das Betreten des Schulhofes verboten, als dieser die Kinder für die Seelsorgsstunden mit zur Kirche nehmen wollte. 1939 habe sich van Houtte freiwillig zur Wehrmacht gemeldet.

Weiter erläuterte Steinbach die aktuelle Situation. Der Nievenheimer Gemeinderat habe van Houtte die Wiedereinstellung in Delrath verweigert. Grund dafür sei auch sein kirchenfeindliches Verhalten im Kriegsgefangenenlager gewesen. Daraufhin sei van Houtte in Neuss angestellt worden. Als Lehrer Klingner als Schulleiter in Delrath angestellt werden sollte, habe der Gemeinderat auf Betreiben der SPD die Sache zunächst hinausgezögert. Aufgrund eines neuen Schreibens habe der Nievenheimer Gemeinderat dann der Regierung in Düsseldorf seine Zustimmung zur Wiedereinstellung des Herrn van Houtte gegeben. Dem Lehrer Klingner habe der zuständige Schulrat erklärt, dass er, Klingner, keine Aussicht habe, als Schulleiter die Stelle in Delrath zu bekommen, da die Rechtsabteilung der Regierung in Düsseldorf van Houtte das Recht auf diese Stelle zugesprochen habe.

Zusätzlich beklagte sich Steinbach über die Zustände in Delrath. Der Ort sei gut zur Hälfte sozialistisch. Die religiösen Verhältnisse seien außerordentlich schwierig, besonders auch für die Kinder. Die Eltern würden seine Arbeit nicht im Geringsten unterstützen und seien vielfach dagegen eingestellt. Herr Klingner sei jeden Morgen in der Kirche und bete und singe mit den Kindern und halte sie zu allem Guten an. Einen solchen „Betbruder" könnten die Sozialisten nicht gebrauchen. Aber auch viele Katholiken sähen lieber, wenn der Lehrer nicht zu viel zur Kirche ginge. Steinbach äußerte die Befürchtung, dass unter einem Schulleiter van Houtte die Bestrebungen, die Schule zu einer Gemeinschaftsschule zu machen, neuen Auftrieb erhalten würden. Er regte gegenüber dem Prälaten an, ob es nicht vielleicht möglich wäre, durch das Innenministerium oder das Kultusministerium in Düsseldorf eine Entscheidung für Herrn Klingner herbeizuführen.

Die katholische Volksschule in Delrath lag um 1950 noch weitgehend auf der grünen Wiese. Dass Anton van Houtte nach seiner Rückkehr aus der Kriegsgefangenschaft wieder als Rektor dieser Schule eingesetzt wird, war ganz und gar nicht im Sinne von Hugo Steinbach. (Foto: Archiv im Rhein-Kreis Neuss)

In seinem zweiten Bericht ging Steinbach zunächst auf einen Besuch bei der Bezirksregierung in Düsseldorf ein. Dort sei er informiert worden, dass van Houtte Aussichten habe, mit Beginn des neuen Schuljahres die Schulleiterstelle zu erhalten. Auch sei der Hinweis gegeben worden, dass ein offizieller Einspruch des Generalvikariats berücksichtigt würde. Steinbach bat, diesen Einspruch zu erheben, und nannte dafür drei Gründe: Van Houtte biete nach seinem Verhalten im Dritten Reich nicht die Gewähr dafür, dass er als Leiter einer konfessionellen Schule seine Pflicht erfülle. Als zweiten Grund nannte Steinbach den Umstand, dass van Houtte die Sonntagsmesse nicht regelmäßig besucht habe. Als dritten Punkt führte er das in seinen Augen vorbildliche Verhalten des Lehrers Klingner an. Dieser biete nach seinem Charakter und seinem Verhalten die beste Gewähr für den rechten Geist der Schule. Zudem leiste Lehrer Klingner beim täglichen Gottesdienst in der Kirche wertvolle Dienste, die kein anderer leisten würde.

Zum Schluss kam Steinbach nochmals auf die schwierigen seelsorglichen Verhältnisse zu sprechen. Er meinte, die Gefahr des Sozialismus, der Gemeinschaftsschule, zumindest aber der kirchenfeindlichen Vergiftung des öffentlichen Lebens und der öffentlichen Meinung sei in Delrath besonders groß.

Trotz dieser leidenschaftlichen Stellungnahmen blieb das Generalvikariat untätig. Statt dessen versetzte der Regierungspräsident van Houtte mit Verfügung vom 25. April 1951 von Neuss, wo van Houtte vorübergehend eingesetzt worden war, in die Gemeinde Nievenheim und übertrug ihm mit Wirkung vom 1. Mai 1951 die Hauptlehrerstelle an der katholischen Volksschule in Delrath[30]. Der Nievenheimer Gemeinderat hatte zuvor in seiner Sitzung vom 25. September 1950 der Wiedereinstellung mit acht Stimmen bei drei Enthaltungen zugestimmt[31].

Dieser Zustimmung des Gemeinderates war ein längerer Entscheidungsprozess vorausgegangen. Die Frage, ob van Houtte durch sein Verhalten in der NS-Zeit belastet war, war von staatlicher Seite bereits vor seiner Rückkehr aus der Kriegsgefangenschaft geprüft worden. Anlass für diese Überprüfung war der Antrag der Ehefrau van Houttes auf Nachzahlung von Dienstbezügen und auf Gewährung von Unterstützungsleistungen[32]. Fest stand, dass van Houtte seit September 1937 der NSDAP angehört hatte[33].

Vor der zustimmenden Entscheidung vom 25. September 1950 hatte die Personalsache bereits dreimal auf der Tagesordnung des Gemeinderates gestanden[34]. Dabei war u. a. das Gerücht erörtert worden, van Houtte habe sich während der Kriegsgefangenschaft zu religiösen Fragen abfällig geäußert. Dem in der entsprechenden Sitzung anwesenden Schulrat waren für diesen Vorwurf drei Zeugen benannt worden mit der letztlich erfolglosen Bitte an den Schulrat, diese Zeugen van Houtte gegenüberzustellen[35]. Auch war beschlossen worden, die beiden Bewerber um die Schulleiterstelle in Delrath, Klingner und van Houtte, in der nächsten Sitzung getrennt anzuhören[36].

Dazu kam es aber nicht mehr, da der Regierungspräsident die Nievenheimer Amtsverwaltung mit Verfügung vom 20. September 1950 nahezu alternativlos aufforderte, der Wiedereinstellung von Anton van Houtte als Schulleiter in Delrath zuzustimmen[37]. Wörtlich hieß es in der Verfügung:

„Der Hauptlehrer Anton van Houtte wird z.Zt. in Neuss in einer Lehrerstelle beschäftigt. Da v.H. als Spätheimkehrer einen Rechts-anspruch auf Übertragung einer Hauptlehrerstelle hat - er ist im Entnazifizierungsverfahren auch echt entlastet worden - beabsichtige ich, dem Genannten die Leiterstelle der katholischen Volks-schule in Delrath wieder zu übertragen.

Ich bitte dies der Gemeindevertretung vorzutragen und gleichzeitig um Herbeiführung eines entsprechenden Beschlusses der Gemeindevertretung.

Im Falle der Ablehnung van Houttes als Hauptlehrer bitte ich um genaue Darstellung der Gründe, die seine Weiterbeschäftigung als Hauptlehrer an der Schule in Delrath unmöglich machen. Hierbei weise ich jedoch daraufhin, dass die Ernennung eines anderen Lehrers zum Hauptlehrer und Leiter der Schule in Delrath solange nicht in Betracht kommen kann, als van Houtte nicht in einer anderen Hauptlehrer- bezw. Leiterstelle Verwendung gefunden hat, evtl. sogar bis zur Zurruhesetzung van Houttes. Da dies m.A. nach für die Schule untragbar ist, empfehle ich die Fassung eines entsprechenden Beschlusses."

Diesem Druck beugte sich der Nievenheimer Gemeinderat und traf die schon angeführte Entscheidung vom 25. September 1950.

Steinbach hat die staatlichen und kommunalen Entscheidungen in der Personalsache van Houtte akzeptiert und auch die Untätigkeit der kirchlichen Aufsichtsbehörde in Köln hingenommen. Mit Hauptlehrer van Houtte hat er - soweit aus der Pfarrchronik ersichtlich - in den folgenden Jahren bis 1955 korrekt zusammengearbeitet.

Als am 15. Oktober 1952 das 25-jährige Bestehen der 1927 eingeweihten Volksschule gefeiert wurde, überreichte Kaplan Steinbach in feierlicher Form Hauptlehrer van Houtte ein Kruzifix für einen Klassenraum, das die Kirchengemeinde gestiftet hatte. Dass damit auf den in der Pfarrchronik überlieferten Vorwurf angespielt werden sollte, van Houtte habe während der NS-Zeit die Kreuze aus der Schule entfernt, ist zu vermuten[38]. Gleichzeitig feierte van Houtte an diesem 15. Oktober auch sein - wie es in der Chronik heißt – 25-jähriges Ortsjubiläum[39].

Etwa ein Jahr später fuhren Steinbach und van Houtte gemeinsam nach Düsseldorf, um die Bezirksregierung von dem Vorhaben abzubringen, im Gebäude der katholischen Volksschule in Delrath auch eine evangelische Volksschule einzurichten. Gegenüber dem zuständigen Dezernenten argumentierten sie, dass das Nebeneinander von zwei Schulen in einem Gebäude leicht zu Unzuträglichkeiten führe. Dieses Gesuch wurde aber, wie Steinbach trocken in seiner Chronik vermerkt, abgelehnt[40].

In den Ostertagen 1954 versuchten Steinbach und van Houtte gemeinsam mit anderem Lehrpersonal, mäßigend auf den Organisten Segschneider einzuwirken. Dieser war darüber empört, dass die Kinder am ersten Ostertag während der heiligen Messe das Lied „Wahrer Gott wir glauben dir" schneller gesungen hatten, als es seiner musikalischen Begleitung entsprochen hätte[41].

Van Houtte wurde am 22. Dezember 1954 in einer kleinen Feier aus dem Schuldienst verabschiedet. Steinbach berichtet in seiner Chronik: *„Die Kirche schenkt ihm ein Bild der Kirche".* Man darf annehmen, dass Hugo Steinbach dieses Bild van Houtte persönlich überreicht hat[42].

Hugo Steinbach und die Politik

Kaplan Steinbach war nicht nur Seelsorger und Organisator, sondern auch ein politisch interessierter Mensch, der das Zeitgeschehen von der lokalen Ebene bis hin zur Weltpolitik aufmerksam beobachtete und über 20 Jahre hinweg festhielt. Dabei gelang es ihm vielfach, auch komplexe historische Vorgänge in wenigen Sätzen verständlich zusammenzufassen, so dass man fast behaupten kann, Steinbach habe in seine Chronik einen historischen Kurzabriss für die Jahre von 1947 bis 1968 eingebunden. Dabei beließ er es nicht bei der bloßen Mitteilung historischer Fakten, sondern machte an vielen Stellen wichtige Detailangaben, etwa wenn es um den Ausgang von Wahlen ging. Auch Bezüge zwischen dem politischen Geschehen und kirchlichen Belangen wurden hergestellt.

Die Passagen zum politischen Geschehen lassen die Chronik auch für denjenigen Leser zur kurzweiligen Lektüre werden, der nicht in erster Linie Informationen über den Alltag in einer kleinen katholischen Kirchengemeinde der fünfziger und sechziger Jahre des letzten Jahrhunderts sucht.

Konrad Adenauer – für den Steinbach offenbar viel Sympathie hegte - wird gleich zu Anfang mit den Ergebnissen der ersten Bundestagswahl am 14. August 1949 erwähnt. Dabei vergisst Steinbach auch nicht die gesamtdeutsche Problematik und weist den Leser darauf hin, dass die Ostzone ebenfalls eine neue Regierung mit Grotewohl und Pieck bilde[43].

Steinbachs Kommentar, dass damit die Spaltung Deutschlands besiegelt scheine, hat sich als zutreffend erwiesen.

Zunächst war sich Hugo Steinbach offenbar nicht sicher, ob er auch weltpolitische Geschehnisse erwähnen sollte. Die Nachricht, dass der amerikanische Präsident Truman bekannt gegeben habe, dass Russland die Atombombe besitze, leitete er auf Seite 18 mit dem Halbsatz ein: *„Es mag auch hierhergesetzt werden, daß....."*. An gleicher Stelle erwähnt er den Bruch zwischen Stalin und Tito. Auch hier spürt Steinbach die politische Bedeutung und spricht von einem Ereignis, das die Politik beeinflussen könne[44]. Wenige Seiten weiter berichtet er über die kirchliche Anweisung, für den in einem Schauprozess zu lebenslanger Haft verurteilten ungarischen Kardinal Mindszenty zu beten. Der Fall habe in der ganzen christlichen Welt helle Empörung ausgelöst[45].

Die Landtagswahl am 18. Juni 1950 und der kurz danach einsetzende Koreakrieg[46] finden in der Chronik ebenso Erwähnung wie die Kohlenknappheit und der dadurch hervorgerufene Unterrichtsausfall im Winter 1950/51[47] sowie der Tod des SPD-Vorsitzenden Kurt Schumacher im August 1952[48]. Auch die Wahl Eisenhowers zum Präsidenten der USA kommentiert Steinbach; er gibt ihm die Schuld für die Besetzung Berlins durch die Russen[49].

Nicht ganz nachvollziehbar sind die Eintragungen zu den politisch wichtigen Ereignissen des Jahres 1953. Zwar wird Stalins Tod erwähnt und die Aufforderung des Papstes, für den Diktator zu beten - *„trotz allem"*. Auch die Bundestagswahl am 6. September einschließlich des vorausgegangenen Wahlkampfs wird angesprochen, nicht aber der Volksaufstand vom 17. Juni. Man kann nur vermuten, dass dieses Ereignis vom Chronisten Steinbach angesichts der vielen berichtenswerten lokalen Vorgänge vom Kirchenbau über die Glockenweihe bis hin zum Ärger über einen nicht berücksichtigten Namen auf der Gefallenentafel einfach vergessen worden ist[50].

Eine Kirchenkollekte für Süd-Vietnam im Jahr 1955 veranlasst Steinbach zu einem Exkurs über die Situation in Vietnam nach dem Ende des Indochina-Krieges. Er stellt die Prognose, dass der katholische Ministerpräsident Diem wahrscheinlich den Kaiser absetzen, die Franzosen verjagen und mit Hilfe Amerikas ein Bollwerk gegen den Kommunismus errichten werde[51].

Als größtes politisches Ereignis des Jahres 1955 wird die Moskaureise von Adenauer bezeichnet mit der dabei vereinbarten Aufnahme diplomatischer Beziehungen sowie der Rückkehr der letzten deutschen Kriegsgefangenen[52].

Im folgenden Jahr 1956 geht Steinbach auf die Suez-Krise und den Ungarn-Aufstand ein, der Anlass zu Gebeten sowie Geld- und Sachspenden *„in einem nie gesehenen Maße"* war[53]. Er erwähnt den Start des ersten Sputniks im Dezember 1957 und erklärt für den Nichtfachmann, dass dies kleine Körper seien, die von Raketen ins Weltall geschossen würden und durch Fernlenkung auf eine bestimmte Bahn gebracht würden, in der sie die Welt umkreisten. Optimistisch vermerkt er, dass die Amerikaner mit ähnlichen Aktionen folgen würden[54].

Auch in den sechziger Jahren zeigt sich Steinbach als zuverlässiger Chronist. Neben den Wahlen in Bund und Land sowie auf kommunaler Ebene ordnet Steinbach wichtige Ereignisse in Deutschland und in der Welt in seine Chronik ein. Er erwähnt den Bau der Mauer[55], die Flutkatastrophe in Hamburg[56] und äußert sich zur Spiegelaffäre, wobei er zu dem Schluss kommt, dass die Bundesregierung weder direkt noch indirekt an der Angelegenheit beteiligt sei[57].

Wo es sich anbietet, weist Steinbach auf kirchliche Bezüge hin. So wird John F. Kennedy als erster US-Präsident erwähnt, der katholisch sei[58]. Anlässlich des Todes des ehemaligen US-Außenministers John Forster Dulles wird der Leser darüber unterrichtet, dass dessen Vater anglikanischer Geistlicher und sein Sohn katholischer Priester war[59]. Zum Besuch der britischen Königin in Deutschland im Mai 1965 merkt Steinbach an, dass Kardinal Frings Elisabeth II. am Kölner Dom in englischer Sprache als Oberhaupt der anglikanischen Kirche begrüßt habe[60], und im Zusammenhang mit der Landtagswahl am 10. Juli 1966 ergänzt er, dass an der Spitze der stärksten Partei Heinz Kühn stehe, der früher Katholik gewesen und aus der katholischen Kirche ausgetreten sei[61].

Deutliche Aussagen finden sich in der Chronik auch zum lokalen Geschehen. Nach der Wahl von Johannes Sticker zum neuen Amtsdirektor im Mai 1963 meint Steinbach, Sticker sei so etwas wie ein „selfmademan" und scheine die Qualitäten zu besitzen[62]. Den ersten Besuch des neuen Amtsdirektors im Pfarrhaus in Delrath begleitet Steinbach mit der Bemerkung, hoffentlich klappe es mit ihm besser als mit Michael Flücken, dem Amtsvorgänger[63].

Vereidigung von Johannes Sticker als neuer Amtsdirektor durch Amtsbürgermeister Schütz am 4. Juni 1963. Hugo Steinbach stufte Johannes Sticker als „selfmademan" ein, mit dem es hoffentlich besser klappe als mit dem Amtsvorgänger.
(Foto: Archiv im Rhein-Kreis Neuss)

Steinbachs Faible für Konrad Adenauer wird auch aus einigen Textpassagen deutlich, die die sechziger Jahre betreffen. Dass Adenauer Kardinal Frings zu einer gut verlaufenen Star-Operation gratuliert, findet ebenso seinen Niederschlag in der Chronik[64] wie der Rücktritt Adenauers vom Amt des Bundeskanzlers am 15. Oktober 1963[65]. Selbstverständlich vermerkt der Chronist den Tod des Altbundeskanzlers am 19. April 1967 um 12.20 Uhr sowie das große Staatsbegräbnis. Die Leser werden über im Kölner Dom anwesende Kardinäle und Präsidenten genauso informiert wie über die Tatsache, dass an den Trauerfeierlichkeiten über eine halbe Million Menschen teilgenommen haben[66].

Die letzte Notiz in der Chronik mit politischem Bezug ist der Vermerk, dass der Mütterverein am 31. Mai 1967 einen Ausflug nach Siegburg-Kaldauen (Wahnbachtalsperre) und Rhöndorf machte, *„wo wir einen Strauß Rosen am Grab Konrad Adenauers niederlegten"*[67].

Errichtung der selbständigen Kirchengemeinde

Dass Delrath gegenüber der Mutterpfarrei St. Pankratius in Nievenheim kirchenrechtlich mehr Selbständigkeit erhalten sollte, war zu dem Zeitpunkt, als Steinbach seine Kaplanstelle in Delrath antrat, bereits vorgezeichnet durch die Verfügung über Taufen, Trauungen und Erstkommunion vom Februar 1947[68].

Einen weiteren Schritt hin zur eigenständigen Seelsorge in Delrath versuchte der Nievenheimer Pfarrer Knor wenige Wochen, nachdem Steinbach sein Amt angetreten hatte. Mit Bericht an das Generalvikariat vom 15. Februar 1949 bat er, über die eben genannte Verfügung, die er nicht ungeschickt als „*Anordnung seiner Eminenz, des hochwürdigsten Herrn Kardinals*" bezeichnete[69], eine Urkunde auszufertigen. Dem Generalvikariat nannte er auch gleich den Titel, den die gewünschte Urkunde tragen sollte, nämlich „*Urkunde über die Errichtung des Seelsorglichen Rektorates St. Gabriel in Delrat*h". Zusätzlich lieferte er eine kirchenrechtliche Interpretation und erklärte, dass damit wohl die Errichtung der Kapellengemeinde im Verbund der Mutterpfarre erfolgt sei[70].

Über so viel Selbstbewusstsein aus Nievenheim war man in Köln nicht gerade erfreut. Schon zwei Tage später teilte man Pfarrer Knor mündlich mit, dass die Errichtung des abhängigen Rektorates einstweilen verschoben werden müsse, bis sich die finanzielle Lage gebessert habe. Zur Rechtslage wurde vermerkt, dass ein seelsorgliches Rektorat ohne Vermögensverwaltung gemeint sei[71].

Ein Rektorat innerhalb eines Bistums ist ein selbständiger Seelsorgesprengel unter Leitung eines mit ordentlicher Hirtengewalt ausgestatteten Priesters und steht damit bis auf gewisse Einschränkungen gleichberechtigt neben der Pfarrei als Untergliederung eines Bistums. Einschränkungen können etwa in vermögensrechtlicher Hinsicht bestehen[72].

Im Generalvikariat griff man den Antrag auf Errichtung eines Rektorates ohne eigene Vermögensverwaltung erst anderthalb Jahre später wieder auf und teilte Pfarrer Knor am 30. August 1950 mit, dass die von ihm gewünschte Errichtung eines seelsorglichen Rektorates jetzt erfolgen könne. Man benötige Karte und Grenzbeschreibung in dreifacher Ausfertigung und halte dafür eine Dienstbesprechung im Generalvikariat für zweckmäßig.

Trotzdem kam die Angelegenheit nicht voran, weil Pfarrer Knor nachträglich in einem Gespräch mit dem zuständigen Prälaten Hecker die Errichtung einer auch vermögensrechtlich unabhängigen Rektoratspfarre gewünscht, selbst aber den von Köln geforderten Nachweis über das Vermögen der Pfarre in Nievenheim nicht vorgelegt hatte[73].

Deshalb beschloss man im Generalvikariat, ein von Nievenheim finanziell abhängiges Rektorat in Delrath zu errichten, und übersandte im Juni 1952 zwei Ausfertigungen der von Kardinal Frings unterzeichneten Errichtungsurkunde und zwei Geländekarten an Pfarrer Knor mit der Aufforderung, die Urkunde in Nievenheim und Delrath beim Gottesdienst am Sonntag bekanntzugeben[74].

Nach dem Wortlaut der Urkunde sollte das neugebildete Rektorat den Teil der Mutterpfarre umfassen, der nordwestlich der Bahnlinie Köln-Neuss liegt. Richtigerweise hätte der Urkundentext von dem Bereich nordöstlich der Bahn sprechen müssen. Der Kartenteil der Urkunde ist insoweit zutreffend[75]. Damit gehörten vor allem die Bauernhöfe Schumacher und Bützler nicht zum neu gebildeten Rektorat, obwohl Hugo Steinbach noch 1949 davon ausgegangen war, dass sich sein neuer Tätigkeitsbereich im Westen bis zu den genannten Bauernhöfen erstrecken würde[76]. Diese neue Grenzziehung des Delrather Pfarrbezirks wurde auch später nicht geändert. Die heutige Einteilung der Stadtbezirke der Stadt Dormagen rechnet den umstrittenen Bereich westlich der Bahn mit den beiden genannten Bauernhöfen (heute Sülzhof und Latourshof) zum Stadtteil Delrath[77].

Rund ein Jahr später wurde die Errichtung einer selbständigen Pfarrei in Delrath in Köln erneut diskutiert. Wie einem handschriftlichen Vermerk des Generalvikars Joseph Teusch vom 26. Juli 1953 zu entnehmen ist, erörterte man die Angelegenheit im Diözesanverwaltungsrat, dem obersten Beratungsgremium der erzbischöflichen Behörde. Man lobte die Leistung des Rektors Steinbach. Weiter heißt es in dem Aktenvermerk des Generalvikars, dass Steinbach erstaunlich viel aus seinem Bezirk heraushole. Gehemmt werde er durch den Klüngel in der Vermögensverwaltung der Pfarre Nievenheim. Der Generalvikar machte den Vorschlag, dass Delrath eine eigene Vermögensverwaltung bekommen solle, wenn es nicht sogar gleich Rektoratspfarre werde. Prälat Hecker wurde gebeten, im Falle der Zustimmung das eine oder andere in die Wege zu leiten[78].

Wenige Monate später führte Ordinariatsrat Baumsteiger von der Rechnungskammer[79] eine Revision in Nievenheim durch. Er kam zu dem Ergebnis, dass die Kirchengemeinde St. Pankratius in Nievenheim über Grundvermögen - verteilt auf verschiedene Fonds - im Umfang von fast 92 ha verfügte[80]. Dazu vermerkte der Revisor, dass die Einnahmen durch die Verpachtung der Ländereien viel zu gering seien. Außerdem wurden bei der Revision diverse Sparguthaben und Anlagekonten festgestellt, die zusammen rund 3.000 DM ergaben.

J.-Nr.

8o5 I/49

Urkunde

über die Errichtung
der Selbständigen Kirchengemeinde St. Gabriel
in D e l r a t h .

Nach Anhörung des Metropolitankapitels und der unmittelbar Beteiligten wird hierdurch zum 1. April des Jahres 1955 unter Teilung
der Pfarre St. Pankratius (Nievenheim) die selbständige Kirchengemeinde (Rektoratspfarre) St. Gabriel zu Delrath errichtet.

Die Grenze zwischen der neuen Kirchengemeinde und der Mutterpfarre
ist die Bundesbahnlinie Köln-Neuss, soweit diese das bisherige Pfarr-
gebiet von St. Pankratius durchschneidet, so dass das nordwestlich
von der Bundesbahnlinie gelegene bisher zur Pfarre St. Pankratius
gehörige Gebiet das Gebiet der neuen Kirchengemeinde bildet.

Aus dem Eigentum der Mutterpfarre gehen ohne Gegenleistung in das
Eigentum der Kirchengemeinde St. Gabriel folgende Grundstücke über:
1. Pfarrdotationsfonds:
    Gemarkung Nievenheim, Flur 2, Nr. 12, gross 363,50 ar.
2. Grundstücke für Kirche und Pfarrhaus:
    Gemarkung Nievenheim, Flur   Flurstück 55, gross 44,33 ar,
                            Flur 1 Flurstück 61, gross 22,97 ar,
                            Flur L, Flurstück 718/71, gross 1,8o ar,
    mit den Aufbauten und mit den Einrichtungsstücken der Kirche.
3. Sonstige Grundstücke der Kirchenfabrik:
    Gemarkung Zons, Flur 1, Flurstück 271, gross 3o5,70 ar,
                    Flur 13,   "   92, gross 68,6o ar,

b.W.

*Die von Kardinal Frings unterzeichnete Errichtungsurkunde der Kirchengemeinde
St. Gabriel vom 7. Januar 1955 schreibt die von der Mutterpfarre in Nievenheim zu
übernehmenden Grundstücke im Umfang von rund 12 Hektar fest.*

Gemarkung Nievenheim, Flur 2, Flurstück 11, groß 118,80 ar,
" " 50, " 211,60 ar,
// " 153, " 5,80 ar,
Flur 3, " 5, " 78,20 ar.

Die Mutterpfarre zahlt an die neue Kirchengemeinde ein Stiftungs-
kapital von 61,60 DM, ferner an Sparguthaben und Anlagekonten
1490,37 DM und 136,72 DM.

Im übrigen sollen aus Anlass der Errichtung der Kirchengemeinde
St. Gabriel zwischen dieser und der Mutterpfarre vermögensrecht-
liche Verpflichtungen bzw. Ansprüche nicht entstehen.

Der Lebensunterhalt des Rektoratspfarrers in der neuen Kirchengemeinde wird dadurch gesichert, dass die notwendige Ergänzung
des örtlichen Stelleneinkommens hiermit aus dem Ertrag der Kir-
chensteuer gewährleistet wird.

Die Rechte und die Pflichten des Rektoratspfarrers ergeben sich
aus dem Dekret 240 der Kölner Diözesan-Synode vom Jahre 1954.

KÖLN, den 7. Januar 1955

DER ERZBISCHOF VON KÖLN

✠ Jos. Card. Frings

Anmerkung: In der siebenten Zeile des vorstehenden Urkun-
dentextes ist statt "nordwestlich" zu lesen: "Nordöstlich".

Köln, den 4. März 1955

DER ERZBISCHOF VON KÖLN
I.V.

Generalvikar

*Der Berichtigungsvermerk des Generalvikars Joseph Teusch vom 4. März 1955 mit
der Korrektur der Himmelsrichtung bei der Festlegung der neuen Pfarrgrenzen befindet sich am Schluss der Urkunde, die im Pfarrarchiv Delrath aufbewahrt wird.*

Im Dezember 1953 war die Errichtung einer selbständigen Pfarrei in Delrath in Köln beschlossene Sache. Am 2. Dezember 1953 schrieb Prälat Hecker an Pfarrer Knor in Nievenheim, dass die Verselbständigung von Delrath eine Vermögensauseinandersetzung mit der Mutterpfarre zur Voraussetzung habe. Der Prälat führte aus, dass die Seelenzahl von Delrath ein Drittel der Gesamtseelenzahl der Pfarrei betrage. Daraus folgerte er, dass zunächst ein wertmäßiges Drittel des Fabrikvermögens der Pfarre für Delrath vorzusehen sei, also des Vermögens, das vor allem der Unterhaltung des Kirchengebäudes dient. Allerdings sei auch der Wert der Vikarie in Delrath zu berücksichtigen. Nicht in die Berechnung einbezogen werden dürfe der Wert der Kirche in Delrath, weil sie aus Diözesanmitteln erbaut worden sei. Auch könne das Drittel nicht aus dem ganzen Grundbesitz der Pfarrei berechnet werden. Das Kirchengrundstück in Nievenheim, das Pfarrhausgrundstück mit Garten, der Kirchhof und das Vikariegrundstück in Nievenheim sollten bei der Berechnung unberücksichtigt bleiben.

Der Prälat sprach sodann das etwa 20 ha große Grundvermögen an, das zum Pastorat Nievenheim gehörte, und erklärte, dass es auf die Leute keinen guten Eindruck machen würde, wenn von diesem Fonds nichts abgegeben würde. Allerdings könne ohne die persönliche Zustimmung des Pfarrers dieses Grundvermögen nicht geteilt werden. Angemessen wäre wohl, wenn wenigstens wertmäßig ein Viertel abgegeben würde. Der Prälat bat Pfarrer Knor, einen unverbindlichen Vorschlag für die Vermögensauseinandersetzung zu machen. Der für Delrath vorgesehene Grundbesitz müsse katastermäßig genau angegeben werden mit Hinzufügung des Verkehrswertes.

In den folgenden Zeilen wurde der Prälat persönlich und schrieb:

„Von Herrn Rat Baumsteiger habe ich gehört, wie exakt Sie Ihre Bücher führen; ich weiß also, dass die Ausarbeitung des gewünschten Teilungsvorschlages Ihnen gut möglich ist. Und ich weiß auch um Ihr gutes Herz, das die Tochtergemeinde nicht ärmlich ausstatten mag."

Schließlich gab Prälat Hecker noch Hinweise zum weiteren Verfahren. Der Vorschlag des Pfarrers würde vom Diözesanverwaltungsrat und dann noch vom Domkapitel geprüft. Zuletzt sei ein Kirchenvorstandsbeschluss zu fassen. Darüber würde der Pfarrer aber noch Nachricht erhalten[81].

Pfarrer Knor reagierte mit Bericht vom 26. September 1954, wobei er Bezug nahm auf einen Kirchenvorstandsbeschluss vom 19. September 1954. Danach sollte die neue Rektoratspfarre in Delrath 7 ha, 88 ar und 70 m^2 Grund als Fabrikfonds und 3 ha, 63 ar und 50 m^2 als Pfarrgutfonds erhalten. Außerdem sollten die Grundstücke der neuen Kirche und der Rektorats-Wohnung in der Rheinstraße in das Eigentum der neuen Kirchengemeinde Delrath übergehen. Zusammen ergibt das ein Liegenschaftsvermögen von rund 12 ha. Die drei Mitglieder des Kirchenvorstandes aus Delrath hätten wiederholt ihre vollste Zufriedenheit über diesen Beschluss ausgedrückt, wie Pfarrer Knor zum Schluss vermerkte[82].

In seiner handschriftlichen Vorbereitung hielt Prälat Hecker fest, dass Nievenheim 2.630 Seelen umfasse, während 1.200 Seelen auf Delrath entfallen würden, so dass damit Delrath annähernd ein Drittel der Gesamtseelenzahl habe. Er setzte den Fabrikfonds Nievenheim ohne Kirche, Pfarrhaus und Friedhof sowie unter Berücksichtigung von Reduzierungen bei der Flurbereinigung mit 50 ha und den Pfarrdotationsfonds mit 20 ha an, was nahezu deckungsgleich mit den Feststellungen des Revisors war. Prälat Hecker kam zu dem Ergebnis, dass rechnerisch auf Delrath etwa 17 ha für die Kirchenfabrik und 6,6 ha Pfarrdotationsland entfallen würden, insgesamt also 23 bis 24 ha.

Dagegen stellte der Prälat das, was der Nievenheimer Kirchenvorstand von sich aus vorgeschlagen hatte, nämlich insgesamt rund 12 ha, also etwa die Hälfte von dem, was die neue Kirchengemeinde nach den Vorgaben des Prälaten hätte beanspruchen können[83].

Im Widerspruch zu seinen eigenen Überlegungen schlug Prälat Hecker jedoch vor, dass es bei der Durchführung des Nievenheimer Vorschlags sein Bewenden haben sollte, ein Vorschlag, dem im November 1954 sowohl das Metropolitan-Kapitel als auch der Diözesanverwaltungsrat zustimmten. Als Begründung für seinen Vorschlag hatte Prälat Hecker notiert, dass die Einkünfte der Pfarrei Nievenheim für diese nicht ausreichend seien[84].

Die von Nievenheim vorgeschlagene und in Köln beschlossene Regelung zum Grundeigentum der neuen Pfarrei in Delrath ist eins zu eins in die von Kardinal Frings am 7. Januar 1955 unterzeichnete Urkunde über die Errichtung der selbständigen Kirchengemeinde St. Gabriel übernommen worden[85].

Dieses Ergebnis der Vermögensauseinandersetzung ist aus heutiger Sicht zumindest merkwürdig. Die Begründung von Prälat Hecker kann kaum überzeugen, da der Revisor der Rechnungskammer festgestellt hatte, dass die Ländereien der Pfarrei Nievenheim im Umfang von nahezu 92 ha zu einem viel zu geringen Preis verpachtet seien. Prälat Hecker hat offenbar bei seinem Vorschlag einfach den Weg des geringsten Widerstandes gewählt, vielleicht auch, weil Pfarrer Knor angemerkt hatte, dass die drei aus Delrath stammenden Mitglieder des Nievenheimer Kirchenvorstandes wiederholt ihre vollste Zufriedenheit über die vorgeschlagene Regelung ausgedrückt hätten.

Bis die Aufteilung des Grundvermögens zu Einkünften für die junge Kirchengemeinde in Delrath führte, hat es noch etwas gedauert. Wie einem Schreiben des Generalvikariats vom 25. März 1958 an die Kirchengemeinde St. Gabriel zu entnehmen ist, wurden die Pachteinnahmen sowie die Lasten der Grundstücke zum 1. April 1957 übertragen. Wie Pfarrer Martin Plum als Vicarius adjutor von Pfarrer Knor in Nievenheim dem Generalvikariat berichtete, erfolgte die Grundbuchumschreibung dann im Oktober 1958[86].

---

[1] Burkhard Schleif, Wo lit Delrod?, Historische Schriftenreihe der Stadt Dormagen Nr. 16, Dormagen 1995, S. 40 ff.; Josef Vossebrecher, Katholische Pfarrgemeinde Sankt Gabriel in Delrath, in: Günter Blank, Delrather Zeitreise, Band 5, 1991 – 2006, Delrath 2006, Nachdruck 2010, S. 11 ff.

[2] Archiv des Erzbistums Köln (im Folgenden abgekürzt AEK), Personalverwaltung Priester, 1362; Auskunft der katholischen Kirchengemeinde St. Joseph, Linde, Gemeinde Lindlar.

[3] St.-Michael-Gymnasium Bad Münstereifel. Die Abiturienten 1900-1975 und weitere Mitglieder des Vereins Alter Münstereifeler, herausgegeben vom Vorstand des Vereins, ohne Jahreszahl, Seite 38.

[4] AEK ebenda.

[5] Handbuch des Erzbistums Köln, 25. Ausgabe 1958, Köln, S.1050.

[6] Handbuch des Bistums Aachen, dritte Ausgabe, Aachen 1994, S. 36 und S. 414.

[7] Kirchlicher Anzeiger für die Erzdiözese Köln, herausgegeben und verlegt von dem erzbischöflichen Generalvikariat Köln, Neunundsechzigster Jahrgang 1929, Köln 1929, S. 133, rechte Spalte; die Ernennung erfolgte am 23. Oktober 1929.

[8] Kirchlicher Anzeiger ebenda, Jahrgang 1935, S. 20, linke Spalte; die Ernennung erfolgte am 3. Januar 1935.

[9] AEK, Personalverwaltung Priester, 1362.

[10] Kirchlicher Anzeiger ebenda, 87. Jahrgang 1947, S. 143.

[11] Handbuch des Erzbistums Köln ebenda, S.110.

[12] Siehe Kirchlicher Anzeiger ebenda, 88. Jahrgang 1948, S. 383.

[13] Pfarrarchiv St. Gabriel Delrath, Chronik der Kapellen- bzw. Kirchengemeinde Delrath, Gliederungsnummer 1, im Folgenden als „Pfarrchronik" zitiert, siehe dort S.

1; vgl. auch Burkhard Schleif ebenda S. 42, linke Spalte; ebenso Josef Vossebrecher ebenda, S.11.

[14] Pfarrchronik S. 6.

[15] Pfarrarchiv St. Gabriel Delrath, Entwicklung des Seelsorgebezirks Delrath zur selbständigen Rektoratspfarrei 1922-1969, Gliederungsnummer 28; vgl. auch Pfarrchronik S. 8; die Verfügung trägt das Aktenzeichen 868 I/47 und datiert vom 4. Februar 1947; vgl. auch AEK, Delrath, St. Gabriel, Vikarie, GVA II 2150; die Verfügung wurde sowohl an Pfarrer Knor in Nievenheim als auch in Abschrift an Kaplan Orschall in Delrath versandt.

[16] So die Ausführungen Steinbachs in der Pfarrchronik S. 9.

[17] Pfarrchronik S. 10; vgl. auch Günter Blank, Delrather Zeitreise, Band 2, 1931 – 1960, 2. Auflage, Delrath 2009, S. 107; siehe auch Günter Blank, Delrather Zeitreise, Band 1, 1263 – 1930, 3. Auflage, Delrath 2007, S. 109; die Abfolge der Hausnummern der früheren Rheinstraße wurde später geändert.

[18] AEK, Delrath, St. Gabriel, Pfarrei, GVA II 2148, Bericht von Pfarrer Knor vom 15. Februar 1949; das frühere Vikariegebäude wurde 1979 für Straßenbaumaßnahmen abgerissen.

[19] Pfarrchronik ebenda.

[20] Pfarrchronik S. 11 f.

[21] AEK, Delrath, St. Gabriel, Vikarie, GVA II 2150; der Bericht der beiden Geistlichen ging am 16. Mai 1949 im Generalvikariat ein.

[22] Pfarrchronik S. 14; vgl. auch Günter Blank, Delrather Zeitreise, Band 2, ebenda, S. 79.

[23] Pfarrchronik S. 15 f.

[24] Pfarrchronik S. 19 f.

[25] Pfarrchronik S. 17 ff.

[26] Pfarrchronik S. 7.

[27] Pfarrchronik S. 20.

[28] Archiv im Rhein-Kreis Neuss, Bestand Amt Nievenheim, Lehrer-Personalmitteilungen über van Houtte, Anton, Signatur 1376, Blatt 1 bis 14 und Blatt 71.

[29] Pfarrarchiv St. Gabriel, Delrath, Handakte Pfr. H. Steinbach, Gliederungsnummer 59; die Entwürfe zu den Berichten tragen die Daten vom 6. Oktober 1950 und vom 25. Januar 1951; vgl. auch Monica Sinderhauf, in: Pfarrarchiv St. Gabriel Delrath, Findbuch, Abschnitt Einleitung, Blatt 8; dort wird die Auseinandersetzung um van Houtte als „Delrather Schulkampf" bezeichnet.

[30] Archiv im Rhein-Kreis Neuss ebenda, Blatt 114.

[31] Archiv im Rhein-Kreis Neuss ebenda, Blatt 112, siehe auch Archiv im Rhein-Kreis Neuss, Bestand Amt Nievenheim, Protokollbuch der Gemeinde Nievenheim, Signatur 18, S. 172.

[32] Archiv im Rhein-Kreis Neuss, Bestand Amt Nievenheim, Lehrer-Personalmitteilungen über van Houtte, Anton, Signatur 1376, Blatt 54 Rückseite bis Blatt 67.

[33] Archiv im Rhein-Kreis Neuss ebenda, Blatt 72; dass van Houtte NSDAP-Mitglied war, hatte er mit Schreiben vom 23. Januar 1950 dem Amtsdirektor mitgeteilt.

[34] Es handelt sich um die Sitzungen des Gemeinderates vom 21. März, 23. Juni und 22. August 1950; vgl. Protokollbuch der Gemeinde Nievenheim ebenda, S. 144 f., S. 155 und S. 166; siehe außerdem Archiv im Rhein-Kreis Neuss, Bestand Amt

Nievenheim, Lehrer-Personalmitteilungen über van Houtte, Anton, Signatur 1376, Blatt 84, 91und 103 f.

[35] Archiv im Rhein-Kreis Neuss ebenda, Blatt 87; das Gerücht wurde in der Sitzung vom 21. März 1950 erörtert.

[36] Dies geschah in der Sitzung vom 22. August 1950; vgl. auch Archiv im Rhein-Kreis Neuss ebenda, Blatt 103.

[37] Archiv im Rhein-Kreis Neuss ebenda, Blatt 110; die Unterstreichungen und Abkürzungen entsprechen dem Originaltext.

[38] Pfarrchronik S. 21.

[39] Pfarrchronik S. 48.

[40] Pfarrchronik S. 73.

[41] Pfarrchronik S. 87; Schleif ebenda, S. 78; vgl. auch zur Funktion von Herrn Segschneider: Josef Vossebrecher ebenda, S. 15.

[42] Pfarrchronik S. 93.

[43] Pfarrchronik S. 15.

[44] Pfarrchronik S. 18.

[45] Pfarrchronik S. 24.

[46] Pfarrchronik S. 27 f.

[47] Pfarrchronik S. 33.

[48] Pfarrchronik S.45.

[49] Pfarrchronik S. 51.

[50] Pfarrchronik S. 58 ff., S. 68 ff. und S. 75 f.

[51] Pfarrchronik S. 94 f.

[52] Pfarrchronik S. 105 f.

[53] Pfarrchronik S. 118 und 120 f.

[54] Pfarrchronik S. 129.

[55] Pfarrchronik S. 159.

[56] Pfarrchronik S. 165.

[57] Pfarrchronik S. 170.

[58] Pfarrchronik S. 155.

[59] Pfarrchronik S. 143.

[60] Pfarrchronik S. 214.

[61] Pfarrchronik S. 224.

[62] Pfarrchronik S. 177.

[63] Pfarrchronik S. 179.

[64] Pfarrchronik S. 171.

[65] Pfarrchronik S. 183.

[66] Pfarrchronik S. 231.

[67] Pfarrchronik S. 231 f.

[68] Die schon erwähnte Verfügung aus Köln trägt das Datum vom 4. Februar 1947, siehe Pfarrarchiv St. Gabriel Delrath, Gliederungsnummer 28.

[69] Tatsächlich erfolgte die Verfügung vom 4. Februar 1947 *„Im Auftrag seiner Eminenz"* und war vom damaligen Generalvikar Emmerich David unterzeichnet; siehe Pfarrarchiv St. Gabriel Delrath ebenda.

[70] AEK, Delrath, St. Gabriel, Pfarrei, GVA II 2148.

[71] AEK ebenda; auf dem Bericht von Pfarrer Knor an das Generalvikariat vom 15. Februar 1949 steht der Bearbeitungsvermerk über die mündliche Mitteilung an Pfarrer Knor am 17. Februar 1949 und der Vermerk über die Rechtslage; dazu, dass

Pfarrer Knor ein eigenwilliger Priester war, siehe auch Herbert Kolewa, in: Nievenheim, Die Geschichte des Kirchspiels, der Bürgermeisterei und des Amtes von den Anfängen bis zur Gegenwart, im Auftrag der Stadt Dormagen herausgegeben von Peter Dohms und Heinz Pankalla, Historische Schriftenreihe der Stadt Dormagen Nr. 17, Dormagen 1996, S. 222.

[72] Georg May, in: Lexikon für Theologie und Kirche, achter Band, 3. Auflage, Freiburg, Basel, Rom, Wien 1999, Stichwort: Pfarrvikarie, Spalte 181.

[73] AEK ebenda.

[74] AEK ebenda; siehe Pfarrarchiv St. Gabriel Delrath, Gliederungsnummer 28, siehe dort die Urkunde vom 6. Juni 1952 mit der beigefügten Karte.

[75] Dieser Fehler - die Erzbischöfliche Behörde nennt die falsche Himmelsrichtung - findet sich auch in der Errichtungsurkunde der selbständigen Kirchengemeinde St. Gabriel vom 7. Januar 1955 und wurde erst durch die Bezirksregierung Düsseldorf bemängelt, als das Erzbistum die Anerkennung der neuen Kirchengemeinde für den staatlichen Bereich beantragte; daraufhin erhielt die Errichtungsurkunde einen Berichtigungsvermerk des Generalvikars; AEK ebenda und Pfarrarchiv St. Gabriel Delrath, Gliederungsnummer 28.

[76] Pfarrchronik S. 9.

[77] Hauptsatzung der Stadt Dormagen vom 18.11.2004, § 1 Abs. 4 und die als Anlage der Hauptsatzung beigefügte Karte.

[78] AEK ebenda.

[79] Baumsteiger war Ordinariatsrat in der Rechnungskammer des Generalvikariats, siehe Handbuch des Erzbistums Köln, 24. Ausgabe, Köln 1954, S. 77.

[80] AEK, Delrath, St. Gabriel, Pfarrei, GVA II 2148; das Ergebnis der Revision fasste Baumsteiger mit Vermerk vom 27. Oktober 1953 und einer ergänzenden Aufstellung vom 29. Oktober 1953 zusammen. Danach entfielen

auf den Fabrikfonds	53,5162 ha
auf Stiftungen	4,1654 ha
auf den Vikariefonds	12,7287 ha
auf die Küsterei	1,4858 ha
auf das Pastorat	20,0296 ha
zusammen	91,9257 ha

[81] AEK ebenda.

[82] AEK ebenda.

[83] Prälat Hecker rechnete in seiner Vorbereitung mit preußischen Morgen. Ein preußischer Morgen ist 2.500 m^2 oder 0,25 ha groß. Zum leichteren Verständnis wurden die Größenangaben von Prälat Hecker in Hektar umgerechnet.

[84] AEK ebenda; das Metropolitan-Kapitel stimmte dem Vorschlag des Prälaten am 2. November und der Diözesanverwaltungsrat am 11. November 1954 zu.

[85] Siehe die Errichtungsurkunde im Pfarrarchiv St. Gabriel Delrath, Gliederungsnummer 28; siehe auch AEK ebenda, dort ist eine Durchschrift der Errichtungsurkunde abgeheftet.

[86] AEK ebenda; der Bericht von Pfarrer Martin Plumm trägt das Datum vom 24. Oktober 1958; zu den Gründen der Bestellung eines Vicarius adjutor für Pfarrer Knor siehe Kolewa ebenda, S. 226.

Die Bahnhaltestelle Nievenheim

von Peter Jacobs

Die „Haltestelle beim Orte Delrath"

So vorteilhaft diese S-Bahn-Haltestelle für Nievenheim und Delrath heute ist, so mühselig war der Weg des Beharrens, bis im November 1895 das Bahnhofsgebäude an heutiger Stelle offiziell eingeweiht wurde. Immerhin war die Eisenbahnstrecke Köln-Crefeld-Cleve bereits 40 Jahre zuvor, nämlich im November 1855, in Betrieb gegangen.

Wie weitsichtig waren die Gemeindeväter, die sich seit Ende der 1870er Jahre für eine „Haltestelle beim Orte Delrath" so vehement eingesetzt und ihre Bedeutung für den Ort so früh erkannt haben!

Die S-Bahn-Haltestelle Nievenheim im Juni 2012 (Foto: P. Jacobs)

Die Akte im Archiv des Rhein-Kreises Neuss beinhaltet den langwierigen Schriftwechsel zwischen der Gemeinde Nievenheim einerseits und dem Ministerium für öffentliche Arbeiten in Berlin, dieses vertreten durch die Königliche Eisenbahn-Direction Köln (linksrheinisch), diese wiederum vertreten durch das Königliche Eisenbahn-Betriebsamt Köln (linksrheinisch) andererseits - dabei war die Bahnlinie ursprünglich einmal von einer privaten Aktiengesellschaft geplant und gebaut worden.

Die Gemeinde schreibt am 20. Dezember 1880 an den Minister für öffentliche Arbeiten, Excellenz Maybach, in Berlin, dass man bei der *„Direktion der Rhein. Eisenbahngesellschaft zu Köln in den Jahren von 1877-1878 wiederholt die Einrichtung einer Haltestelle beim Orte Delrath auf der Strecke Köln - Neuss beantragt* [habe]*, wurde aber* [...] *abgewiesen."* Sie wiederholt in ihrem Schreiben den Antrag mit der Begründung, dass Nievenheim/Delrath/Ückerath 1412, Gohr 727, Stürzelberg 916, Uedesheim und Rosellen (Richtung Köln) 2000 und Straberg (in Richtung Neuss) 645 Einwohner habe. Wieso die Uedesheimer und Roseller nur in Richtung Köln und die Straberger nur in Richtung Neuss interessant waren und zudem die Zahl 2000 nachträglich in Bleistift geschrieben wurde, bleibt unklar. Das Ministerium antwortete am 13. Mai 1881, dass die Begründung *„nicht anzuerkennen ist"*.

Am 4. Mai 1884 lehnte die Eisenbahn-Direction erneut ab. Doch Nievenheim blieb hartnäckig, bis das Eisenbahn-Betriebsamt am 26. Januar 1886 endlich mitteilte: *„Der Herr Minister für öffentliche Arbeiten hat nunmehr die Einrichtung eines Personen-Haltepunktes bei Delrath genehmigt und soll dieselbe demnächst zur Ausführung kommen. [...] Die Einziehung des von der Gemeinde Nievenheim zu leistenden Kostenbeitrages* [Anm.: in Höhe von 3.600 Mark] *wird sofort nach Eröffnung des Haltepunktes erfolgen."* Im Vertrag vom 25. Juni 1886 zwischen dem Eisenbahn-Betriebsamt und der Gemeinde Nievenheim, der am 22. Januar 1887 von der Eisenbahn-Direction genehmigt wurde, ist dann die Einrichtung eines Personenhaltepunktes *„an der Linie Köln-Crefeld bei km 22,5"* festgehalten.

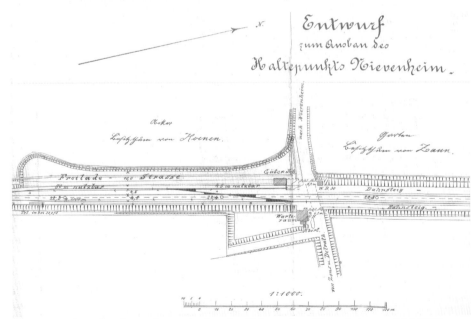

Ausschnitt des Entwurfs zum Ausbau des Haltepunktes Nievenheim von Mai 1889
(Archiv im Rhein-Kreis Neuss)

Der Entwurf des Haltepunktes mit Warteraum (dem späteren Dienstgebäude) an der Süd-Ost-Seite der heutigen Johannesstraße und Güterschuppen datiert vom Mai 1889. Weiterer Schriftwechsel befasste sich mit der Frage, welche Züge an dem „Haltepunkt bei Delrath" halten sollten. Das Ministerium für öffentliche Arbeiten in Berlin schlug am 26. Oktober 1887 einige Züge „zunächst versuchsweise" vor.

Ein Antrag der Gemeinde Nievenheim zur Nutzung der Haltestelle für Güterverkehr wurde zunächst wieder nicht anerkannt. Erst am 11. Juni 1889 befürwortete die Direction „die Umwandlung des Personenhaltepunktes Nievenheim in eine Haltestelle für unbeschränkten Verkehr".

Der neue Vertrag vom 22. November 1889 zwischen dem Eisenbahn-Betriebsamt und der Gemeinde Nievenheim wurde von der Königlichen Eisenbahn-Direction (linksrheinisch) am 3. Januar 1890 genehmigt. Der Kostenbeitrag in Höhe von jetzt 10.000 Mark musste von der Gemeinde Nievenheim diesmal „vor Beginn der Errichtung eines Haltepunktes" gezahlt werden.

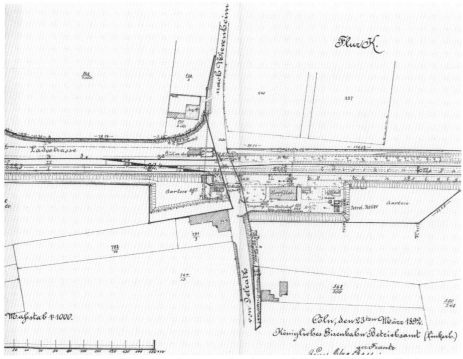

Lageplan-Entwurf des neuen Stationsgebäudes vom 23. März 1892. Das Stationsgebäude wurde auf die andere Straßenseite verlegt. (Archiv im Rhein-Kreis Neuss)

Eine Mitteilung des Eisenbahn-Betriebsamtes vom
13. März 1895 an die Ge-
meinde Nievenheim ent-
hält nebenstehend abge-
bildete Zeichnung zum
Bau einer Entsorgungslei-
tung vom neuen [!] Em-
pfangsgebäude zu einer
Grube in der Nähe des al-
ten Stationsgebäudes. We-
gen der Fadenbindung der

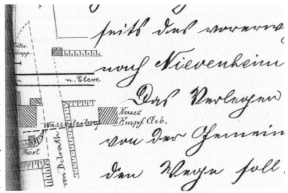

Zeichnung auf der Mitteilung vom 13. März 1895

Akte konnte die Skizze nicht vollständig kopiert werden. Nach dem Bau
des neuen Empfangsgebäudes wurde das alte als Dienstwohnung weiter
genutzt.

*„Mit der Eröffnung des Bahnhofs setzte sowohl von Nievenheim als auch
von Delrath her eine Siedlungsverlagerung zur Bahn hin ein, ein Trend,
der bis heute* [Anm.: Ausführungen von Engler aus dem Jahr 1996] *anhält und allmählich zur baulichen Verbindung der bis dahin völlig iso-
lierten Ortsteile geführt hat. "*

Hatte der Bau der Eisenbahnlinie zunächst die Ortsteile Nievenheim und
Delrath wie eine „eiserne Grenze" getrennt, setzte der Beginn des Güter-
verkehrs einige Änderungen in Gang, weil *„mit der Eisenbahn auch ein
neuer Arbeitgeber kam* [...]. *Zu den Landwirten* [...] *gesellte sich nun eine neue Spezies Mitmenschen: Bahnhofsvorsteher und Fahrkartenver-
käufer, Lokomotivführer und Heizer, Zugschaffner und Gleisarbeiter.*
[...] *Sie alle siedelten sich fast durchweg in der Nähe ihrer Arbeitsplätze
an, also unweit von Bahnlinie oder Bahnhof in* [...] *Delrath. "* Auch Ver-
ladearbeiter fanden hier einen neuen Broterwerb, wurden die meisten
Arbeiten doch noch ohne Maschinen erledigt. Der Zeitzeuge Erich Halscheidt, dessen Mutter seit 1941 als Fahrkartenkontrolleurin und Schran-
kenwärterin an der Bahn tätig gewesen war und der mit ihr das alte
Bahnhofsgebäude bewohnt hatte, erinnert sich: *„Auf der Nievenheimer
Seite, rechts von der Schranke, war die Ladestraße. [...] Täglich wurden
hier Waggons be- und entladen. Im Herbst z. B. Zuckerrüben, das ganze
Jahr über Kohle und Briketts. Die Ladetätigkeit wurde mit Gabeln und
Schaufeln mit Körperkraft ausgeführt. Transportmittel waren überwiegend Pferdekarren, selten Traktor mit Anhänger. Die Waggons mußten*

zu einer bestimmten Zeit be- oder entladen sein, weil der Rangierzug die Waggons zu einer bestimmten Zeit abholte. Um kein Standgeld zahlen zu müssen, wurden manchmal die restlichen Mengen Kohlen auf die Ladestraße abgeladen und anschließend abgeholt. Das Stückgut wurde, zumindest im Krieg, vom Delrather Landwirt Adolf Pröpper mit einem zweirädrigen Ochsenkarren vom Bahnhof zum Empfänger gebracht."

Der Nievenheimer Bahnhof profitierte jahrzehntelang vom Umschlag der Wirtschaftsgüter, die auch von den auf der Delrather Heide angesiedelten mittelständischen Betrieben verschickt wurden. Noch im Jahr 1959 stand er, was das Frachtaufkommen betraf, an dritter Stelle hinter den Bahnhöfen Oekoven (Braunkohleverfrachtung) und Dormagen. Danach gingen die Frachtmengen zurück.

„Schrittweise kündigte sich das Ende des Nievenheimer Bahnhofs an. 1965 erfolgte die Einstellung des Stückgutverkehrs am Nievenheimer Bahnhof und 1978 verlor die Betriebsstätte ,Bahnhof Nievenheim' infolge Rationalisierungsmaßnahmen ihre Eigenständigkeit und wurde dem Bahnhof Dormagen angegliedert."

Die Bebauung des Bahnhofsvorplatzes

Bereits 1965 gab es Planungen für eine Bebauung des Gebietes zwischen Freiherr-vom-Stein-Straße (heute Balgheimer Straße) und der Bahnlinie nördlich des Bahnhofes für den Bau von etwa 50 Häusern, die Errichtung eines Ladenzentrums sowie die Erweiterung und Neugestaltung des Bahnhofsvorplatzes.

Der Freiraum vor dem Bahnhof kam Anfang der 1970er Jahre erneut in die Diskussion, als ein Programm Nordrhein-Westfalens eine verdichtete Wohnbebauung an künftigen S-Bahn-Stationen vorsah. 1972 wurde die Planung konkreter. Sie sah für die unbebaute Fläche vor dem Bahnhof viergeschossige Gebäude mit insgesamt 80 Wohnungseinheiten mit entsprechenden Stellplätzen und Garagen sowie einen 360 qm großen Kinderspielplatz vor. Aus diesem Grund wurde der Bahnhofsbereich baurechtlich als so genanntes „Kerngebiet" ausgewiesen. 1998 wurden dort Wohnungen gebaut, ein lang ersehnter Nahversorger eingerichtet sowie Gewerbe- und Dienstleistungsflächen geschaffen. 2011 entstanden beidseitig der Eisenbahn Park&Ride-Plätze für die Bahnbenutzer sowie etliche Fahrradboxen für die sichere Aufbewahrung der Fahrräder von Bahnbenutzern. Für den Bau des Park&Ride-Platzes wurde auf Delrather Seite Grabeland (städtisches Gartenland) versiegelt.

Die S-Bahnstation heute

Mit Aufnahme des S-Bahn-Betriebes Mai/Juni 1985 hielten im Bahnhof Nievenheim keine Nahverkehrszüge mehr, sondern nur noch S-Bahnen, die anfangs zudem nur im Stundentakt verkehrten.

Heute verbindet die S11 Bergisch-Gladbach mit dem Flughafen Düsseldorf, fährt im 20-Minuten-Takt und ist so Garant für eine schnelle und umweltfreundliche Anbindung an die Ballungszentren Düsseldorf und Köln. Folgt man den Argumenten der Bezirksregierung in Düsseldorf, ist die S-Bahn ein wichtiges Kriterium für die Erschließung neuer Baugebiete, die wiederum helfen können, dem demografischen Wandel entgegen zu wirken, indem jungen Familien ermöglicht wird, aus den Innenstädten ins nahe Umland, quasi in Sichtweite der Ballungszentren, zu ziehen. Familien können wegen der moderaten Immobilienpreise in Delrath und Nievenheim günstig Wohneigentum erwerben oder preiswert zur Miete wohnen und auch ohne Auto in Düsseldorf oder Köln arbeiten.

Von der Bahnschranke zur Unterführung

Die Geschichte der Schranke

Das Archiv im Rhein-Kreis Neuss bewahrt die Abschrift des Entwurfes für einen *„diesseitigen Einspruch"* der Gemeinde Nievenheim vom 10. November 1914 auf. Die Gemeinde bemängelt darin die starken Steigungen der unterführten Wege (*„Die Steigung sämtlicher Wegeunterführungen ist mit 1:30 zu stark"*), die zu geringen Breiten (*„Die Wegeunterführung unter N⁰ 23 ist mit 7 m lichter Weite viel zu schmal. Es handelt sich um einen Hauptverkehrsweg"*) und fordert eine zusätzliche Wegeanbindung, *„damit die Fuhrwerke zu und von dem Ringofen nach Delrath nicht den Umweg nach Osten hin, der in einem spitzen Winkel ausläuft, zu machen haben."* Bei dem Schriftstück handelt es sich wohl um einen Einspruch im Verfahren um den damals geplanten 4-gleisigen Ausbau der *„Bahn Nippes-Neuß"*, bei dem Unterführungen angeordnet werden sollten. Die Offenlegung der Planunterlagen war in der Neusser Zeitung vom 3. November 1914 öffentlich bekannt gemacht worden. *„Es steht während der Offenlegungsfrist jedem Beteiligten frei [...] Einwendungen gegen den Entwurf [...] geltend zu machen."* Da keine weiteren Akten zu diesem Thema gefunden wurden, kann vermutet werden, dass sich durch den Beginn des Ersten Weltkrieges der Ausbau der Bahnlinie und damit der Bau eines kreuzungsfreien Bahnübergangs erledigt hatte.

Mit Datum 2. Oktober 1926 machte ein Verwaltungs-Volontär Meldung an den Bürgermeister. Er hatte seinen Zug nach Neuss nicht mehr rechtzeitig erreichen können, weil *„der Übergang am Bahnhof Nievenheim von 7,05 - 7,30 Uhr gesperrt"* war. *„Die Schuld [...] liegt nicht an den Beamten des Bahnhofs, sondern nur an dem Zugpersonal des am Übergang rangierenden Güterzuges."* Der Bürgermeister leitete die Beschwerde am 11. Oktober an den Stationsvorsteher weiter mit der Bitte Abhilfe zu schaffen, es sei *„nicht die erste derartige Klage"*. Der antwortete am 14. Oktober, dass der Bahnübergang nur solange gesperrt bliebe, wie es der Betrieb unbedingt verlange. Er wolle dies streng überwachen.

Agnes Halscheidt um 1942

Hinter dem Zug ist das Bahnhofsgebäude erkennbar. Ebenfalls erkennbar ist, dass es auf der Nievenheimer Seite keinen Bahnsteig gab.

Das Schrankenwärterhäuschen stand auf der Nievenheimer Seite.

(Fotos aus: Delrather Zeitreise, Bd. 3)

Der Zug von Neuss nach Köln wurde von einer befestigten Fläche zwischen den Gleisen bestiegen. Der Bahnsteig auf Delrather Seite war im Übergangsbereich abgesenkt. Die Querung der Gleise behielt man auch nach dem Bau eines Bahnsteiges auf Nievenheimer Seite bei bis zum Bau der Fußgängerbrücke im Jahr 1965.

(Foto: E. Halscheidt, Nievenheim)

Das Problem der geschlossenen Schranke sollte den Verkehrsteilnehmern zwischen Delrath und Nievenheim noch lange erhalten bleiben und sogar ein Menschenleben fordern. Dr. Karl Siepe schloss seine Arztpraxis in Delrath am 31. März 1980. Zwar lag die Praxis von Dr. Buscher kurz hinter der Schranke, diese aber blieb in einem Fall zu lange geschlossen. Am 1. Januar 1996 eröffnete Dr. Marion Eßer ihre Praxis in Delrath und mit der Freigabe der Unterführung im Oktober 2003 gab es dann auch kein Hindernis mehr auf dem Weg zu den Nievenheimer Ärzten.

Zur Arbeit seiner Mutter bei der Bahn sagt Erich Halscheidt: *„Wegen der Einberufung der Männer mußten die Frauen eine Berufstätigkeit ausüben, wenn keine kleinen Kinder mehr zu betreuen waren. Auch bei kinderreichen Familien durfte die Mutter zu Hause bleiben. Meine Mutter hatte Glück, weil ihr Arbeitsplatz direkt gegenüber ihrer Wohnung war."*

Die Beseitigung des Bahnüberganges

In einer öffentlichen Sitzung vom 16. Juni 1983 wurden drei Varianten für die Beseitigung der Bahnübergänge Bismarckstraße/Johannesstraße und Kohnacker vorgestellt, darunter auch eine so genannte Südumgehung, die zwar im Flächennutzungsplan der Stadt Dormagen und im Gebietsentwicklungsplan, jedoch nicht im Bedarfsplan für Landesstraßen enthalten war und daher keinesfalls vor 1995 realisierbar gewesen wäre. Die Empfehlung lautete daher „Untertunnelung der Bismarckstraße/Johannesstraße", die damals noch Landesstraße 35 war. Eine Bürgerinitiative befürchtete *„eine erhebliche Steigerung des Autoverkehrs, besonders der Schwerlaster"*, Steigerungen von Lärm, Abgasen, Minderung der Lebensqualität und des Wohnwertes, damit eine totale Entwertung des Wohngebietes Delrath. Sie argumentierte: *„In der Bundesrepublik wird überall der Durchgangsverkehr aus den Orten herausgenommen, hier soll das Gegenteil geschehen"* und forderte die Südumgehung.

Als Gegenbewegung hatte sich eine *„Interessengruppe, um das Schockwort Bürgerinitiative zu vermeiden"*, gebildet, die wesentlich aus Landwirten bestand, deren Felder im Bereich der geplanten Südumgehung lagen und die sich wegen der zu erwartenden Flächenverluste, aber auch wegen der viel höheren Kosten (13,5 bis 16 Mio. DM plus 2 Mio. DM für eine Fußgängerunterführung im Bereich Bismarckstraße/Johannesstraße - gegenüber 8 Mio. DM für die Tunnellösung) gegen die Südumgehung aussprachen. Sie befürchteten eine Trennung der Ortsteile Nievenheim und Delrath, lange Umwege (mehr Abgas, Lärm, Fahrtkosten und -zeit) für Autofahrer und Landwirte sowie eine Zerschneidung der Felder. Der Bezirksausschuss empfahl schließlich die Unterführung.

Die Deutsche Bundesbahn (DB) hatte 1983 ein Planfeststellungsverfahren für den schienengleichen Bahnübergang zur Umrüstung mit Lichtsignalanlagen und Fernsehüberwachung eingeleitet. Zwar war im April 1984 der Beschluss ergangen, der Umbau fand jedoch nicht statt.

Die Zeit drängte, denn 1985 sollte die S-Bahn anlaufen und an S-Bahnstrecken war die Beseitigung schienengleicher Bahnübergänge nicht vorgesehen. Die DB teilte aber am 14. November 1983 mit, dass *„mit dem Baubeginn frühestens Ende der 80er Jahre zu rechnen [ist]"* und die Stadt informierte: *„Für die Beseitigung des Bahnübergangs Kohnacker wird die Planung parallel zur Planung Bismarckstraße/Johannesstraße betrieben."* Die Brücke am Kohnacker sollte sich später beim Bau der Unterführung Johannesstraße für die Verkehrsumleitung als äußerst nützlich erweisen.

Die Lösung

Die wichtigste Frage war: wie kann man die LKW aus Delrath heraushalten? Das war nur möglich, indem man die lichte Durchfahrtshöhe reduzierte. So wurde die Verwaltung *„beauftragt, den zuständigen Minister in Düsseldorf [...] anzuschreiben, damit [...] das Rheinische Straßenbauamt in Mönchengladbach die geplante Durchfahrtshöhe für die Unterführung Bismarckstraße/Johannesstraße von 4,50 m auf 3,50 m reduziert."* Alternativ sollte die Südumgehung in Betracht gezogen werden. Wegen der Durchfahrt von Feuerwehrfahrzeugen war eine lichte Höhe unter 3,50 m nicht möglich.

Der Minister wurde nach Dormagen eingeladen. Nachdem dieser zugestimmt hatte, *„ist jetzt im November die Entscheidung gefallen, daß die L 35 zur Gemeindestraße abgestuft wird. Zum Jahresende wird der Abschnitt zwischen der Neusser Straße in Nievenheim und der B 9 in St. Peter aus dem Verzeichnis der Landesstraßen gestrichen."* Die Straße konnte jetzt für den Schwerlastverkehr gesperrt werden. [...] *„Wichtig ist, daß von Seiten des Landes eine Finanzierung in Aussicht gestellt ist, die die Erhebung von Anliegerbeiträgen überflüssig machen wird."* Dies war ein bisher einmaliger Vorgang. Nun sollte das Planfeststellungsverfahren für die Bahnunterführung im November 1990 eingeleitet werden.

Der verkehrsberuhigte Umbau der Johannesstraße begann mit Kanalarbeiten, der eigentliche Straßenbau folgte Mitte Januar 1992. Dies zog erhebliche Verkehrsstörungen nach sich. Danach sollte die Untertunnelung der Bahnlinie begonnen werden. Schwierigkeiten beim Grunderwerb hielten das Projekt aber noch viele weitere Jahre auf, denn erst am 23. Dezember 1999 teilte das Tiefbauamt mit: *„Nachdem der erforderliche Grunderwerb endlich getätigt werden konnte und nunmehr auch die Finanzierung als gesichert erscheint, gehe ich davon aus, daß im kommenden Jahr mit der Unterführungsmaßnahme begonnen werden kann."* Ein Schreiben der Stadt vom 1. Oktober 2001 kündigte an, dass die Deutsche Bahn AG den Auftrag zum Bau der Unterführung erteilt habe.

Autoschlange Anfang Oktober 2001 vor geschlossenen Bahnschranken, im Hintergrund das alte Stellwerk (Foto: G. Blank)

Das Schaufenster meldete am 8. Dezember 2001, dass das 1954 erbaute Stellwerk am Nievenheimer Bahnhof abgerissen wurde. *„In den kommenden Wochen muss wieder mit Vollsperrung des Bahnüberganges an den Wochenenden gerechnet werden."* Ab dem 19. Juli 2002 konnten Fußgänger und Radfahrer *„die Gleise zwischen den beiden Orten nicht mehr über-, sondern unterqueren."* Der Autoverkehr wurde über den Kohnacker abgeleitet.

Am 2. Oktober 2003 rollten die ersten Fahrzeuge durch die neue Bahnunterführung. Die offizielle Eröffnung fand dann am 15. November 2003 statt. *„Mehr als 20 Jahre haben Politik, Verwaltung und Bürgerschaft für dieses Vorhaben gekämpft - 7,5 Millionen Euro kostete dieses Vorhaben, eine halbe Million musste die Stadt Dormagen übernehmen."*

Offizielle Freigabe der Unterführung (Foto: G. Blank)

Nach Eröffnung der Unterführung wurde die 1965 errichtete und inzwischen marode Fußgängerbrücke über die Gleise gesperrt und demontiert.

Der hintere Teil der Treppe ist bereits demontiert. (Foto: G. Blank)

Quellen:

Die Bahnhaltestelle Nievenheim:

Archiv im Rhein-Kreis Neuss: Amt Nievenheim: 8031/1; Eisenbahnstrecke Köln-Crefeld-Kleve - Haltestelle: Nievenheim 1880-1934 und
Archiv im Rhein-Kreis Neuss, Sammlung Hans Leitterstorf Nr. 0306-0003 Haltestelle Nievenheim
Neuß-Grevenbroicher Zeitung vom 27.8.2005 „Bahnhof feiert Jubiläum"
Schleif, Burkhard: Wo lit Delrod?, Historische Schriftenreihe der Stadt Dormagen, Nr. 16, Hrsg. Stadt Dormagen 1995
Fotoarchiv von Burkhard Schleif, Delrath
Blank, Günter: Delrather Zeitreise, Bände 1 bis 7, 1998 - 2010
Fotoarchiv von Günter Blank, Delrath
Angaben und Fotos des Zeitzeugen Erich Halscheidt (*1927), Nievenheim 2012, der das alte Dienstgebäude mit seinen Eltern bewohnt hatte (Manuskript).
Engler, Karl-Heinz: Von einer Wirtschaft zur anderen, Hrsg. Volksbank Dormagen, 1996 (S. 90)
Nievenheim in alten Ansichtskarten, Hrsg. Volksbank Neuss eG, August 1996
Foto der S-Bahn-Haltestelle 2012 von Peter Jacobs, Delrath
Sammlung Jürgen Alef, Dormagen

Von der Bahnschranke zur Unterführung

Archiv im Rhein-Kreis Neuss: Amt Nievenheim: 8031/1; Eisenbahnstrecke Köln-Crefeld-Kleve - Haltestelle: Nievenheim 1880-1934
Neusser Zeitung vom 3. November 1914
Angaben und Fotos des Zeitzeugen Erich Halscheidt (*1927), Nievenheim 2012, der das alte Dienstgebäude mit seinen Eltern bewohnt hatte (Manuskript).
Blank, Günter: Delrather Zeitreise, Bände 1 bis 7, 1998 - 2010
Fotoarchiv von Günter Blank, Delrath
Schleif, Burkhard: Wo lit Delrod?, Historische Schriftenreihe der Stadt Dormagen, Nr. 16, Hrsg. Stadt Dormagen 1995
Fotoarchiv von Burkhard Schleif, Delrath
Flächennutzungsplan der Stadt Dormagen vom 13.2.1980
Beratungsdrucksache für öffentliche Sitzung 2/2074 vom 16.6.1983
Aufruf einer Bürgerinitiative an die Bürgerinnen und Bürger von Nievenheim und Delrath vom 9. September 1983
Neuß-Grevenbroicher Zeitung vom 2. September 1983
Niederschrift „NS-203" über die Sitzung des Bezirksausschusses Nievenheim des Rates der Stadt Dormagen vom 31. August 1983
Einspruchsschreiben an den Stadtdirektor der Stadt Dormagen vom 5.6.1983 gegen „Planfeststellung für den schienengleichen Bahnübergang der Landesstraße" und Antwortschreiben der Stadt Dormagen vom 25.4.1984
Schaufenster vom 28. September 1983, Leserbrief von Dr. Klinkmann
Schreiben der Deutschen Bundesbahn vom 14. November 1983
Informationsdrucksache für öffentliche Sitzung 3/249 vom 23.9.1985
SPD-Informationen Ortsverein Nievenheim von Dezember 1986 und 1987, November 1990, Januar 1992
Schreiben der Stadt Dormagen, Tiefbauamt, vom 23.12.1999 und 1.10.2001

Der „Alte Bahnhof Nievenheim"

von Peter Jacobs

Das erste Stationsgebäude

Vor Einweihung des heute noch vorhandenen Bahnhofsgebäudes im Jahr 1895 hatte es bereits einen Vorläufer auf der anderen Straßenseite gegeben, der nach Erstellung des neuen Gebäudes als Dienstwohnung genutzt wurde. *„Bei Verlegung einer neuen Trinkwasserleitung im Jahr 1972 unter der Bahn durch stand es noch"*, erinnerte Zeitzeuge Mathias Gasper.

Das erste Stationsgebäude in Nievenheim, die spätere Dienstwohnung
v. re.: Agnes Halscheidt mit Söhnen und Nichte (aus: Delrather Zeitreise, Bd. 3)

Die Restauration zum Bahnhof

Die Bezeichnung „Bahnhofsgaststätte" in den vorliegenden Chroniken bedurfte einer näheren Untersuchung, weil Jahreszahlen und Gaststätten-Inhaber sich zu widersprechen schienen. Recherchen im Archiv der DB-AG waren aus Zeitgründen nicht möglich. Ein Abgleich der verschiedenen schriftlichen Darstellungen sowie der Abbildungen

Ausschnitt aus der Handskizze
(Archiv im Rhein-Kreis Neuss)

auf Postkarten aus den Jahren von 1902 bis 1918 mit Fotos aus den Chroniken brachte Klarheit.

Das Gebäude, in welchem sich heute die Gaststätte „Zur Schranke" befindet, wurde vermutlich im Jahr 1890 oder früher erstellt. Auf einer unmaßstäblichen Handskizze zu einem Schreiben vom 16. Oktober 1890 ist an der betreffenden Stelle ein Gebäude dargestellt. Als Eigentümer des Grundstückes waren die Namen *„Zaun/Nussb."* eingetragen. Auf dem Lageplan des neuen Stationsgebäudes vom 23. März 1892 ist ebenfalls an der Stelle ein Gebäude kartiert, wo *„später die Gaststätte Nussbaum eröffnet. [...] 1905 ging dieses Gebäude durch Kauf in den Besitz der Familie Neuhausen/Hilgers über. [...] 1950 übernahmen Maria und Lorenz Witsch Anwesen und Gaststätte (Maria Witsch war die Tochter der Familie Hilgers)."* Heute beherbergt es die Gaststätte „Zur Schranke" und das Vereinslokal der Billard Gemeinschaft Dormagen-Delrath.

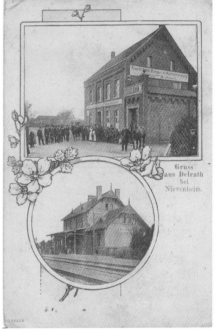

Die links abgebildete Postkarte mit der „Restauration zum Bahnhof von Adam Nussbaum" und dem Bahnhof Nievenheim lief am 6. Juni 1902. Die rechts abgebildete Postkarte mit der Bahnhofsrestauration von Wilhelm Neuhausen und dem Bahnhofsgebäude wurde am 7. Dezember 1918 beschrieben, entstand aber vermutlich früher (um 1910). Der inzwischen überdachte Anbau wurde der Beschriftung nach als [Kurz-] Kegelbahn benutzt. (Sammlung J. Alef, Dormagen)

*Das Foto aus dem Jahr 1932 zeigt im Hintergrund die Gaststätte Hilgers
(aus: Schützenchronik 2001)*

*Das Gebäude im Jahr 2012 mit der Gaststätte „Zur Schranke"; rechts ist das
Logo der Billard Gemeinschaft Dormagen-Delrath zu sehen (Foto: P. Jacobs)*

Das Stationsgebäude von 1895

Die bereits zitierte Mitteilung des Königlichen Eisenbahn-Betriebsamtes
(Köln-Düren) vom 13. März 1895 über den Bau einer Rohrleitung *„zur
Entwässerung von dem nun zu errichtenden Stationsgebäude, nach der
jenseits des vorerwähnten Weges - von Delrath nach Nievenheim gelegenen Schachtgrube"* legt nahe, dass erst nach diesem Schreiben an die
Gemeinde Nievenheim mit dem Bau des heute noch bestehenden Bahnhofsgebäudes begonnen wurde. Der Bau der Fundamente, folgt man einer zusammenfassenden Darstellung aus dem Jubiläumsjahr 1995, be-

gann bereits 1894. In der Akte fehlen Hinweise auf die offizielle Einweihungsfeier am 15. November 1895.

„Der Bahnhof Nievenheim hatte Warteräume für 1., 2. und 3. Klasse."

Im Verlauf seines bis heute über 117-jährigen Bestehens veränderte das Stationsgebäude mehrmals sein Aussehen. Auch eine Bahnhofsgaststätte wurde dort eingerichtet.

Ausschnitt aus der Postkarte von 1902. Ein Vergleich mit der Postkarte von 1918 belegt die Realitätsnähe der Lithographie (Sammlung J. Alef, Dormagen)

Foto: K.-H. Güsgen, Nievenheim, Aufnahme aus dem Kriegsjahr 1915; Interessant ist die Anzahl der Bediensteten. (aus: Delrather Zeitreise, Bd. 6).

Die Bahnhofsgaststätte „*gibt es nämlich seit 1914. Damals hat sie Herr Nußbaum betrieben. 1920 ging die „Bahnkneipe" in den Besitz der Familie Schmitz über. Der erste Wirt war Mathias Schmitz, der bis 1942 das Bier zapfte. Danach übernahm sein Sohn Heinrich die Gaststätte. [...] 1963 kam Annemarie „Nanni" Richrath hinter den Tresen. Ihr Mann war ein Vetter von Heinrich Schmitz.*" Demnach betrieb Herr Nussbaum zuerst die „Restauration zum Bahnhof" und danach die Bahnhofsgaststätte.

Die Akten des Archivs im Rhein-Kreis Neuss beinhalten auch eine „Anzeige wegen Arbeiten an einem Neubau ohne baupolizeiliche Genehmigung" gegen den Zimmermeister Franz Faßbender. Dieser hatte auftragsgemäß mit dem Bau eines Eilgutschuppens begonnen. Der Vorstand des Reichsbahn-Betriebsamtes Neuß erwiderte auf die Anzeige am 30. Oktober 1928: „*wird durch den gemeinsamen Erlaß des Ministers für Volkswohlfahrt, des Finanzministers, des Ministers des Innern und des Ministers für Handel und Gewerbe [...] entschieden, daß für Bauten [...] der Eisenbahn [...] eine Genehmigung nicht in Frage kommt.*" Zu den Bauten der Eisenbahn gehörte auch der Eilgutschuppen in Nievenheim.

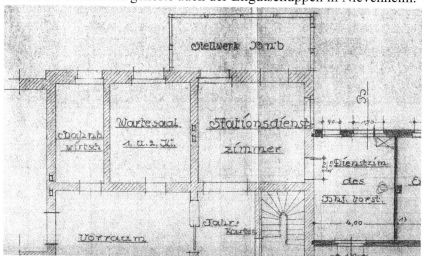

Grundriss (Ausschnitt) des Bahnhofsgebäudes (Archiv im Rhein-Kreis Neuss)

Der Grundriss des Bahnhofsgebäudes von November 1928, der zum Bau des Güterschuppens (rechts auf dem Plan) gefertigt wurde, erlaubt einen Einblick in die Raumaufteilung im Inneren des Stationsgebäudes. Die Bahnhofswirtschaft befand sich links im Gebäude, das alte Stellwerk unter der Bahnsteigüberdachung. Demnach wurde der in der Archivakte befindliche Stellwerksentwurf von 1909 nicht ausgeführt. Erst 1954 wurde dann das Ende 2001 abgerissene Stellwerksgebäude errichtet.

Wegen der Werbeschrift für das „Bahnhof-Restaurant Inh. M. Schmitz" und des fehlenden Eilgutschuppens ist die nachfolgend abgebildete Ansichtskarte „zwischen 1920 und 1928" zu datieren.

Postkarte um 1920 (Archiv im Rhein-Kreis Neuss,
Sammlung Hans Leitterstorf Nr. 0306-0005 Bahnhof Nievenheim)

Die Aufnahme entstand zwischen 1938 und Sommer 1940. Sie zeigt das alte
Stellwerk unter der Überdachung und den 1928 erbauten Stückgutschuppen.
(Negativ auf Glas, Foto von E. Halscheidt - der kleine Junge auf der Bank)

„Im Jahre 1956 erfolgte noch ein größerer Umbau. Gab es nämlich zunächst getrennte Räumlichkeiten für die Fahrgäste erster, zweiter und dritter Klasse, so wurde nach dem Umbau mit dem „Klassensystem" Schluß gemacht. Neu errichtet wurden zu diesem Zeitpunkt der Saal im Anbau sowie die beiden Wohnungen im ersten Stock."

1957 forderte man, *„daß das Bahnhofsgebäude der ‚sauberen, modernen Stilrichtung der Bahnhofsgaststätte' - einem Betonklotz - angepaßt werden sollte."*.

Das Bahnhofsgebäude 1984 (Foto: B. Schleif)

Nachdem der Bahnhof Nievenheim 1978 seine Eigenständigkeit verloren hatte und dem Bahnhof Dormagen angegliedert worden war, wurde das Empfangsgebäude immer weniger genutzt. War es zuvor an Werktagen von 7 bis 20 Uhr besetzt gewesen, schloss man zeitgleich mit Aufnahme des S-Bahn-Betriebes die Fahrkartenausgabe und ersetzte sie durch Fahrkartenautomaten. Der Bahnhof hatte seine Funktion als „Arbeitgeber" verloren, dem Gebäude drohte der Abriss.

Wiederherstellung des historischen Zustandes

Auch der Kauf des Bahnhofsgebäudes durch die Stadt Dormagen im Jahr 1990 (der Kaufpreis betrug 90.000 DM) sicherte noch lange nicht sein Bestehen. Ein Teil des Rates wollte das Gebäude als *„typisches Bahnhofsgebäude aus der Zeit der Jahrhundertwende"* und *„einziges historisches Bahnhofsgebäude in Dormagen"* erhalten. Andere wollten das Gebäude einfach abreißen.

Im Frühjahr 1991 beschloss der Rat der Stadt Dormagen, den Bahnhof zu sanieren. Erste Pläne wurden verworfen und schließlich restaurierte man den Bahnhof nach Plänen des Architekten Heinz Krücken. Dabei wurde die Bahnhofsgaststätte abgerissen. Es entstand ein neuer Anbau, der dem Vorbild des alten um 1920 nachempfunden wurde. Der Güterschuppen blieb erhalten. Nicht wieder aufgebaut wurde, wie man auf den Fotos erkennen kann, das Vordach über dem Bahnsteig, obwohl es vorsichtig abgebaut und eingelagert worden war. Die Gelder, die man für den Wiederaufbau der alten Holzüberdachung gebraucht hätte, flossen in eine umfangreiche und hervorragend geglückte Fassadenreinigung. Auch so kosteten Umbau und Restaurierung insgesamt rd. 880.000 DM. Ein Großteil dieser Kosten wurde von einer Brauerei aufgebracht, die dafür ein Schankrecht erhielt.

Bahnhofsgebäude und Gaststätte nach Wiederherstellung des historischen Erscheinungsbildes 1995 (Foto: B. Schleif)

„Am Freitag, den 18. Juni 1993, wurde das sanierte Bahnhofsgebäude der Öffentlichkeit vorgestellt und eingeweiht. Dieser Festakt fand in Verbindung mit der Einweihung der neu gestalteten Johannesstraße statt. "

Das Restaurant „Alter Bahnhof Nievenheim"

Seit Mai 2007 wurde das Restaurant von Anette Herrig geführt. Mit einer Bahnhofsgaststätte hatte es allerdings nichts zu tun. *„Das Bahnhofsgebäude, 1895 erbaut, ist sehr schön restauriert und gibt dem Ganzen ei-*

nen gewissen Flair", ist auf der Internetseite zu lesen, außerdem: *"Herzlich willkommen im Restaurant ,Alter Bahnhof Nievenheim'. In gemütlicher Atmosphäre bieten wir Ihnen Steaks, Fisch sowie gutbürgerliche Küche aus Saisonspezialitäten wie Wild und Spargel. Wir bemühen uns, Ihren Wünschen und Erwartungen gerecht zu werden und Sie zu Ihrer Zufriedenheit zu bedienen. Für besondere Anlässe, Hochzeiten, Kommunion, Konfirmation, Familienfeste, Betriebsfeste etc. stellen wir Ihnen gern Menüs oder Buffets zusammen. Außerdem stehen Ihnen verschiedene Räume zur Verfügung. Besuchen Sie auch im Sommer unsere schöne Sonnenterrasse und genießen Sie in angenehmer Atmosphäre Ihren Feierabend."* Es gibt ein *"fein hergerichtetes Restaurant, einen rustikalen, im Brauhausstil gehaltenen Gastraum mit Thekenbetrieb sowie einen Biergarten. [...] Ein Veranstaltungsraum für bis zu 100 Personen ist auch vorhanden. Je nach Personenzahl kann dieser räumlich verkleinert und ange-*

Eine festlich gedeckte Tafel im Restaurantbereich

Der gemütliche Gastraum im Brauhausstil

Der Schützenraum wird gerne auch für private Veranstaltungen genutzt (links an der Wand befindet sich die Schützenfahne von 1927)

passt werden." Man betreibt einen Partyservice und Catering. *„Die Bahnanbindungen sind perfekt aus Richtung Düsseldorf und Köln - direkt hinterm Haus befindet sich die Haltestelle - damit sich jeder ein Bierchen gönnen kann.*" Angeboten wird *„eine täglich wechselnde Mittagstischkarte für einen erschwinglichen Preis von 4,90 Euro. Ein Besuch lohnt sich allemal.*"

Der neue Inhaber, Visar Vinca, übernimmt ab dem 1. Januar 2013 den „Alten Bahnhof Nievenheim". Er wird einige Veränderungen vornehmen, gründlich renovieren und das Restaurant in gewohnt guter Qualität weiterführen. Wiedereröffnung ist am 24. Januar 2013.

Die Bedeutung für das Vereins- und Dorfleben

Die Nutzung des alten Eilgutschuppens, der sich baulich in einem sehr schlechten Zustand befunden hatte (dort war z. B. nur ein gestampfter Lehmboden vorhanden gewesen), wurde dem Delrather Schützenverein überlassen. Die Stadt stellte das Baumaterial und der Verein baute den Schuppen in beispielhafter Eigenleistung mit über 1.000 Arbeitsstunden aus, schuf sich hierdurch eine Vereinskonstante. Für die Eigenleistung räumte die Stadt den Schützen ein uneingeschränktes Nutzungsrecht ein. Seit der offiziellen Einweihung im Oktober 1993 wird dieser Raum von fast allen Vereinen des Ortes für Versammlungen und Veranstaltungen genutzt und ist für die Delrather inzwischen unverzichtbar geworden.

Seit dem 14. Juli 1995 führt die Schießanlage im ehemaligen Bahnhofsgebäude die Bezeichnung „Georg-Dappen-Sport-Schießanlage" (s. Foto).

(Foto: H.-D. Longerich, Scan: Achim Wyrwich; aus: Schützenchronik 2001)

Als Ende April/Anfang Mai 2011 die Absicht der Stadt bekannt wurde, das Bahnhofsgebäude verkaufen zu wollen, wurden die Delrather aktiv. Sie wollten nicht, dass *„ein wichtiger Teil Nievenheimer und Delrather Identität von der Stadt aus der Hand gegeben"* werde. Es war zu befürchten, dass bei Verkauf an einen Investor den Vereinen ihr bisheriges Nutzungsrecht entzogen werden könnte. Zu dieser Zeit geisterte durch die Presse, dass man auf der Suche war nach möglichen Standorten für so genannte Automatenlokale, besser als Spielhöllen bekannt. Da der Bahnhofsbereich baurechtlich als so genanntes „Kerngebiet" ausgewiesen ist, bestand die Gefahr, dass das alte Bahnhofsgebäude für diesen Zweck genutzt werden könnte und damit den Bürgern als Vereins- und Versammlungsort sowie als Speiselokal verloren ginge.

Die BürgerInitiative Lebenswertes Delrath und alle Delrather Vereine unterschrieben einen Brief an den Bürgermeister, das alte Bahnhofsgebäude sollte in städtischer Hand bleiben. Man kam schließlich überein, dass in dem abzuschließenden Kaufvertrag das Nutzungsrecht der Vereine für 10 Jahre rechtlich abgesichert würde. Außerdem sollte der Bahnhof nur an einen solchen Interessenten verkauft werden, der den „Alten Bahnhof Nievenheim" als Gaststätte weiter betreiben würde.

So wurde es in nicht öffentlicher Sitzung am 15. Dezember 2011 vom Rat der Stadt beschlossen.

Quellen:
Angaben und Fotos des Zeitzeugen Erich Halscheidt (* 1927), Nievenheim 2012, der das alte Dienstgebäude mit seinen Eltern bewohnt hatte (Manuskript)
Archiv im Rhein-Kreis Neuss: Amt Nievenheim: 8031/1; Eisenbahnstrecke Köln-Crefeld-Kleve - Haltestelle: Nievenheim 1880-1934
Neuß-Grevenbroicher Zeitung vom 2. Januar 1985
Schleif, Burkhard: Wo lit Delrod?, Historische Schriftenreihe der Stadt Dormagen, Nr. 16, Hrsg. Stadt Dormagen 1995
Blank, Günter: Delrather Zeitreise, Bände 1 bis 7, 1998 - 2010
Wir feiern Schützenfest ..., 75 Jahre St. Hubertus Bürgerschützenverein Delrath 1926 e. V., 75 Jahre Sappeurzug Delrath, Hrsg: St. Hubertus Bürgerschützenverein Delrath 1926 e. V., Dormagen 2001
Schriftverkehr der BürgerInitiative Lebenswertes Delrath mit dem Bürgermeister der Stadt Dormagen, Peter-Olaf Hoffmann
Berichte der „Neuß-Grevenbroicher Zeitung", des „Rheinischen Anzeigers" und des „Schaufenster" zwischen dem 13. April und dem 8. Februar 2012
Fotos von Burkhard Schleif, Delrath
Angaben von Jürgen Alef, Ex-Bürgermeister und -Kämmerer der Stadt Dormagen
Sammlung Jürgen Alef, Dormagen

Angaben des Zeitzeugen Mathias Gasper (* 1933), Dormagen-Nievenheim 2012
(Manuskript)
http://www.alter-bahnhof-nievenheim.de/ (Zugriff August 2012)
http://www.stadtmagazin.com/dormagen/restaurant-alter-bahnhof-nievenheim/res-
taurants/international/s2c11g1i4315/index.html (Zugriff August 2012)
Angaben und Fotos von Anette Herrig, Delrath 2012
Angaben von Visar Vinca, Delrath 2012

„Restauration Bahnhof von Adam Nussbaum"

Die Postkarte ist am 28. September 1905 gelaufen. (Sammlung J. Alef, Dormagen)

Der MGV „Sangeslust" Delrath 1905

von Nikolaus Wiesenberger

Als wiederholt gewählter Vorsitzender ist Willi Holzberg stolz auf das, was in den letzten Jahren vom Männergesangverein „Sangeslust" Delrath geleistet worden ist. Jeweils zwei Konzerte pro Jahr wurden in Chorgemeinschaft mit dem Männerchor Stürzelberg ausgerichtet, eines davon in Stürzelberg, das andere zunächst in der Turnhalle der Gesamtschule Dormagen und dann ab 2010 in der evangelischen Kreuzkirche an der Bismarckstraße in Nievenheim. Geboten wurden unter Beteiligung von Solisten bekannte Melodien aus Oper, Operette und Musical. Gut 30 Sänger, davon 11 aus Delrath, wirkten dabei mit. Diese erfolgreiche Arbeit soll in den kommenden Jahren fortgesetzt werden.

Der Delrather Männergesangverein entstand bereits 1905 in einem damals noch weitgehend landwirtschaftlich geprägten Umfeld. Unser Ort zählte gerade einmal 287 Einwohner und war ein Straßendorf, dessen 50 Gehöfte und Einzelhäuser meist links und rechts der Rheinstraße, der heutigen Johannesstraße, wie an einer Perlenschnur aufgereiht waren. Die industrielle Entwicklung Delraths mit der Gründung der Industriebahn Zons-Nievenheim und dem Bau der Zinkhütte setzte erst Jahre später ab 1911 ein.

Von den 16 Männern, die 1905 den Verein gründeten, sind heute noch acht namentlich bekannt und werden in den Festschriften des Vereins von 1995 und 2005 aufgeführt. Unterlagen über die Vereinsarbeit der Jahre bis zum Beginn des Ersten Weltkrieges sind heute nicht mehr vorhanden. In den Festschriften ist aber überliefert, dass die Proben in der damaligen Gaststätte Hilgers stattfanden, der heutigen Gaststätte „Zur Schranke" in unmittelbarer Nähe des Bahnhofs. Auch geht die Festschrift zum hundertjährigen Bestehen davon aus, dass die Zahl der Vereinsmitglieder ab 1911 durch die neu hinzugezogenen Arbeiter der Zinkhütte deutlich anwuchs.

1914 muss der Verein überwiegend aus jüngeren Männern bestanden haben. Denn die Vereinschronik berichtet, dass fast alle Mitglieder mit Beginn des Ersten Weltkrieges eingezogen wurden, so dass Vereinsarbeit nicht mehr möglich war.

Nach Kriegsende nahm das Interesse für den Männergesangverein in Delrath zu. 1925 war die Mitgliederzahl so groß, dass das damalige Vereinslokal am Bahnhof für die Zusammenkünfte nicht mehr ausreichte und von da an im Gasthof Linnartz geprobt wurde.

Trotz Verschlechterung der wirtschaftlichen Verhältnisse - in Deutschland hatte sich im Winterhalbjahr 1928/29 die Zahl der Arbeitslosen auf 3,7 Millionen erhöht - schaffte der Verein 1929 eine eigene,

Die Rückseite der 1929 angeschafften, kunstvoll bestickten Vereinsfahne des MGV Sangeslust Delrath 1905 (Foto privat)

kunstvoll bestickte Fahne an, die auch heute noch bei festlichen Anlässen gezeigt wird.

Aufnahme anlässlich der Fahnenweihe 1929 (Foto: Festschrift 2005)

Wie in der Festschrift zum hundertjährigen Bestehen berichtet wird, sang der Chor in den dreißiger Jahren nicht nur bei Feiern anderer Vereine in Delrath, sondern auch bei Stiftungsfesten auswärtiger Chöre. Hinzu kamen eigene Konzerte und gesellige Zusammenkünfte.

Dies änderte sich mit Beginn des Zweiten Weltkrieges. Viele Mitglieder wurden zur Wehrmacht eingezogen, so dass bald keine Proben und Auftritte mehr möglich waren.

Der Neubeginn erfolgte bereits 1946. Mit Heinrich Schmitz konnte 1948 ein Dirigent gefunden werden, der den Chor bis 1960 leitete. In dieser Zeit erreichte die Zahl der aktiven Mitglieder ihren höchsten Stand in der Vereinsgeschichte. Hatte der Chor 1949 lediglich 25 aktive Sänger, so stieg ihre Zahl bis 1952 auf über 60.

Der Schützenzug „Sangeslust" des Gesangvereins nach dem Umzug 1947. Alle Schützen gingen damals in Zivil (Foto: Archiv G. Blank).

In den Jahren des beginnenden Wirtschaftswunders sprach der Verein mit seinen Aktivitäten viele Männer in unserem Dorf unmittelbar an. Die Festschrift zum hundertjährigen Bestehen zählt aus den fünfziger Jahren eine Fülle von Veranstaltungen auf, die diese Blütezeit des Vereins anschaulich belegen. Neben Gesangsdarbietungen bei vielen Gelegenheiten und der Teilnahme an Wettbewerben und Musikfesten gab es gemeinsame Ausflugsfahrten unter anderem an die Ahr und in den Westerwald. Auch bei der Einweihung des Kriegerdenkmals 1954 übernahm der Männergesangverein als ältester Verein in Delrath eine tragende Rolle.

In den folgenden Jahrzehnten wurden runde Geburtstage des Vereins ausgiebig gefeiert. Zu seinem 65-jährigen Bestehen veranstaltete der Verein 1970 erstmals ein Konzert in der Turnhalle der damaligen Hauptschule Nievenheim. Weitere Konzerte in dieser Turnhalle folgten.

Um den Weg für das Delrather Publikum zu verkürzen, beschloss der Verein 1974, die Jahreskonzerte künftig im neu errichteten Johanneshaus abzuhalten. Das Jubiläumskonzert aus Anlass des 75-jährigen Bestehens im November 1980 musste wieder in der erwähnten Turnhalle stattfinden, weil die große Zahl der Mitwirkenden im Johanneshaus kaum Platz gefunden hätte. In den achtziger Jahren trat der Chor vielfach zusammen mit dem Delrather Pfarrcäcilienchor St. Gabriel und mit dem Frauenchor „Liederfreude" Nievenheim im Johanneshaus auf.

Die Kooperation mit anderen Chören wurde ab 1992 verstärkt. Mit dem Männergesangverein „Cäcilia Liederkranz" Neuss, dem Gnadentaler Männerchor Neuss und dem Werkschor „CASE" Neuss wurde eine Chorgemeinschaft gebildet, die eine Reihe viel beachteter Konzerte gab. Erleichtert worden war die Bildung dieser Gemeinschaft durch den Umstand, dass alle beteiligten Chöre mit Klaus-Robert Fuchs schon vor Beginn der Zusammenarbeit über einen gemeinsamen Dirigenten und Chorleiter verfügten. Aus Anlass des 90-jährigen Bestehens des Vereins wurden 1995 mit großem Erfolg zwei Konzerte wiederum in der genannten Turnhalle aufgeführt, die seit 1988 zur Gesamtschule Dormagen gehört.

Das Jahr 1997 brachte entscheidende Veränderungen. Klaus-Robert Fuchs zog sich zurück und der Werkschor „CASE" löste sich auf, weil das Neusser Traktorenwerk für immer seine Tore schloss.

Obwohl der Männergesangverein sich dafür entschied, die Chorgemeinschaft allein mit „Cäcilia Liederkranz" fortzusetzen, und zu beiden Chören zusammen 50 aktive Sänger gehörten, waren in den nächsten Jahren immer wieder neue Ansätze erforderlich, weil sich Dirigenten als nicht zuverlässig erwiesen, wegen zu langer Anfahrtswege die Arbeit nicht fortsetzen wollten oder neu gebildete Chorgemeinschaften wieder aufgekündigt wurden.

Konzert zum hundertjährigen Jubiläum des MGV Sangeslust Delrath 1905 in der Aula des Bettina-von-Arnim-Gymnasiums in Dormagen am 17. April 2005 (Foto: privat)

2002 beschloss man erneut eine Chorgemeinschaft zu bilden, diesmal mit dem „Männerchor 1883/1908 Stürzelberg". Der bisherige Stürzelberger Chorleiter Roland Steinfeld übernahm die Leitung und konnte 2005 mit dem Männergesangverein „Sangeslust" dessen 100-jähriges Bestehen feiern. 2008 beging man dann gemeinsam das 125-jährige Jubiläum des „Männerchores 1883/1908 Stürzelberg".

Unter Leitung von Roland Steinfeld ist die Chorgemeinschaft mit Stürzelberg nach wie vor Grundlage der musikalischen Arbeit. Neue Sänger werden immer freudig aufgenommen.

Quellen:
Gemeindelexikon für die Rheinprovinz. Auf Grund der Materialien der Volkszählung vom 1. Dezember 1905 und anderer amtlicher Quellen bearbeitet vom Königlich Preußischen Statistischen Landesamte, Berlin 1909, S. 107. Die Unterlagen der Volkszählung von 1905 für den Ort Delrath sind im Stadtarchiv Dormagen erhalten, siehe Amt Nievenheim, Archiv, Volkszählung, Laufzeit 1905 – 1937, Signatur: 243. Zähler des betreffenden Erhebungsbogens für den Zählbezirk Nr. 6, Ort Delrath, war Josef Pröpper, der auch erster Vorsitzender des Männergesangvereins „Sangeslust" war.
Stadtarchiv Dormagen, Amt Nievenheim, Archiv, Ortstafeln, Wegweiser und Hausnummerierung im Amtsbezirk, Laufzeit 1882 – 1933, Signatur: 1617, Bericht an das Katasteramt in Neuß vom 3. August 1922; dort heißt es: „Delrath: 1 Der Weg vom Bahnhof ins Dorf heißt Rheinstraße Flur K Blatt 2".
Burkhard Schleif, Wo lit Delrod?, Historische Schriftenreihe der Stadt Dormagen Nr.16, Dormagen 1995, S. 157 ff. und S. 162 ff.
Festschrift „Männergesangverein ‚Sangeslust', 90 Jahre, Delrath 1905 – 1995", ohne Seitenzahl

Festschrift „100 Jahre, Männergesangverein ‚Sangeslust' Delrath 1905, Reisen Sie mit dieser Festschrift durch 100 Jahre Chor- und Zeitgeschichte"
Festschrift zum zehnjährigen Bestehen der Bertha-von-Suttner-Gesamtschule der Stadt Dormagen, Dormagen 1996, S. 45 f.
„125 Jahre Männerchor 1883/1908 Stürzelberg", Programmheft zum Jubiläum anno 2008.

Das Johanneshaus

Das Johanneshaus, Ort vieler Aufführungen des MGV „Sangeslust" (Foto: B. Schleif)

St. Hubertus Bürgerschützenverein Delrath

von Peter Jacobs

Im Vergleich zu den in den Nachbarstädten zum Teil seit Jahrhunderten bestehenden Schützenvereinen (Düsseldorf 1316, Himmelgeist 1641 oder Neuss - Grenadiere und Jäger - beide von 1823) mutet der 1926 gegründete St. Hubertus Bürgerschützenverein Delrath recht jugendlich an. Ungeachtet dessen erfüllt dieser Verein für Delrath eine wichtige gesellschaftliche Aufgabe.

Schützenzug 1926 in der Rheinstraße, der heutigen Johannesstraße (Foto: H. Wyrwich aus: Schützenchronik 2001)

Schützenzug 1999 in der Gabrielstraße, der früheren Schulstraße (Foto: H. Jazyk aus: Schützenchronik 2001)

Die Zeit vor der Gründung

Bis 1924 bestand in Delrath eine Kirmesgesellschaft, die Heimatfeste veranstaltete. *„Wann diese gegründet wurde und warum sie aufhörte zu bestehen, ist nicht mehr bekannt"*, erinnert die Schützenchronik von 1976.

Im Jahr darauf bildete sich eine Scheibenschützengesellschaft, die noch im gleichen Jahr ein Heimatfest abhielt, sich aber wegen eines Defizits in der Endabrechnung wieder auflöste.

Die Zeit von der Gründung bis 1945

Aus der Schützenchronik des Jahres 1976 geht hervor, welche Schwierigkeiten die Zusammenstellung der Geschichtsdaten bereitete. *„In dem Archiv der Neuss-Grevenbroicher Zeitung, welches zu Rate gezogen wurde, sind die Berichte über die Delrather Veranstaltungen recht spärlich vorhanden. Vereinseigene Aufzeichnungen sind erst ab 1948 vorhanden."* Der erste Bericht in der Neuß-Grevenbroicher-Zeitung, die ab Oktober 1936 nicht mehr erscheinen durfte, stammt vom 17. September 1926. Für den ältesten Teil der Schützenchronik mussten daher Zeitzeugen herangezogen werden.

Beim ersten Schützenfest 1926 bestand das Regiment aus 5 Zügen und einem Reitercorps. *„Die Uniformen wurden zum größten Teil bei einer Kölner Firma entliehen."* [Anm.: ein Uniformrock kostete 3,- RM.] Die Reiter im Regiment bekamen ihre Pferde von ortsansässigen Landwirten zur Verfügung gestellt. Zeitgleich wurde auch der Sappeurzug gegründet, der schon beim ersten Schützenfest im Herbst 1926 an der Spitze marschierte. Weil 1926 in Delrath weder Kirche noch Kriegerdenkmal vorhanden war, mussten die Schützen zu Kirchgang und Kranzniederlegung am Kriegerdenkmal nach Nievenheim ziehen.

Sappeurzug von 1926 (Foto: H. Freyenberg aus: Schützenchronik 2001)

Am 15. September 1927 trat der Verein erstmals unter dem Namen St. Hubertus Bürgerschützenverein auf und weihte seine Vereinsfahne. Zu diesem Anlass wurde die Regimentsfahnenkompanie gegründet, *„die bis heute in der Uniform von Grenadieroffizieren aufmarschiert. "*

Die Regimentsfahne von 1927 hat heute einen Ehrenplatz im Schießstand im Alten Bahnhof (Foto: Achim Wyrwich)

Ebenfalls seit 1927 wurde zum Schützenfest auf Kosten des Vereins eine Kinderbelustigung veranstaltet. Auch das von der Schule durchgeführte Martinsfest wurde vom Verein unterstützt. Er bezahlte die Musikkapelle und oft wurde der St. Martin von einem Vereinsmitglied dargestellt.

Ab 1928 wurde das Schützenfest mit Böllern, den so genannten „Katzenköpfen", eingeschossen. An der Fahnenweihe des Männergesangvereins „Sangeslust" Delrath nahmen die Schützen selbstverständlich teil, waren doch viele Schützen gleichzeitig Mitglied im Gesangverein.

Die am 30. Januar 1933 mit der Berufung Adolf Hitlers zum Reichskanzler beginnende Diktatur, eine der dunkelsten Epochen der jüngeren deutschen Geschichte, wirkte sich auf alle Vereine aus, natürlich auch auf den St. Hubertus Bürgerschützenverein in Delrath. Bei allen Versammlungen waren jetzt Beobachter der Nationalsozialistischen Deutschen Arbeiterpartei (NSDAP) anwesend. Ab 1934 gab es in Vereinen keine Präsidenten oder 1. Vorsitzende mehr, sondern nur noch so genannte „Vereinsführer", die gleichzeitig ihre Parteimitgliedschaft nachzuweisen hatten. Außerdem mussten bei Festveranstaltungen mitgeführte Fahnen mit einem Hakenkreuzwimpel versehen werden.

„Das Jahr 1934 hätte schon das Ende des Delrather Bürgerschützenvereins sein können. Es sollte auf Weisung der Partei ein Zusammenschluß der Nievenheimer und Delrather Schützenvereine erfolgen. Einstimmig lehnten die Delrather Bürgerschützen dieses Ansinnen ab, mit dem Hin-

weis ‚*Lieber geben wir jedes Vereinsleben auf.' Daß die Partei dieses akzeptierte und den Verein bestehen ließ, ist heute fast nicht vorstellbar.*"

1935 wurde aus Platzgründen erstmals in einem Zelt Schützenfest gefeiert.

Die Uniformen im Jahr 1935 v.l.: Sappeur, Grenadier, Oberst, Husar und 2 Jäger;
(Foto: B. Kluth aus: Schützenchronik 2001)

Auf Anweisung der Partei musste der amtierende Vereinsführer 1936 sein Amt niederlegen. Die Generalversammlung wählte dann einen anderen Vereinsführer. Da auch er nicht Mitglied der NSDAP war, sorgte die Partei für die Neubesetzung der Vereinsführung.

1936 zog erstmals der Fackelzug bis zur Zinkhütte. Ebenso fand dort am Montagnachmittag eine Königsparade statt. Die Zinkhütte war stark vertreten, die Zinkhütter Kapelle Grün stellte immerhin zwei Musikzüge.

Als nach dem Schützenfest ein neuer Vereinsführer gewählt werden sollte, trat der Kandidat, nur um dieses Amt annehmen und ausüben zu dürfen, in die NSDAP ein. Zum „Dank" dafür musste er nach dem Krieg „entnazifiziert" werden.

Eine Woche vor dem Schützenfest, am 1. September 1939, brach der Zweite Weltkrieg aus. Anstatt Schützenfest zu feiern, zog man in den Krieg. Das Vereinsleben kam fast vollständig zum Erliegen, Soldaten auf Heimaturlaub erhielten kleine Zuwendungen von ihrem Schützenverein.

Gegen Ende des Krieges sammelte die NSDAP die Schützenuniformen ein, um damit den Volkssturm auszustatten.

Die Zeit nach 1945 bis zum Jubiläum 1976

Weil die Militärregierung das Verbot der Vereinsbildung streng überwachte, taten sich 1946 einige Kleintierzüchter zusammen und ermittelten einen Hahnenkönig. Die Kirmes bestand aus einem Karussell und einer Losbude.

„Noch gingen drei weitere schwere Jahre ins Land, bevor die Sappeure beim ersten Nachkriegs-Schützenfest 1948 dem neuerstandenen Regiment voranmarschierten“, denn erst im März 1948 durften Schützenvereine wieder aktiv werden. *„Das Schützenfest fand in altgewohnter Weise am 1. Sonntag im September statt. Weil die Beschaffung von Uniformen zu diesem Zeitpunkt noch nicht möglich war, marschierte das Regiment in Zivilkleidung.“* Weil die Militärregierung das Schießen noch nicht gestattete, ermittelte man den König durch Hahneköppen.

Zinkhütter Schützen in „ziviler Uniform“ 1948;
(Foto: Vereinschronik P. Kreuter aus: Schützenchronik 2001)

Zum Schützenfest 1949 zog dann das Regiment mit einem Sappeurzug, drei Grenadierzügen, einem Zug Schill'sche Offiziere und acht Jägerzügen wieder in Uniformen durch den Ort.

Geradezu rührende Schützenkameradschaft ist in einem Beitrag der Festschrift von 1976 festgehalten: *„Es war Montagnachmittag während des Schützenfestes 1949. Die Schützen versammelten sich am Bahnhof zum Abmarsch zur Zinkhütte, um dort die Nachmittagsparade abzuhalten. Da wurde bekannt, daß der Schützenbruder Johann Cremer, der immer noch in russischer Kriegsgefangenschaft war, mit dem Heimkehrerzug am Nachmittag erwartet wurde. Spontan wurde der Abmarsch verschoben.*

Schützen und Musikkapelle begaben sich auf den Bahnsteig und warteten auf den Zug, der ihren Kameraden aus der Gefangenschaft zurückbringen sollte. Als Johann Cremer dann dem Zug entstieg, war er ob dieses Empfanges überwältigt, so daß er eine Weile brauchte, bis er seiner Rührung Herr wurde. Zunächst begab man sich in die Bahnhofsgaststätte, um einen Willkommenstrunk zu nehmen. Danach wurde Johann Cremer mit seinen Angehörigen in die Schützenformation genommen und mit Musik durch den Ort, wo er von vielen Bewohnern stürmisch begrüßt wurde, zu seiner Wohnung an der Zinkhütte geleitet."

Als man in Delrath den Schützenkönig wieder durch Schießen auf den Königsvogel ermitteln durfte, benutzte man Luftgewehre, um hierdurch die Anwesenheit eines Schießmeisters der Militärregierung zu umgehen. *„Auch durften die Chargierten, aber nur im Festzug, wieder Degen tragen. Im Zelt durfte auf keinen Fall der Degen umgeschnallt bleiben."* Diese Regelung ist heute, 2012, durch das geänderte Waffengesetz wieder aktuell: *„Säbel dürfen nur mit Ausnahmegenehmigung bei Umzügen getragen werden und müssen ansonsten unter Verschluss gehalten werden."* So war am 24. Mai 2012 in der Neuß-Grevenbroicher Zeitung (NGZ) zu lesen, dass die Bruderschaft in Rosellerheide-Neuenbaum künftig *„Alle Säbel aus dem Zelt"* verbannt.

Im Jahr 1954 fand die Gefallenenehrung erstmals am neu erbauten Ehrenmal statt.

Das Ehrenmal in seiner ursprünglichen Form
(Foto: Vereinschronik P. Kreuter aus: Schützenchronik 2001)

Über viele Jahre hatte sich die Artillerie eine Kanone aus Gohr geliehen, bis sie zum Schützenfest 1960 ein eigenes Geschütz herstellen ließ.

Das Winterfest 1960 wurde erstmals in Form einer Karnevalssitzung abgehalten. Eine Karnevalsgesellschaft aus Krefeld wurde verpflichtet. Der Elferrat bestand aus Vorstandsmitgliedern des Bürgerschützenvereins.

Wegen des stärker gewordenen Verkehrs musste ab 1963 durch Anordnung des Straßenverkehrsamtes Grevenbroich die Parade von der Rheinstraße [heute Johannesstraße] zur Schulstraße [heute Gabrielstraße] verlegt werden. Entfallen musste auch der Montagszug mit Parade an der Zinkhütte.

Nach der Eintragung ins Vereinsregister im Jahr 1971 lautete der neue Vereinsname „St. Hubertus Bürgerschützenverein Delrath 1926 e.V."

Letztmalig feierte man 1973 auf dem Schützenplatz Henri-Dunant-, Ecke Wilhelm-Zaun-Straße, weil hier der Grundschulneubau vorgesehen war. Die Karnevalssitzung 1974 fand im Saal der Gaststätte „Zum Ännchen" statt, Frühlings- und Schützenfest feierte man auf dem damals noch unbebauten Bahnhofsvorplatz.

Wegen der kommunalen Neugliederung zum 1. Januar 1975 und der ersten Wahl eines Dormagener Stadtrates verzögerte sich die Suche nach einem neuen Schützenplatz, der 1976 in Nähe des Sportplatzes zur Verfügung gestellt, jedoch erst 1978 eingeweiht und benutzt wurde. Man veranstaltete die Karnevalssitzung 1975 im Zelt auf dem Bahnhofsvorplatz, auch das Frühlingsfest und das Schützenfest fanden dort statt.

Im Jubiläumsjahr 1976 bestand das Regiment aus dem Sappeurzug, der Fahnenkompanie, zwei Grenadier- und zwei Hubertuszügen, den Jakobusschützen, den Blauen und Schwarzen Husaren, zwei Scheibenschützenzügen, dem Edelknabenkorps, zwei Tellschützenzügen und einem Bogenschützenzug, dem Kassenzug, zehn Jägerzügen und dem Artilleriekorps. Die seit 1969 bestehenden Unstimmigkeiten mit der Kirche wurden beigelegt und am Sonntagmorgen wieder ein gemeinsamer Gottesdienst in der Pfarrkirche St. Gabriel gefeiert. Zum 50-jährigen Jubiläum der Delrather Sappeure nahmen elf Sappeurcorps aus den umliegenden Ortschaften als Gäste am Festzug teil.

Die Zeit von 1976 bis heute (2012)

Der Delrather Bürgerschützenverein (BSV) hat immer wieder Eigeninitiative bewiesen. Bis 1983 hatte man durch Altpapiersammlungen Einnahmen von über 10.000 DM erzielt, 1983 wurden fast 23 Tonnen und 1985 sogar über 31 Tonnen Altpapier gesammelt. Wegen des Preisverfalls wurden die Sammlungen ab 1988 eingestellt.

„Am 27. Mai 1992 richtete die Stadt Dormagen einen ‚Challenge Day' aus. Ziel war es, im Vergleich zu anderen beteiligten Städten möglichst viele Bürger zu einer sportlichen Aktivität herauszufordern (challenge [englisch] = Herausforderung). Für je eine Viertelstunde sportliche Betätigung wurde der Stadt ein Punkt gutgeschrieben. Der Bürgerschützenverein organisierte dieses Breitensport-Spektakel zusammen mit dem SSV Delrath an der Henri-Dunant-Grundschule Delrath, die damit an diesem Tag zum ‚sportlichen Zentrum Delraths' wurde. Die Stadt Dormagen wurde an diesem Tag Bundessieger des Wettbewerbs."

Sorge wegen des Schützenzuges bereiteten 1992 die Bauarbeiten auf der Johannesstraße, die ab Mitte Januar 1992 umgebaut und im Juni 1993 in neuer Gestaltung wieder freigegeben wurde.

Für die Herrichtung des Schießstandes im restaurierten Güterschuppen des ehemaligen Bahnhofsgebäudes waren über 1.000 Arbeitsstunden aufgewendet worden. Richtfest war am 13. August 1993 und im Oktober 1993 wurde der Schießstand in Betrieb genommen.

Die neue Regimentsfahne wurde im September 1995 geweiht.

Um die Karnevals- von den Schützenaktivitäten zu trennen, wurde im Januar 1996 die „Karnevalsgesellschaft Delrath e.V." gegründet, die den Sitzungskarneval durchführt und die Aktivitäten der „Interessengemeinschaft

Die Regimentsfahne von 1995 (Foto: Studio Lierenfeld aus: Schützenchronik 2001)

Delrather Karneval" von 1973 ergänzt, die den Straßenkarneval organisiert und das Delrather Prinzenpaar stellt.

Nach dem Schützenfest wurden im September 1997 die Grünanlagen und die Straßen- und Gehwegflächen am Ehrenmal umgestaltet, weil für die

Feier am Denkmal mehr Platz zur Verfügung stehen sollte. Auch der Sockel wurde neu gestaltet.

Unter Einbeziehung des Heraldikers Lothar Müller-Westphal aus Düren wurde ein Wappen für Delrath entworfen, das auf Antrag des BSV auch am 20. März 2000 vom Berliner Herolds-Ausschuss in die Deutsche Wappenrolle eingetragen wurde.

„Vom Freitag, 1. September 2001 bis zum Dienstag, 5. September 2001 fand das - unter Einrechnung der Kriegsjahre - 75. Schützenfest statt."

Kurz vor dem 75-jährigen Jubiläum, am 19. Mai 2001, übergab der BSV das Delrather Wappen an die Bevölkerung. Am selben Tag wurden an den Ortseingängen Delraths aus Richtung St. Peter, Zinkhüttenweg und Nievenheim auch die Ortswappen enthüllt. Das 75-jährige Bestehen selbst wurde mit einem Jubiläums-Festumzug und einem großen Festkommers begangen.

Im Juni 2002 wurde das Ehrenmal erneuert und einen Monat später der neue Dorfplatz an der Gabrielstraße eingeweiht, dessen Pflege seitdem vom Schützenverein organisiert wird.

Am 15. November 2003 waren die Schützen an der offiziellen Einweihung der Bahnunterführung natürlich aktiv beteiligt.

Das Frühlingsfest wurde 2004 aus wirtschaftlichen Gründen letztmalig mit 3 Tagen Programm, in den Folgejahren in kleinerem Rahmen durchgeführt. Ein Pferdeunfall überschattete die Parade des Schützenfestes 2004, der anschließende Festumzug fiel aus. Aus Sicherheitsgründen verzichtete der BSV in den Jahren danach auf Pferde.

2005 wurden Überlegungen angestellt, dem Bund der Historischen Deutschen Schützenbruderschaften (BHDS) beizutreten. Bis zu diesem Zeitpunkt hatte sich der St. Hubertus Bürgerschützenverein Delrath keinem Dachverband (z. B. dem Rheinischen oder dem Deutschen Schützenbund) angeschlossen. Nachdem die Delrather 2005 Kontakt mit dem BHDS aufgenommen hatten, wurden sie am 24. Juni 2006 in diesen Verband aufgenommen, die Urkunde hierzu am 2. September 2007 übergeben.

Seit 2007 existiert der Beschluss, dass das Tambourcorps Delrath Frauen aufnehmen darf, ohne aktive Mitgliedschaft im BSV.

Nachdem 2010 die Gaststätte „Zum Ännchen" geschlossen worden war, galt die Sorge des BSV Delrath im folgenden Jahr dem „Alten Bahnhof

Nievenheim". Die Stadt wollte das Gebäude verkaufen, Schießstand und Versammlungslokal drohten verloren zu gehen. Im Schulterschluss mit allen Delrather Vereinen und der BürgerInitiative Lebenswertes Delrath sicherte man sich von der Stadt das Nutzungsrecht für 10 Jahre. Der Alte Bahnhof Nievenheim sollte auch nur an einen Interessenten verkauft werden, der ihn als Gaststätte weiter betreiben würde. So wurde es in nicht öffentlicher Sitzung des Stadtrates im Dezember 2011 beschlossen.

2011 erfolgte die Abnahme des Regiments wieder mit Pferden. Der sehr stimmungsvolle Zapfenstreich fand zum ersten Mal an einem Samstagabend auf dem Dorfplatz statt.

Über die Jahrzehnte ihres Bestehens hat sich die Schützengemeinschaft eines bewahrt: die Treue zum Brauchtum und zum Verein. Nicht selten sind 50- oder gar 60-jährige Jubiläen zu feiern. Es galt aber auch schon, eine 75-jährige Mitgliedschaft zu ehren. Einige Schützenzüge bestehen zum Teil seit Gründung des St. Hubertus Bürgerschützenvereins Delrath im Jahr 1926 oder wurden kurz darauf gegründet.

Quellen:
St. Hubertus Bürgerschützenverein Delrath 1926 e.V. - 50 Jahre, Delrath 1976
Wir feiern Schützenfest ..., 75 Jahre St. Hubertus Bürgerschützenverein Delrath 1926 e. V., 75 Jahre Sappeurzug Delrath, Hrsg: St. Hubertus Bürgerschützenverein Delrath 1926 e. V., Dormagen 2001
Blank, Günter: Delrather Zeitreise, Bände 1 bis 7, 1998 - 2010
Schleif, Burkhard: Wo lit Delrod?, Historische Schriftenreihe der Stadt Dormagen, Nr. 16, Hrsg. Stadt Dormagen 1995
Neuß-Grevenbroicher Zeitung, 24.5.2012, Seite D 2, „Alle Säbel aus dem Zelt"
Angaben von Wolfgang Behrend, Delrath 2012, 1. Vorsitzender des Bürgerschützenvereins Delrath
Angaben von H.-D. Longerich, Delrath 2012, ehemaliger Vorsitzender des Bürgerschützenvereins
Angaben von Peter Kremer und Detlef Weber, Delrath 2012
Foto der Regimentsfahne von 1927 von Achim Wyrwich, Delrath 2012

Karnevalsgesellschaft-Delrath 1974/95 e.V.

vom Vorstand der KG

Die Karnevalsgesellschaft-Delrath 1974/95 ist in Delrath für den Sitzungs-karneval zuständig, im Gegensatz zur Interessengemeinschaft Delrather Karneval 1973, die den Straßenkarneval organisiert.

Die erste Karnevalssitzung in Delrath führte der Bürgerschützenverein Delrath im Jahr 1974 im Saale „Zum Ännchen" durch. Man wollte eine attraktive Karnevalssitzung auch in Delrath ins Leben rufen, der Dorf-gemeinschaft ein tolles Programm bieten und auch in der kalten Karne-valszeit miteinander ein schönes Fest feiern.

Der Verein selbst wurde mit Annahme der Satzung am 14. Juli 1995 ge-gründet. Zum Andenken an den Startschuss wurde das Jahr 1974 am 8. März 1996 in den Vereinsnamen aufgenommen:

Karnevalsgesellschaft-Delrath 1974/95 e.V.

Die erste Sitzung in der Turnhalle der Henri-Dunant-Grundschule fand bereits im Januar 1994 statt. Die Halle wird für die Sitzung jedes Jahr aufs Neue mit viel Aufwand umgestaltet und dekoriert.

Die KG Delrath bei ihrer Prunksitzung 2012 (alle Fotos: KG Delrath)

In den vergangenen Jahrzehnten sind in der Sitzung sehr viele Karnevalsgrößen, auch aus Funk und Fernsehen, aufgetreten.

Die Tanzgruppe Kammerkätzchen und Kammerdiener der Kölner Karnevalsgesellschaft „Schnüsse Tring" bei der Prunksitzung 2012

Die Sitzung war auch 2012 wieder so attraktiv gestaltet, dass die Turnhalle erneut restlos ausverkauft war.

Im Jahr 2012 wurde die Satzung geändert, so dass seitdem auch weibliche Mitglieder in der KG aktiv vertreten sind. Somit dürfte die Prunksitzung der Karnevalsgesellschaft-Delrath 1974/95 e.V. auch künftig eine feste Größe im Veranstaltungsjahr bleiben und die Dorfgemeinschaft noch viel Spaß haben.

(siehe auch: http://www.kg-delrath.com/)

Der Spiel- und Sportverein Delrath 1927

von Peter Jacobs

Der Spiel- und Sportverein Delrath hatte Ende 2011 über 470 Mitglieder, darunter 250 Kinder/Jugendliche. Bei rund 3.000 Einwohnern des Dormagener Ortsteils Delrath ist das ein Anteil von ca. 15,7 %. Das sagt schon etwas über den Ort und seinen Verein aus. Auf der Internetseite des modern geführten SSV Delrath (http://www.ssv-delrath.de/) sind dessen Aktivitäten abrufbar. Eine große Gymnastikabteilung (siehe weiter hinten) bietet ein breit gefächertes Programm an.

Die erste Fußballmannschaft spielt erfolgreich in der Bezirksliga, obwohl der Verein als einziger Bezirksligist im Rhein-Kreis Neuss (noch) auf einem Aschenplatz spielen muss.

Idealismus, Opferbereitschaft, Einsatzfreude und Zusammenhalt zeichnen die Mitglieder des SSV Delrath seit dessen Gründung am 4. Dezember 1927 bis zum heutigen Tag aus.

In der wechselvollen Geschichte des Vereins haben seine Mitglieder vier Sportplätze (größtenteils in Eigenleistung) hergerichtet. Welch große Bedeutung der Verein für Delrath hatte und hat, belegen die Worte des damaligen Vereinsvorsitzenden Johann Blank in der Festschrift von 1967:

Fritz Walter
(Foto: Festschrift von 1967)

„Wie sehr aber ein Ballspielverein zu dieser Zeit schon den Bürgern unseres Dorfes fehlte, sieht man schon daran, daß der Verein in den Anfangsjahren schon 2 Senioren- und 2 Jugendmannschaften stellen konnte. [Delrath hatte 1929 erst 574 Einwohner.] Was sich damals schon als nötig erwies, nämlich Sport zu treiben, gilt heute erst recht. Leider suchen heute viel zu viel Jugendliche die bequemeren Vergnügen, als sich im sportlichen Wettkampf Herz, Lunge und Muskeln zu stärken."

Diese Ausführungen sind heute noch unverändert gültig. Wer Jugendlichen die Möglichkeit zu sportlichem Wettbewerb gibt, betreibt beste Prävention, wirkt so nicht nur dem Verfall sozialer Werte entgegen, sondern kann auch die hohen Kosten für Sozialarbeit sparen.

Die Fußballlegende Fritz Walter, Ehrenspielführer der deutschen Nationalmannschaft, schickte zum 40-jährigen Jubiläum sein Foto mit Widmung: *„SSV 1927 - Delrath mit den besten Wünschen für weitere sportliche Erfolge. Herzlich Euer Sportkamerad Fritz Walter 1967".* Er schrieb weiter: *„Bewahren Sie stets in Ihren Reihen den Geist der Kameradschaft, des guten Willens und der Opferbereitschaft."*

Schon zuvor war in Delrath Fußball gespielt worden. *„Im Vereinsnamen des Sport- und Spielvereins Delrath ist als Gründungsjahr 1927 angegeben. Fußball aber wurde bereits 1922 in Delrath gespielt. Ein ‚wilder Verein' trat mit seiner einzigen Mannschaft nur auf Sportfesten, dort allerdings bereits mit gutem Erfolg auf. Schon diese erste Delrather Fußballmannschaft spielte in den Farben blau-weiß."*

Am 4. Dezember 1927 wurde Delrath Mitglied des Fußballverbandes. *„Nach längeren Verhandlungen [...] erhielten wir von der Stadt Zons auf der Delrather Heide an der Zinkhütte unseren ersten Sportplatz, der aber zuerst noch von unseren Sportlern zu einem Sportplatz gemacht werden mußte."*

Den Idealismus in den ersten Jahren des SSV verdeutlicht die Aussage, dass die Fußballer für die Fahrten zu anderen Vereinen nach Neuss, Düsseldorf, sogar ins Bergische Land, das Fahrrad oder den Zug benutzten.

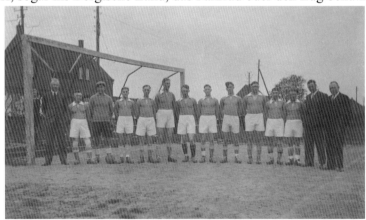

Der Fußballplatz des SSV Delrath am Bahnhof um 1930/31
Das Haus im Hintergrund ist heute Johannesstraße 9. (Foto: Archiv G. Blank)

Anscheinend wurde schon um 1930 auf einem neuen Fußballplatz am Bahnhof gespielt. *„Der Delrather Sportplatz wurde später zur Rhein-*

straße [der heutigen Johannesstraße] *gegenüber dem Bahnhof verlegt.*" Ebenfalls um 1930 wurde noch ein zweiter Fußballverein gegründet, der 1. FC Delrath, der jedoch nicht lange bestand.

„Anfänglich wurden im SSV Delrath auch Leichtathletik und Gymnastik betrieben." Während die Gymnastikabteilung des SSV Delrath noch heute sehr aktiv ist, wird Leichtathletik nicht mehr betrieben, weil es einerseits zu wenig Anreize gab und andererseits die Konkurrenz des TSV Bayer Dormagen übermächtig war und ist.

Im Zweiten Weltkrieg musste der Sportbetrieb des SSV Delrath zeitweise ganz eingestellt werden.

Nach Ende des Zweiten Weltkrieges stellte der SSV Delrath seine Bedeutung für das Gemeinwesen unter Beweis. *„Im Frühjahr 1946 veranstaltete der SSV Delrath die erste Gesellschaftsfeier nach dem Kriege in Delrath überhaupt. Drei Stunden, von 19-22 Uhr, durfte die Vereinsfamilie gesellig beisammen sein. Dann mußten auf Anordnung der Militärregierung die unentgeltlich aufspielenden Musiker Engels und Kollenbroich ihre Sachen packen und die Gäste schleunigst nach Hause gehen."*

Der Sportplatz an der Zinkhütte vor dem Koksberg (aus: Delrather Zeitreise, Bd.1)

Nun musste wieder ein Fußballplatz gefunden werden. *„Bald konnte mit vereinten Kräften ein neuer Sportplatz in der Delrather Heide auf dem Gelände der Zinkhütte errichtet werden. [...] Mit heute kaum noch vorstellbarer Einsatzbereitschaft und großem Idealismus ging man gegen die Schwierigkeiten an. Es gab keine Fußballschuhe und keine Bälle. Für das Sportfest 1947 genehmigte die Generalversammlung 975 Reichsmark* *für den Kauf eines Balles. In Bonn wurde schließlich ein Ball aufgetrieben. Mit einem für 250 Reichsmark gekauften Stück Leder gelang es, die vereinseigenen Fußballschuhe notdürftig zu reparieren. Spiele gegen Spfr. Nievenheim waren zu dieser Zeit Höhepunkt und mit wahren Völkerwanderungen verbunden."*

1954 wurde der Sportplatz an der Zinkhütte gekündigt und 1958 ein neuer am Zerrenger Büschgen geschaffen. Auch an dieser Sportanlage arbeiteten viele Vereinsmitglieder des SSV tatkräftig mit.

In den 1960er Jahren (Zeit des so genannten Wirtschaftswunders) zogen viele Menschen von der Stadt auf das Land, um sich ein Häuschen im Grünen zu bauen. Delrath sollte auf etwa 16.000 Einwohner anwachsen. Aus diesem Grund wurde der Sportplatz des SSV Delrath (bei dem 1967 2 Senioren-, 1 Altherren- und 4 Jugendmannschaften spielten) von der Gemeinde Nievenheim zu einem Sportzentrum ausgebaut. *„Dieser vorauszusehenden Entwicklung ist die fertiggestellte Sportplatzanlage angepaßt"*, hieß es. Wegen des Sportplatzausbaus musste der SSV Delrath in der Saison 1966/67 allerdings seine Heimspiele auf der Anlage der Sportfreunde Nievenheim austragen.

Die Einweihung des neuen Platzes fand am 29. Juli 1967 statt, die des Sportlerheims mit Platzwartwohnung am 15. Juni 1968.

Außerordentlich bemerkenswert ist die Jugendarbeit des SSV Delrath.

In der Spielserie 1968/69 errang die B-Jugend die Kreismeisterschaft. Es gab sogar einen Bericht im bundesweit bekannten Kicker-Sportmagazin:

„... weiter so Delrath-
Delrath ist ein kleiner Ort zwischen Köln und Düsseldorf. Und beim dortigen SSV misst sich die Jugend schon seit Jahren mit den großen Clubs vom Niederrhein. Im vorigen Jahr wurde die C-Jugend Kreismeister und Pokalsieger. Diesmal beendete die B-Jugend die Kreismeisterschaft mit 28:0 Punkten und 76:11 Toren und zieht nun in den Kampf um die Niederrheinmeisterschaft ein."

Seit 1984 findet alljährlich ein großes Jugendturnier statt. *„Angespornt durch den Erfolg, wurde 1985 das Turnier noch größer gestaltet, indem man zusätzlich ein E-Jgd.- und ein D-Jgd.-Turnier über 4 Tage, mit 24 Mannschaften durchführte. Dieses Turnier ist bis heute fester Bestandteil der Jugendabteilung."* Dem Programmheft des Turniers von 2008 ist zu entnehmen, dass vom 21. bis 25. Mai eine Jugendsportwoche stattfand mit Bambinitreff und F-, E-, D- und C-Jugendturnier mit Mannschaften des TuS Düsseldorf-Nord, SF 75 Düsseldorf-Süd, SC West Düsseldorf, TSV Bayer Dormagen, TSV Eller 04, Sportring Eller, DJK Gnadental, SuS Gohr, RS Horrem, SC Fortuna Köln, 1. FC Monheim, PSV Neuss, VDS Nievenheim, SV Rosellen, SV Schlebusch, SV Rheinwacht Stürzelberg, SV Uedesheim, VfB Uerdingen, FC Zons und natürlich SSV Delrath, also insgesamt 20 Vereinen. Im gleichen Heft wird berichtet, dass sowohl die B- als auch die A-Junioren Meister geworden waren. Eine wahrhaft imponierende Bilanz.

Einlauf der F-Jugend-Mannschaften beim ersten Turnier 1984 (Delrath links), im Hintergrund das 1968 eingeweihte Vereinsheim (Foto: P. Jacobs)

Dem SSV Delrath wurde am 16. August 2008 wegen seiner hervorragenden Jugendarbeit die „Sepp-Herberger-Urkunde" überreicht.

SSV-Treff und altes Vereinsheim im Jahr 2012 (Foto: O. Temp)

Nachdem es seit 1987 Vorarbeiten zum Neubau des Vereinsheims gegeben hatte, konnte dieses im Februar 1990 eingeweiht werden. Das alte Vereinsheim beherbergt heute noch die Umkleide- und Duschräume sowie ein Geschäftszimmer des SSV.

Im August 1991 fand man in der Asche des Delrather Sportplatzes Blei und Kupfer. *„Aus diesem Grund wurde der Sportplatz geschlossen. [...] Durch die großzügige Unterstützung anderer Vereine, insbesondere von Rheinwacht Stürzelberg, konnte der Spielbetrieb weitergehen.“* Die Sanierungsarbeiten dauerten bis Mai 1993. *„Der Trainings- und Spielbetrieb für die Saison 93/94 konnte also wieder in Delrath stattfinden.“*

Am 29. Mai 2011 war der Aufstieg in die Bezirksliga geschafft. Der Erfolg fußte auf der Erkenntnis des Delrather Trainers: Delrather Jungen spielen für Delrath. Trotz des Nachteils des Aschenplatzes erreichte er so eine starke Identifizierung der Spieler mit Verein und Mannschaft.

hintere Reihe: Thorsten Rex; René Schmitz; Pascal Jupitz; Steffen Deuß; Denis Ackermann; Mike Bertram; Andreas Martin; Jan-Dirk Löffler; Philipp Frassek; Torwarttrainer Andreas Oberrem;Marcel Hanses; Schatzmeister Dirk Witt; 2. Vorsitzender Thomas Ackermann; 2. Schatzmeister Volker Lamek; Betreuer Jupp Breuer; 1. Vorsitzender Olaf Temp; Coach Martin Cremer; knieend: Jeton Bunjaku; Alexander Link; Marius Frassek; Mathias Grohs; Marc Deutzmann; Alexander Hauptmann; Simon Müller; Beisitzer Sven Temp; Co-Trainer Michael Ludewig

Die Aufsteigermannschaft des SSV Delrath (Foto: O. Temp)

Heute (im Mai 2012) spielen beim SSV Delrath zwei Seniorenmannschaften, davon die erste in der Bezirksliga. Ferner gibt es eine A-Junioren-Mannschaft, die B-Junioren, die mit dem SV Rheinwacht Stürzelberg in der Saison 2011/2012 eine Spielgemeinschaft bilden, sowie C-, D-, E- und F-Junioren und eine Bambini-Mannschaft.

Der vorhandene Aschenplatz am Johann-Blank-Weg soll im Rahmen anstehender Instandsetzungsmaßnahmen zu einem Kunstrasenplatz ausgebaut werden. Ausschlaggebend für den Wunsch, den heutigen Aschenplatz durch einen Kunstrasenplatz zu ersetzen, ist einerseits die hohe Verfügbarkeit von Kunstrasen, andererseits ist der SSV Delrath der einzige Verein in der Bezirksliga, der noch auf einem Aschenplatz spielen muss, was für den SSV Delrath viele Nachteile nach sich zieht. Es ist geplant, den Kunstrasenplatz nach dem Modell des Vereins DJK Hönningen aus vereinseigener Kraft zu bauen. Es sollen nur die Mittel aus dem städtischen Haushalt in Anspruch genommen werden, die ohnehin dort eingestellt sind. Erste Gespräche verliefen Anfang 2012 bereits Erfolg versprechend. Technische sowie Finanzierungsdetails bleiben den Verhandlungen vorbehalten.

Die Festsetzung des Wasserschutzgebietes der Wassergewinnungsanlage „Auf dem Grind" im Februar 2003 umfasst auch den Bereich des Delrather Sportplatzes und macht die Sanierung des Sportplatzes nicht einfacher. Trotzdem wird man den Bau eines Kunstrasenplatzes aus eigener Kraft schaffen, wenn auch die Stadt diesem Projekt positiv gegenüber steht. Er soll (nach heutiger Planung) im Delrather Jubiläumsjahr 2013 gebaut werden.

Die Gymnastikabteilung des SSV Delrath

Schon in den Anfangsjahren wurde beim SSV Delrath Gymnastik betrieben. Die heute bestehende, große Gymnastikabteilung wurde jedoch erst am 1. Oktober 1978 ins Leben gerufen.

Sie hatte (Ende 2011) 207 Mitglieder, wird von fünf Übungsleitern betreut und bietet ein kinder- und familienfreundliches, vielseitiges Programm an, darunter

- eine Eltern-Kind-Gruppe,
- Kinderturnen ab 3, ab 5 und ab 7 Jahre,
- zwei Gymnastikgruppen für Frauen,
- eine Gymnastikgruppe für Männer,
- Aerobic und Wirbelsäulengymnastik.

Das Turnen findet normalerweise, falls keine abweichenden Angaben gemacht werden, in der Turnhalle der Henri-Dunant-Grundschule in Delrath statt; ein Grund mehr, die Schule und ihre Turnhalle zu erhalten.

Quellen:

40 Jahre S.S.V. Delrath 1927 e.v., Festschrift 1967

SSV Delrath, 50 Jahre, 1927 - 1977, Delrath 1977

60 Jahre Spiel- und Sportverein Blau-Weiß Delrath v. 1927 e.v., 1927 - 1987, Delrath 1987

75 Jahre Spiel- und Sportverein Delrath 1927 e.v., Chronik zum 75-jährigen Bestehen, Delrath (o. J.)

SSV Delrath 1927 e.v. Fußballjugendabteilung, Jugendsportwoche 21.5.08-25.5.08, Delrath 2008

Angaben des 1. Vorsitzenden Olaf Temp, Delrath im Mai 2012

Angaben des Ehrenspielführers der 1. Mannschaft, Hans Peter Heups, Delrath 2012

Blank, Günter: Delrather Zeitreise, Bände 1 - 7, 1998 - 2010

Schleif, Burkhard: „Wo lit Delrod?", Historische Schriftenreihe der Stadt Dormagen, Nr. 16, Hrsg. Stadt Dormagen 1995

Ordnungsbehördliche Verordnung zur Festsetzung des Wasserschutzgebietes für das Einzugsgebiet der Wassergewinnungsanlage „Auf dem Grind" der Bezirksregierung Düsseldorf vom 24. Februar 2003

Hinweise von Gertrud Schülke, Delrath 2012

http://www.ssv-delrath.de/

http://www.wikipedia.org/wiki/delrath.de (Liste der Vereine)

Billard Gemeinschaft Dormagen-Delrath
von Bertwin Heller

Die Billard Gemeinschaft Dormagen-Delrath (BGDD) wurde am 16. September 2009 gegründet. Sie ist ein gemeinnütziger, eingetragener Verein und dient der Förderung des Billardsports für Jugendliche und Erwachsene.

Bereits Ende November 2009 wurden die Stadtmeisterschaften in den Disziplinen Pool, Karambolage und Snooker ausgetragen. Da es sich um offene Meisterschaften handelte, konnten auch alle an Billard interessierten Dormagener Bürger an den Wettkämpfen teilnehmen.

Seit über zwei Jahren spielen 48 aktive Mitglieder aus allen Dormagener Stadtteilen auf drei Snooker-, drei Pool- und zwei Karambolagetischen im Vereinssaal auf der Johannesstraße 8 in Delrath. Das jüngste Vereinsmitglied ist 16, das älteste 81 Jahre alt. Der Senior spielt noch jeden Tag zwei bis drei Stunden.

Blick in den Vereinssaal (Foto: privat)

Eine Poolmannschaft ist dem Billard-Verband (BVNR) angeschlossen. In der Bezirksligatabelle hatte man sich im Juni 2012 einen gesicherten Platz im Mittelfeld erspielt.

Ein Mitglied des Vereins hat der Henri-Dunant-Grundschule in Delrath einen Karambolagetisch geschenkt. Dadurch wurde das Interesse der

Kinder geweckt und einige spielten unter Anleitung bereits mehrmals im Vereinssaal Billard. Weitere Aktivitäten in dieser Richtung sind in der Planung, um die Jugendarbeit voran zu bringen.

Der Vereinsgründer Bertwin Heller beim Spiel (Foto: privat)

Im Billard-Mutterland England gehört dieser Sport neben Fußball zu den erfolgreichsten Fernsehsportarten.

Ob Karambolage, Pool oder Snooker, das Spiel mit den Kugeln fordert technisches Können, taktische Finesse und mentale Stärke. Besonders Kinder und Jugendliche (ab 10 Jahre) sollen in dem Verein sportlich gefördert und gefordert werden.

Erwachsene, Anfänger wie Könner, finden die Möglichkeit, diesen Sport in ruhiger und gemütlicher Atmosphäre zu erschwinglichen Beiträgen zu erlernen bzw. auszuüben. Im Billardsaal herrscht absolutes Rauchverbot.

Seitdem die Billard Gemeinschaft Dormagen-Delrath gegründet wurde, müssen Dormagener nicht mehr nach Köln oder Willich-Anrath fahren, um diesen Sport ausüben zu können.

Quellen:
http://www.billard-delrath.de/
„Schaufenster" vom 29.8.2009 / 26.11.2010
Neuß-Grevenbroicher Zeitung vom 16.4.2011 / 26.11.2011
http://www.ngz-online.de/dormagen/nachrichten/wo-im-dorf-eine-ruhige-kugel-geschoben-wird-1.2617266
http://www.dormagen-aktiv.de/aktuelles/2009/billard_fuer_jedermann.htm

Der Pfarrcäcilienchor St. Gabriel

von Nikolaus Wiesenberger

Der Pfarrcäcilienchor St. Gabriel Delrath ist trotz aller Veränderungen im kirchlichen und gesellschaftlichen Bereich auch heute eine feste Größe im Leben unseres Ortes mit 34 Sängerinnen und Sängern, davon 11 Stimmen im Sopran, 12 Stimmen im Alt, vier Stimmen im Tenor und sieben Stimmen im Bass.

Die Bezeichnung Pfarrcäcilienchor St. Gabriel ist allerdings nicht mehr ganz korrekt. Denn im Februar 1998 schloss sich der Delrather Kirchenchor mit dem Basilikachor Knechtsteden zusammen. Im April 1999 kam dann noch der Kirchenchor St. Aloysius Stürzelberg hinzu. Seitdem tragen alle drei Chöre gemeinsam den Namen „Chorgemeinschaft St. Aloysius, St. Gabriel, Basilikachor". Der Vorstand der Chorgemeinschaft besteht aus jeweils zwei Mitgliedern aus jedem Teilchor und einem gemeinsamen Chorleiter.

Hauptanliegen der Chorgemeinschaft ist selbstverständlich die kirchenmusikalische Gestaltung der Gottesdienste in den Pfarrkirchen St. Aloysius in Stürzelberg und St. Gabriel in Delrath sowie in der Klosterkirche Knechtsteden. Seit Jahren erfüllt die Chorgemeinschaft aber auch viele musikalische Aufgaben außerhalb der genannten Gotteshäuser.

Das Zusammenwirken von ursprünglich drei selbständigen Chören machte bei der musikalischen Arbeit besondere Organisationsformen notwendig. Man einigte sich darauf, jeweils mittwochs gemeinsam zu proben, und zwar in der Zeit von Januar bis Ostern im Pfarrsaal in Stürzelberg, von Ostern bis zu den Sommerferien im Johanneshaus in Delrath und in der restlichen Zeit in Knechtsteden. Dort wird der Raum der Chorakademie genutzt, der sich im Haus des Kunstvereins -Galeriewerkstatt-Bayer Dormagen- befindet.

Die Mitglieder der Chorgemeinschaft legen Wert darauf, dass die Auftritte gleichmäßig auf alle drei Gotteshäuser verteilt werden. Das gilt auch für die hohen Feiertage. Ebenso sind besondere kirchliche Feste zu berücksichtigen, etwa Priesterjubiläen der Patres in Knechtsteden oder außergewöhnliche Ereignisse wie Orgelweihen. Ein sorgfältig geführtes Protokollbuch ist die Basis für diese nicht immer einfache Terminplanung.

Die Geschichte des Delrather Kirchenchores begann 1934 mit einem kleinen Chor, der zunächst nur aus jungen Damen bestand und erstmals am Weihnachtsfest des Jahres 1934 in der Christmette sang. Die Proben und Auftritte fanden unter denkbar schwierigen Bedingungen statt. Delrath verfügte noch nicht über ein festes Kirchengebäude, sondern hatte seit 1926 lediglich eine hölzerne Behelfskirche, die aus einer umgebauten Wohnbaracke bestand, die man auf einen Zementsockel gesetzt hatte und erst 1953 durch den heutigen Kirchenbau abgelöst wurde. Wie die Chronik des Kirchenchores berichtet, zog es durch Fenster und Türen der hölzernen Behelfskirche und der Innenraum war nicht zu beheizen.

Mitglieder der „Chorgemeinschaft St. Aloysius. St. Gabriel, Basilikachor", aufgenommen am 27. Mai 2011 vor der Kirche St. Katharina in Dormagen-Hackenbroich (Foto: A. Vetten)

Als in den folgenden Jahren Männer den Chor verstärkten, konnte 1937 erstmals mehrstimmig gesungen werden. Zwei Primizfeiern für Knechtstedener Spiritaner 1939 und 1941 waren wichtige Etappen in der Arbeit des jungen Kirchenchores. Mehrstimmige Liedsätze, Motetten, Messen und auch gregorianischer Choral wurden einstudiert.

In den letzten Kriegsjahren und in der unmittelbaren Nachkriegszeit wurden kaum Chorproben abgehalten. Erst 1948 gab es eine Neugründung des Kirchenchores, schon Weihnachten 1948 wurde eine mehrstimmige Messe gesungen.

Chorproben fanden jetzt im alten Kindergarten an der damaligen Rheinstraße statt. Dafür stand ein altersschwaches Harmonium zur Verfügung. Neues Notenmaterial wurde angeschafft und der Chor sang nicht nur während der Gottesdienste, sondern auch bei sonstigen Anlässen wie Silber- und Goldhochzeiten. Zusätzlich trat er bei Konzerten zusammen mit dem Delrather Männergesangverein „Sangeslust" auf. Laut einem Bericht vom 1. März 1950 aus Anlass einer bischöflichen Visitation zählte der Kirchenchor immerhin 40 Sänger.

Ab 1954 wurden die Chorproben in das Lokal Linnartz verlegt. Im Mai desselben Jahres konnte der Chor im neu errichteten Kirchengebäude auftreten. Anlässlich der Orgelweihe am 18. November 1956 sang der Chor zum ersten Mal die von Erich Segschneider sen. komponierte Motette „Jauchzet dem Herrn".

In den Folgejahren wechselten die Chorleiter mehrmals, so 1969, 1980 und 1981. Trotz dieser Veränderungen hielten die Chormitglieder wohl auch deshalb zusammen, weil neben der musikalischen Arbeit die mitmenschlichen Kontakte durch gemeinsame Ausflüge und geselliges Beisammensein gepflegt wurden.

Am 2. und 3. Juni 1984 feierte der Chor, der zu dieser Zeit aus 23 Damen und sechs Herren bestand, sein 50-jähriges Bestehen. Höhepunkt dieses Jubiläums war eine kirchenmusikalische Festandacht, in der Weihbischof Hubert Luthe, der 1992 Bischof von Essen wurde, predigte.

Neben kirchenmusikalischen Werken studierte man jetzt auch Opernmusik ein. So wirkte der Chor im April 1985 im Johanneshaus zusammen mit anderen Chören beim Frühlingsfest des Männergesangvereins „Sangeslust" im „Chor der Gefangenen" aus der Oper Nabucco mit. Unter einer neuen Chorleitung wurde im Mai 1994 das 60-jährige Bestehen des Pfarrcäcilienchores begangen. In einem Pontifikalamt sang der Delrather Kirchenchor zusammen mit anderen Chören in St. Gabriel die Krönungsmesse von Mozart.

Wichtige Außentermine folgten. Im Mai 1995 trat der Chor bei einer Priesterweihe im Kölner Dom auf. Ebenfalls in Köln wirkten die Delrather im September 1995 mit bei der musikalischen Gestaltung eines

Pontifikalamtes in St. Maria in der Kupfergasse aus Anlass der Wallfahrt zum Gnadenbild der Schwarzen Muttergottes. Zusammen mit fünf weiteren Chören führte der Delrather Kirchenchor im November 1997 in der Klosterkirche in Knechtsteden und in St. Gabriel in Delrath das Magnificat von John Rutter auf.

Nach Gründung der Chorgemeinschaft standen wiederum Auftritte in anderen Städten auf dem Programm, so im Oktober 2004 bei der Nacht der Chöre im Neusser Quirinus-Münster. Im September 2010 folgte die Teilnahme an der Domwallfahrt in Köln.

Am 4. Oktober 2009 beging der Delrather Chor sein 75-jähriges Jubiläum mit einer Festmesse in St. Gabriel in unserem Dorf. Die Chormitglieder unter Leitung von Bert Schmitz sehen sich auf der Basis der Chorgemeinschaft gut gerüstet für künftige Aufgaben.

Quellen:
Festschrift zum 50. Jubelfest des Pfarrcäcilienchores St. Gabriel, Delrath, am 2. und 3. Juni 1984
Schleif, Burkhard: Wo lit Delrod?, herausgegeben im Auftrag der Stadt Dormagen, Dormagen 1995
Chronik der Kapellengemeinde Delrath, Pfarre Nievenheim, begonnen am 1. Januar 1950 durch Kaplan Steinbach, Handschrift im Pfarrarchiv St. Gabriel Delrath
Kirchlicher Anzeiger für die Erzdiözese Köln 1939 und 1941
Historisches Archiv des Erzbistums Köln, Delrath, St. Gabriel, Vikarie, GVA II 2150
Auskünfte von Anneliese Vetten auf der Grundlage der Protokollbücher des Pfarrcäcilienchores St. Gabriel

Der Gospelchor „Good News & more" aus Delrath

von Marion Zacheja

Die Meinung ist weit verbreitet, dass die „Jugend von heute" in Zeiten massiver Überangebote an Freizeitaktivitäten und aus purem Desinteresse nicht mehr am sozial-kirchlich-gesellschaftlichen Leben teilnehmen will und der älteren Generation den Rücken kehrt.

Gern polemisieren oberste soziale wie politische Hierarchieebenen über ein ungelenkes, wenig „lukratives Potenzial" an Führungsqualität, über eine herangezüchtete Spaßgesellschaft mit Ellenbogenmanieren, die in eine konsumgesteuerte virtuelle Welt abgetaucht ist, unwillig, auch nur einen Finger zu rühren. Wir reden über Aktien und Wertpapiere, Soll und Haben, über die Zukunft unseres Landes, über Gebräuche, Werte und Gesetzte und vergessen dabei oftmals, wer unsere Zukunft erleben und mitgestalten wird! Daher ist Jugendarbeit eine der wichtigsten Aufgaben unserer Zeit. Es ist für ein florierendes, gemeinschaftliches Miteinander von großer Bedeutung, neue Maßstäbe zu entwickeln, um alte Gewohnheiten und Vorurteile endlich aufzubrechen und abzubauen.

Mögliche Lösungsansätze bietet die Chorarbeit. Sie beinhaltet ein Modell für Kulturleistung vor Ort, in der Teamarbeit und Zusammengehörigkeit in einer Gruppe gefragt sind. Miteinander Singen bedeutet einander kennen lernen, bedeutet Verantwortung zu übernehmen in einer Gemeinschaft mit Freunden unter Freunden, unerheblich welcher Nationalität, Religion oder welchen Alters.

Wir geben den Menschen eine Stimme. Viele Stimmen ergeben einen Chor. Musik kennt keine Grenzen, baut Brücken und ist Teil unserer Welt.

Die Geburtsstunde des Gospelchores

Im Jahre 1994 saßen im Rahmen einer Jugendferienzeit in der Gemeinde Untertauern im Salzburger Land nach „Dienstschluss" eine Hand voll Betreuer (darunter Bert Schmitz, unser heutiger Kantor) und etliche ältere Jugendliche eines Abends gemeinsam an einem Tisch. Spontan entstand eine musikalische Runde, fröhlich von einem Keyboard begleitet. Hierbei entwickelte sich die Frage, wie es möglich wäre, Jugendliche für die Musik zu begeistern und von der Straße zu holen, wenn man sie nur im richtigen Moment an der richtigen Stelle abholte. Es entstand eine hitzige Diskussion zwischen den Jugendlichen und den Betreuern, ob nicht die Möglichkeit bestünde, nach Ende der Freizeit dieses gemeinschaftliche Musizieren in heimischer Umgebung fortzusetzen. Und angesichts des Interesses an der englischen Sprache und der Gospelmusik als Träger des Rhythmus wäre dieser Mix doch ideal für die Jugend.

„Good News & more" während des Konzertes am 27. Oktober 2012 in der Delrather St. Gabrielkirche (Foto: Good News)

Mit einem Chorleiter, der sodann alle Hebel in Bewegung setzte und eine wahre Begeisterungsflut auslöste, fand sich schnell ein Kreis, bestehend aus Teilnehmern der besagten Jugendfreizeiten, Kirchenchorsängern und Angehörigen von Kirchenchorsängern, die zu einer ersten Probe in das Stürzelberger Pfarrheim kamen. Ein noch heute integrierter Chorsänger erinnert sich, als sei es gestern gewesen, wie die ersten Klänge von „Swing low, sweet chariot", gesungen von zwanzig Sängerinnen und Sängern durch den Raum schallten. Mit dem ersten Auftritt in der Kirche St. Aloysius in Stürzelberg, der ein großer Erfolg wurde, war der zweite Schritt getan. Anlässlich der guten Neuigkeiten, die der Chor versprühte, nannte man den Gospelchor „Good News & more". Der Name ist bis heute Programm.

Nach vorne blicken

Der Gospelchor wuchs mit den Jahren zu einem festen Bestandteil im Gemeindeleben heran, verdoppelte seine Mitgliederzahl und schloss sich auf Anraten des Chorleiters dem Sängerkreis Neuss an. In der Folge erweiterte sich der Wirkungsgrad des Chores in die umliegenden Stadtgebiete. Das machte ihn immer bekannter, interessanter. Nach kurzer Zeit wuchs der Wunsch nach einem Internetauftritt, der in die Tat umgesetzt wurde. Die Domäne „www.good.news.de" war noch frei, worum zahlreiche Gospelchöre die Good-Newser im Nachhinein beneiden. Mit der Internetpräsenz stiegen die Zahl der Choristen und die Zahl der Anfragen für einen Auftritt.

Sicher ist es für jeden Chor von Nutzen, sich zu präsentieren, und unverzichtbar, auf diesem Weg neue Erfahrungen zu sammeln. Dazu gab es viele Gelegenheiten in den vergangenen 18 Jahren.

Einmal im Jahr fährt der Gospelchor zur Stärkung der Gruppendynamik in das lang ersehnte Probenwochenende. In diesem Jahr [2012] ging die Tour in die katholische Akademie „Die Wolfsburg" in Mülheim an der Ruhr, um für das Benefizkonzert in der Kirche St. Gabriel in Delrath am 27. Oktober 2012 bestens gerüstet zu sein. Der Erlös kam dem Pfarrheim in Stürzelberg zugute.

Trotz vieler enthusiastisch gefeierter Erfolge, die der Chor mit den Jahren hatte, ist er sich jederzeit seiner sozialen Ziele bewusst, weiß, wo seine Wurzeln sind und wem er seinen Rang und Namen zu verdanken hat. Hauptanliegen des Chors ist und bleibt die musikalische Gestaltung der Gottesdienste in den Pfarrkirchen St. Gabriel in Delrath und St. Aloysius in Stürzelberg, aus denen der Gospelchor „Good News & more" nicht mehr wegzudenken ist.

Freud und Leid, Glaube, Hingabe und Nächstenliebe

Musik ist eine Botschaft des Friedens, der sich aus dem Glauben und der Hingabe zur christlichen Nächstenliebe heraus kristallisiert. Der Chor engagiert sich seit Jahren für das Projekt ZUMAT (www.zumat.org.za) in Südostafrika im KwaZulu-Natal, einer bitterarmen Region, die zum Überleben dringend medizinischer Hilfe bedarf. Aids und Tuberkulose sind in schwer erreichbarer Umgebung die häufigsten Todesursachen. Dringend werden die Flugdienste christlich hochmotivierter Piloten benötigt, um lebensrettende Laborproben zur Auswertung in Krankenhäuser zu versenden. Das Projekt wäre beinahe gescheitert, da die Landepisten für die eingesetzten Flugzeuge nicht mehr brauchbar waren. Dank einer gemeinnützigen Einrichtung konnte ein Tragschrauber geordert und eingesetzt werden, der auf kleinstem Raum starten und landen kann.

„Good news & more" wird sich auch weiterhin tatkräftig einsetzen, dass dieses Hilfsprojekt „Weil es um Menschen geht!" nicht in Vergessenheit gerät, um ein wenig Licht in die Welt zu senden. Man kann sich auf der Homepage „www.good.news.de" darüber informieren.

18 Jahre „Good News & more"

Der Gospelchor „Good news & more" kann mit Stolz auf eine bewegte Zeit zurück blicken, in der inhaltliche und strukturelle Veränderungen ihm nichts anhaben konnten. Stetig seinem Wege treu geblieben, schöpft er aus neu erworbenen Inhalten und Lehren neue Kräfte, die hörbar und spürbar auf das Publikum reflektieren.

Die Mitwirkung bei der ersten „Chor-Gala" der Kirche St. Gabriel in Delrath war ein echtes Highlight. Ein Benefizkonzert für die Hospiz-Bewegung in der Basilika Knechtsteden folgte. Wir fuhren nach Saint-André und hatten den Gegenbesuch eines französischen Chores in Delrath. Es gab Fahrten nach Regensburg und Flandern, Benefizkonzerte bei der Emmaus-Gemeinschaft in Köln, in der Pfarre St. Agatha in Straberg sowie in der evangelischen Kirche in Stürzelberg. Die jährliche Firmung in der Basilika Knechtsteden wird mit Gospels und spirituellen Klängen begleitet und findet bei der Jugend und der hohen Geistlichkeit ein offenes Ohr. Verschiedene Projektchöre unter der Leitung unseres Kantors Bert Schmitz, darunter die Gestaltung einer Priesterweihe im Kölner Dom und die Neunte Sinfonie von Ludwig van Beethoven zur Eröffnung der Rheinischen Chorakademie, fanden großen Anklang.

Funktionell teilt sich die Eintracht derzeit in sieben Stimmen im Bass, sieben im Tenor, 21 Kontrahenten im Alt und 15 Sopranisten auf. Instrumentale Unterstützung finden die Sänger und Sängerinnen für die Gospels und Spirituals, bei klassischen Interpretationen sowie Pop- und Rockeinlagen bei Konzerten oder wöchentlichen Proben durch schlagkräftigen Drummer-Effekt und Bert Schmitz am Piano.

Großer Dank gilt unserem Kantor Bert Schmitz. Es ist ihm gelungen, einen Chor aus dem Nichts entstehen zu lassen, der auf der Basis gegenseitigen Vertrauens seit 18 Jahren besteht. Aus den jungen Leuten, die 1994 in Untertauern im Salzburger Land in einer Jugendferienzeit ihren ehrenamtlichen Dienst antraten, wurden inzwischen Erwachsene, Erwachsene, die sich noch heute daran erinnern, wie gut es tat, ernst genommen zu werden, und die durch ihren Einsatz eine Brücke schufen, auf der der Gospelchor „Good News & more" gemeinsam mit seinem Chorleiter neuen Zielen und Aufgaben entgegen geht.

Katholische Frauengemeinschaft St. Gabriel Delrath

von Nikolaus Wiesenberger

Dass sich die Geschichte der Katholischen Frauengemeinschaft St. Gabriel Delrath nicht mehr bis zu den Anfängen zurückverfolgen lässt, ist für Anja Weber, die heutige Kontaktperson und Kassiererin, zwar bedauerlich, schmälert aber nicht ihre Freude an der Arbeit in der Frauengemeinschaft.

Mit ihren 198 Mitgliedern gehört die Delrather Frauengemeinschaft - ebenso wie rund 5700 Frauengemeinschaften bundesweit - zur Basis der Katholischen Frauengemeinschaft Deutschlands, die sich in enger Anlehnung an die Strukturen der katholischen Kirche für die Belange von Frauen in Kirche und Gesellschaft einsetzt.

Anja Weber ist sich sicher, dass in Delrath nicht in erster Linie die aktuellen Fragen der Frauenpolitik für Diskussionsstoff sorgen, obwohl der Bundesverband der Katholischen Frauengemeinschaft mit seiner hervorragend gestalteten Mitgliederzeitschrift „frau und mutter" viele Delrather Haushalte erreicht. Im Vordergrund der Aktivitäten der Delrather Frauengemeinschaft stehen vielmehr gemeinsam gestaltete Gottesdienste und Wallfahrten, die Beteiligung an Pfarrfesten und Weihnachtsbasaren sowie die Durchführung von geselligem Beisammensein, Ausflügen und Adventsfeiern.

Weit über Delrath hinaus bekannt und beliebt sind die beiden alljährlich von der Frauengemeinschaft ausgerichteten Karnevalssitzungen im Johanneshaus. Traditionell findet zuerst eine Damensitzung und kurz darauf eine Karnevalssitzung statt, zu der auch Männer herzlich willkommen sind. Legendär sind inzwischen die Auftritte von Diakon Peter Platz als Don Camillo. Die Karten für diese Veranstaltungen sind immer heiß begehrt.

Aber nicht nur mehr oder weniger große Veranstaltungen prägen die Arbeit der Frauengemeinschaft. Mindestens ebenso wichtig ist das persönliche Gespräch, das die Mitglieder des Vorstandes und der Mitarbeiterrunde mit Frauen und ihren Familien hier in Delrath führen. Seien es Krankenbesuche, besondere Anlässe wie Hochzeit, Geburt eines Kindes oder ein Trauerfall oder auch die Zustellung von „frau und mutter" - immer wieder ergeben sich Kontakte, die Probleme erträglicher machen können.

Frauensitzung am 12. Februar 2004
mit dem ersten Delrather Kinderdreigestirn und der damaligen Kindertanzgarde
der Frauengemeinschaft „Delrather Dilldöppchen" (Foto: D. Weber)

Wie einer Pressenotiz aus dem Jahre 1932 zu entnehmen ist, gab es für Delrath und Nievenheim zunächst einen gemeinsamen *„Jungfrauen- und Mütterverein"* - so die damals offizielle Bezeichnung. Erst einige Jahre später entstand ein eigenständiger *„Mütterverein Delrath"*.

Heute bewegt man sich in organisatorischer Hinsicht wieder zurück zu den Anfängen. Seit 2010 gibt es eine Kooperation mit der Katholischen Frauengemeinschaft Nievenheim-Ückerath - vor allem, um größere Veranstaltungen auf eine breitere Grundlage stellen zu können. Dennoch sind die Mitglieder der Delrather Frauengemeinschaft fest entschlossen, ihre Eigenständigkeit - nicht nur im Karneval - unter Beweis zu stellen. Neue Mitglieder, die sie dabei unterstützen wollen, werden gerne aufgenommen.

Quellen:
Blank, Günter: Delrather Zeitreise 1961 – 1975, Delrath 2003, S. 153
http://www.kfd-bundesverband.de/ziele.html
http://www.kfd-bundesverband.de/die-kfd/aufbau.html
http://www.kfd-bundesverband.de/publikationen.html
http://www.kfd-bundesverband.de/die-kfd/geschichte.html
Angaben von Anja Weber, Delrath 2012

Die Pfadfinderschaft Sankt Georg
Stamm Greifen
von Dieter Platz

Der Pfadfinderstamm besteht seit Mai 1982. Er hat zurzeit 110 Mitglieder, die sich in vier Altersstufen gliedern: Wölflinge (7-10 Jahre), Jungpfadfinder (10-13 Jahre), Pfadfinder (13-16 Jahre) und Rover (16-20 Jahre). Auch besteht ein unterstützender Freundeskreis von 25 Personen.

In der Deutschen Pfadfinderschaft Sankt Georg (DPSG) sind Jungen und Mädchen, Männer und Frauen gemeinsam unterwegs. Sie wagen Abenteuer und lernen, für sich und für andere in der Gruppe Verantwortung zu übernehmen. Sie entwickeln eine lebendige Beziehung zu Gott.

„Duty to myself" und „Duty to others" und „Duty to god" hat der Gründer der Weltpfadfinderbewegung, Lord Robert Baden-Powell, das genannt.

Das pädagogische Prinzip des Pfadfindens ist erstaunlich schlicht: Kinder und Jugendliche erziehen sich mit Unterstützung der erwachsenen Leiterinnen und Leiter selbst. Jede und jeder bringt seine Fähigkeiten ein, gelernt wird während des gemeinsamen Handelns.

Die pfadfinderische Methode in der DPSG ist ein System fortschreitender Selbsterziehung junger Menschen:

- aufeinander aufbauende und attraktive, an der Lebenswelt der Mitglieder orientierte Programme,
- Gesetz der Pfadfinderinnen und Pfadfinder und das Versprechen,
- Prinzip „Learning by Doing" sowie
- Arbeit im Wechselspiel von Klein- und Großgruppen, die das fortschreitende Entdecken und die Übernahme von Verantwortung sowie die Erziehung zur Selbstständigkeit fördert.

Der christliche Glaube gibt Antrieb und Ausrichtung für unser Handeln. Mitglieder der DPSG orientieren sich an der biblischen Botschaft. Sie erzählt besonders von Jesus Christus, der vom Vater in diese Welt gesandt wurde und im Heiligen Geist bei den Menschen ist. Er ist Vorbild. Sein Gebot, dass man Gott und den Nächsten lieben soll wie sich selbst, treibt an (vgl. Lk 10). Er will für alle Menschen das „Leben in Fülle" (vgl. Joh. 10).

Als katholischer Verband ist die DPSG Mitglied in der Internationalen Katholischen Konferenz des Pfadfindertums und im Bund der Deutschen Katholischen Jugend. Als Verband in der Kirche will die DPSG ihren Mitgliedern Orientierung im christlichen Geist geben. Sie engagiert sich im Sinne der Ökumene und steht deswegen Mitgliedern anderer Konfessionen und Religionen offen gegenüber.

Internationalität ist für uns ein weiterer Eckstein in der pfadfinderischen Arbeit. So haben wir nicht nur Freunde und Partner in den Nachbarstämmen des Bezirks, auf Diözesanebene und auf Bundesebene, sondern auch weit über unsere Landesgrenzen hinaus, z. B. in Frankreich, Spanien, Italien, Tschechien, Polen, Russland, England, Irland, Norwegen, Schweden und Israel. Oder wir erleben „die ganze Welt auf einmal" wie beim World Jamboree, an dem unsere Pfadfinder mit 50.000 anderen Pfadfindern und Pfadfinderinnen aus über 143 Nationen teilnahmen.

Delrather St. Georgspfadfinder mit ihren russischen Gästen 2012 (Foto: D. Schulten)

Auf der Internetseite der Pfadfinder finden sich weitere, anschauliche Ergänzungen zu den vorigen Ausführungen.

„In jeder Altersgruppe begleiten Teams von erwachsenen Frauen und Männern die jungen Menschen als Leiter. Die Leitertätigkeit oder die Mitarbeit im Freundeskreis bietet auch Erwachsenen die Möglichkeit,

sich ehrenamtlich einzubringen, und viele unserer einstigen Gruppenkinder wählten diesen Weg."

Die Redaktion der Festschrift bemerkt hierzu: Die Ehrenamtlichen leisten eine hervorragende Jugendarbeit, die Fahrtenziele scheinen keine Grenzen zu kennen. „Unser Pfadfinderbus [...] brachte uns zur Waldbrandbekämpfung nach Südfrankreich, zog unseren Kanuanhänger an den Tarn oder bis nach Schweden. In diesem Jahr fährt er [...] eine Pfadfindergruppe zum World Scout Jamboree. Wir sind sicher, dass auch der neue Bus vielen Kindern tolle Erlebnisse bescheren wird!"

Der Autor Dieter Platz ist Vorstand des Stammes Greifen in Delrath.

Die Redaktion verweist darauf, dass die Pfadfinder die Dorfgemeinschaft immer wieder nach Kräften unterstützen. Besonderer Dank gilt den Pfadfindern für die Sammlung anlässlich der 750-Jahr-Feier im November 2012.

Quellen:
http://home.arcor.de/dpsgdelrath/pfadfinder/index.html
http://home.arcor.de/dpsgdelrath/pfadfinder/archiv.html

Delrather Pfadfinder 1993 in Schweden und Norwegen

Vom 2. bis 21. August 1993 befuhren knapp 20 Pfadfinder aus Delrath den schwedisch/norwegischen Fluss Klarälven mit drei selbstgebauten Flößen, auf denen sie ihre Koten aufgebaut hatten (Foto: M. Jacobs)

Kurzdarstellung weiterer Delrather Vereine

von Peter Jacobs

Außer den in Einzelbeiträgen ausführlicher dargestellten Vereinen bestehen in Delrath noch weitere Vereine mit einem sehr vielseitigen Angebot, vor allen Dingen auch für Jugendliche.

Angelsportverein Delrath 1923

Mitte März 1923 gründeten einige Delrather den Angelsportverein mit folgender Absicht: *„Kameradschaft pflegen und Achtung vor der Natur erhalten".*

„Von den Anfängen bis in die Jahre 1945-1949 liegen nur spärliche Informationen vor." Ein Mitgründer führte den Verein 46 Jahre lang, die anfängliche Mitgliederzahl bewegte sich *„um die 30."*

1960 wurde eine Jugendabteilung gegründet. 1970 wurde dem Verein das ca. 1 ha große Gewässer „Zerrenger Büschgen" überlassen, nachdem zuvor ausschließlich im Rhein geangelt worden war. 1971 erfolgte die Eintragung in das Vereinsregister, eine neue Satzung wurde aufgestellt. RWE übertrug dem Angelsportverein die Fischereirechte und -pflichten am Silbersee, die jedoch infolge eines Umweltskandals ab 1985 nicht mehr ausgeübt werden konnten. 1978 wurde der Angelsportverein Delrath als gemeinnützig anerkannt.

„Zweck und Aufgaben [des Vereins] *sind Verbreitung und Verbesserung des waidgerechten Fischens durch Hege und Pflege der Fischbestände, Abwehr und Bekämpfung schädlicher Einflüsse und Einwirkungen auf die Gewässer und deren Fischbestände, Beratung und Förderung der Mitglieder in allen damit zusammenhängenden Fragen, Schaffung von Erholungsmöglichkeiten für alle Mitglieder durch die Erhaltung von Gewässern und Freizeitgeländen mit den dazugehörigen Einrichtungen und Anlagen, Unterstützung von Maßnahmen zur Erhaltung des Landschaftsbildes und natürlicher Gewässer, Förderung der Jugend."*

Quelle: http://www.asvdelrath.de/#Startseite

Schwimm-Sport-Gemeinschaft Nievenheim-Delrath 1973 e.V.

„Durch den Bau der Schwimmhalle inspiriert" gründeten schwimm-sportinteressierte Bürger am 16. März 1973 *„eine Schwimmabteilung, integriert in den SSV Delrath. [...] Um einen optimalen Übungsablauf und eine kontinuierliche Aufbauarbeit leisten zu können"*, trennte man die Aktivitäten voneinander. *„Der in dem Dormagener Ortsteil Nievenheim-Delrath ansässige Schwimmverein bietet die folgenden Aktivitäten an: Schwimmen lernen, Schwimmen als Sport, Aqua-Fitness, Freizeitgestaltung. Er richtet sich mit seinem Angebot an Kinder, Jugendliche und Erwachsene.*

Kinder, Jugendliche und Erwachsene können bei der SSG sowohl Hobby-Schwimmen in einer Breitensportgruppe oder auch Leistungsschwimmen (drei Trainingseinheiten pro Woche) in der Wettkampfgruppe ausführen. Die sportlichen Angebote sind von dem Deutschen Olympischen Sportbund im Rahmen der Initiative Sport Pro Gesundheit gemeinsam mit der Bundesärztekammer qualifiziert.

Aquafitness ist die allgemeine Bezeichnung für Fitness-Training im Wasser. Aquafitness, Aqua-Power, Aqua-Fun, Aqua-Fit - die Vielzahl der sehr modern klingenden Begriffe für Aquafitness zeigt: Aquafitness ist modern und liegt im Trend. Vor kurzer Zeit noch hat man mit dieser Art von Training die klassische Wassergymnastik im Sinne von therapeutischem, funktionellem Training für die ‚ältere Dame' gemeint. Heute jedoch gibt es ein vielfältiges Angebot an Aquafitness-Kursen. So ist für jedermann etwas dabei: für Mann und Frau jeder Altersgruppe und jedes Fitness-Niveaus, vom Freizeit- bis zum Leistungssport."

Quellen:
Blank, Günter: Delrather Zeitreise, Band 3, S. 182 ff
http://www.born-to-swim.de/Home/

Trägerverein „Johanneshaus Delrath e.V."

„Das Johanneshaus Delrath - auch die gute Stube Delraths genannt - bietet den Bürgern Dormagens, insbesondere aber den Delrathern, einen Ort, an dem man in den unterschiedlich gestalteten Räumen Platz für verschiedene Aktivitäten findet.

Selbstverständlich denken wir auch an unsere älteren oder behinderten Gäste. Im Erdgeschoss des Johanneshauses befindet sich eine gesondert eingerichtete behindertengerechte Toilette."

Im Johanneshaus findet man *„für verschiedene Gelegenheiten zweckent-sprechende Räume zu einem ungezwungenen Treffen. Auch für den kleinen Durst kann auf Wunsch in Form der Selbstbedienung gesorgt werden."*

„Das Johanneshaus Delrath wird über einen eigenständigen Trägerverein mit folgenden Beteiligten verwaltet: Katholische Kirchengemeinde Delrath, St. Hubertus Bürgerschützenverein, Interessengemeinschaft Delrather Karneval sowie der Stadt Dormagen."

„Da das Johanneshaus sich finanziell weitgehend selbst tragen muss und auf das Engagement vieler freiwilliger, ehrenamtlicher Helfer angewiesen ist, freuen wir uns über jeden interessierten Bürger, der Mitglied in unserem Trägerverein werden möchte. Werden Sie Mitglied und unterstützen Sie den Trägerverein. [...] Der symbolische Beitrag beträgt monatlich 1,00 €. Mit der Mitgliedschaft im Trägerverein haben Sie auch die Möglichkeit den Saal Delrath zu vergünstigten Konditionen anzumieten."

Quellen:
http://www.johanneshaus-delrath.de/
http://www.johanneshaus-delrath.de/infos/index.php

- **Interessen-Gemeinschaft Delrather Karneval von 1973**
  Diese Karnevalsgesellschaft organisiert den Delrather Straßenkarneval.
  http://www.ig-delrather-karneval.de/

- **St. Hubertus Tambourcorps „Fröhlich voran" 1997 Delrath**
  http://tc-delrath.de/

- **Skatklub Herz-Dame Delrath**
  http://www.dskv.de/pages/verein_start.php

- **Pfarrcaritasgruppe St. Gabriel Delrath**

- **Taubensportverein**

Ausführungen zu den Vereinen „Team Dorfplatz 2001" und „Verein der Freunde und Förderer der Henri-Dunant-Schule" sowie über die „BürgerInitiative Lebenswertes Delrath" sind weiter hinten zu lesen.

Delrath heute entwickeln für morgen
von Peter Jacobs

Seit den 1970er Jahren fanden (und finden bis heute) viele Neubürger den Weg nach Delrath, denn im Vergleich zu den umliegenden Städten werden in Delrath recht günstig Gebrauchtimmobilien angeboten, die vielfach aufgrund ihrer Bauweise für Familien mit Kindern geeignet sind. Außerdem sind die Baulandpreise in Delrath verhältnismäßig niedrig, was preiswertes Bauen ermöglicht.

Ein anderer, bedeutender Grund ist in der verkehrsgünstigen Lage zu sehen. In einem Radius von etwa 30 km befinden sich Düsseldorf, Köln, Neuss, Krefeld, Leverkusen, Mönchengladbach und Grevenbroich.

(Bildquelle tim-online.nrw.de)

Bauträger warben um 1995 für ihre Wohnanlagen in Delrath wie folgt: *„Gelegen im Dreieck Düsseldorf - Neuss - Köln. Ein gesund gewachsener Stadtteil der Stadt Dormagen mit hervorragender Verkehrsanbindung zu den vorgenannten Großstädten. Der S-Bahnanschluss macht Sie*

unabhängig vom eigenen Pkw. Neuss ist in 10 Minuten - Köln und Düsseldorf sind innerhalb von 20 Minuten erreichbar. Kindergarten und Grundschule?? Kein Problem! Beide Einrichtungen in unmittelbarer Nähe mit gefahrlosen Gehwegen für die Kleinen. Eine Gesamtschule befindet sich kurz hinter der S-Bahnstation und ist innerhalb von 10 Gehminuten erreichbar. Gymnasium und Realschule nur eine S-Bahnstation weiter im Dormagener Schulzentrum komplettieren die umfassende Versorgung mit Bildungseinrichtungen. [...] Für sportlich ambitionierte Einwohner steht das Nievenheimer Schwimmbad, - direkt hinter der S-Bahnstation -, sowie ein Sportplatz zur Verfügung.
Sie sehen, Dormagen-Delrath bietet Ihnen eine hervorragende Lage, was durch die gute Infrastruktur abgerundet wird."

Die damals schon hervorragenden Verkehrsanbindungen wären zu ergänzen durch die Autobahnen 46 und 57 sowie durch die Bundesstraße 9. Eine gute innerstädtische Anbindung durch den Stadtbus und die S-Bahn (3 min bis Dormagen-Bahnhof) sowie der „Wochenend-Express" und der „Nacht-Express" sind weitere Vorzüge, die Delrath zu bieten hat.

Zur Schullandschaft gehören auch andere weiterführende Schulen (z. B. Norbert-Gymnasium Knechtsteden), die mit öffentlichen Verkehrsmitteln oder Schulbussen gut zu erreichen sind. Ferner hat Delrath eine katholische Kirche und sowohl einen kommunalen wie auch einen kirchlichen Kindergarten (Montessori). Das evangelische Gemeindezentrum in Nievenheim ist fußläufig erreichbar.

Delrath bietet auch eine gute medizinische Grundversorgung durch Allgemeinmediziner, Zahnarzt und Heilpraktiker, verfügt über Getränkemärkte, Bäcker usw. und hat derzeit mit dem Edeka-Markt Fuchs einen leistungsfähigen Nahversorger.

Die Umweltbedingungen sind als gut anzusprechen: selbst ein extremes Rheinhochwasser kann in Delrath kaum Schaden anrichten, das Grundwasser liegt tief genug unter dem Baugrund, die Hauptwindrichtungen bewirken, dass Luftschadstoffe von den Emittenten der umliegenden Industrie die Ortslage kaum tangieren.

Im Norden und Süden von Delrath erstrecken sich Felder, die zumindest im Sommer grün sind, freien Blick in die Landschaft gewähren, für Frischluft sorgen und deren Wirtschaftswege sich gut für Spaziergänge und sportliche Betätigung (Jogging, Radfahren) eignen. Zusätzlich verfügt Delrath am Johann-Blank-Weg über eine Sportplatzanlage mit Flutlicht und Vereinsheim. In unmittelbarer Nähe zum Sportplatz des Bezirksligisten SSV Delrath liegt auch das viel besuchte Landschaftsschutzgebiet Zerrenger Büschgen.

Delrath ist geprägt durch ein vielfältiges, reges Vereinsleben (u. a. Bürgerschützenverein, Spiel- und Sportverein Delrath, Billard Gemeinschaft Dormagen-Delrath, Karnevalsgesellschaften, Angelsportverein, Männergesangverein „Sangeslust", Skatklub Herz-Dame, Pfadfinderschaft St. Georg - Stamm Greifen, Pfarrcäcilienchor St. Gabriel, Katholische Frauengemeinschaft sowie einige andere Vereine).

Bürgerschaftliches Engagement hat bei der Neugestaltung des Dorfplatzes Bemerkenswertes für die Verbesserung des Ortsbildes erreicht. Ehrenamtliches Engagement zeigt sich ebenfalls in besonderem Maße beim Johanneshaus, bei der Grundschule und im sportlichen Bereich.

Wegen der demografischen Entwicklung (Überalterung der Bevölkerung infolge zu geringer Geburtenrate) sagen die Bevölkerungsstatistiker für Nordrhein-Westfalen einen spürbaren Rückgang der Einwohnerzahlen voraus. Für den engeren Bereich der Rheinschiene soll dies aber nicht gelten. Vielmehr wird gerade für Düsseldorf und Köln eine weitere Zunahme der Bevölkerung prognostiziert. Die Regionalplaner der Landesverwaltung gehen davon aus, dass sich diese Entwicklung wegen steigender Mieten und Baulandpreise in Düsseldorf und Köln auch auf das Umland auswirken wird und sprechen von „Überschwappeffekten".

Weil die genannten Oberzentren kaum preiswertes Bauland zur Verfügung stellen können, suchen sich viele Bürger Baugrundstücke oder Gebrauchtimmobilien im näheren Umland. Da aber der Berufspendelverkehr auf der Straße nicht zunehmen soll, sollen neue Baulandflächen nach dem Willen der Regional- und Landespolitiker nur noch dort entwickelt werden, wo leistungsfähiger öffentlicher Nahverkehr vorhanden ist. Der Berufspendler soll möglichst auf den schienengebundenen öffentlichen Personennahverkehr umsteigen, in diesem Fall die S-Bahn.

Diese Sondersituation in der Rheinschiene muss für Delrath aktiv genutzt werden. Die BürgerInitiative Lebenswertes Delrath sieht hierbei gute Chancen für Delrath wegen der aufgeführten, überzeugenden Pluspunkte. Durch eine gezielte Förderung des Zuzuges junger Familien (insbesondere aus dem Oberzentrum Düsseldorf, aber auch aus dem Kölner Raum) sind die Einwohnerzahlen von Delrath und dem unmittelbar benachbarten Nievenheim auf dem heutigen Niveau zu stabilisieren und nach Möglichkeit sogar zu erhöhen. Zu diesem Zweck wäre die Stadt Dormagen gut beraten, bei der Aufstellung des neuen Flächennutzungsplanes Neubaugebiete in Delrath auszuweisen und sich auch bei der Bezirksregierung in Düsseldorf für eine Aufnahme dieser Planungen in den zur Zeit ebenfalls in der Neuaufstellung befindlichen Regionalplan einzusetzen. Hierbei stellen der S-Bahn-Haltepunkt Nievenheim einerseits und die günstigen Grundstückspreise in Delrath andererseits ganz besonders gewichtige Argumente dar. Und schließlich macht es keinen Sinn, Gewerbe- und Industriebetriebe in Delrath anzusiedeln und die Arbeitskräfte hierfür in anderen Stadtteilen unterzubringen.

Mit den vorhandenen Vorzügen und gezielter politischer Arbeit kann die Tragfähigkeit der vorhandenen Infrastruktur in und um Delrath (Kindergärten, Schulen, Schwimmbad u. a.) durch Zuzug gesichert, die Attraktivität des Wohnstandortes Delrath weiter gesteigert und Delrath entgegen dem allgemeinen Trend in der Bevölkerungsentwicklung weiter entwickelt werden.

Quellen:
Schleif, Burkhard: Wo lit Delrod?, Historische Schriftenreihe der Stadt Dormagen, Nr. 16, Hrsg. Stadt Dormagen 1995
Sachstandbericht zur Fortschreibung des Regionalplans für die Ausschusssitzung am 24. März 2011
Stadt Dormagen: Auszug aus der Erwerbspersonenprognose Dormagen 2025 - Prognos 2011
Blank, Günter: Delrather Zeitreise, Bände 1 bis 7, 1998 - 2010
Konzept der BürgerInitiative Lebenswertes Delrath zur Entwicklung von Delrath
Flächennutzungsplan der Stadt Dormagen vom 13.2.1980
Kartenausschnitt von tim-online.nrw.de

Einwandern nach Delrath

von Gerd Novotny

Ende der siebziger Jahre hat der Beruf meine Frau und mich nach Düsseldorf verschlagen. Da die Arbeitsstätte im Süden Düsseldorfs war, bezogen wir Quartier in Monheim-Baumberg, weil es verkehrsgünstig lag. Die Bebauung war nach modernem Verständnis „verdichtet", die Bürgersteige entweder abwesend oder gerade mal eine 30cm-Platte breit. Berüchtigt war das Österreich-Viertel, wo die Bewohner sich gegenseitig so nervten, dass es einen andauernden Wechsel gab.

Schon damals wohnten manche Kollegen linksrheinisch, klagten jedoch über die Dauerstaus auf der Südbrücke. Dies änderte sich mit dem Bau der Fleher Brücke in den achtziger Jahren. Als bei uns der Wunsch nach einem eigenen Haus aufkam, lenkte sich unser Blick ebenfalls auf die linksrheinische Seite, denn hier hatten die Ortschaften noch ausgeprägten dörflichen Charakter und die Grundstücke waren auch nicht dem verdichteten Bebauungswahn verfallen.

In Delrath, in 12 Minuten über die B 9 von der Arbeitsstätte in Düsseldorf aus zu erreichen, fand sich dann ein Haus, das unseren Vorstellungen entsprach. 1986 war der Ort noch urtümlich und wirkte etwas schäbig. Dennoch war das Umfeld ansprechend. Vor dem Haus erstreckte sich eine große, grasige Freifläche. Vom Fenster des oberen Geschosses blickte man bis zum Wald hinter Nievenheim. Auf den Feldern liefen die Hasen, die Reiher suchten Mäuse oder Frösche und die Lerchen jubilierten in den Lüften. Am Nachbarhaus nisteten Mehlschwalben und Rauchschwalben zischten vorbei, nachts flatterten die Fledermäuse am Haus. Schulen und Sportplatz waren ebenfalls vorhanden.

Nachteile gab es zwar auch. Bäcker, Bank und Metzger waren im Dorf, aber der einzige Supermarkt - Otto Mess - lag in Nievenheim, auf der anderen Seite der Schranke. Da konnte es passieren, dass man im Sommer 20 Minuten vor der Schranke mit Eis in der Einkaufstasche warten musste. Die S-Bahn hatte zuerst eine geringere Frequenz, weshalb man nicht in Versuchung geriet, sie auszuprobieren. Trotzdem konnte man in Delrath richtig glücklich sein.

Seitdem hat sich viel verändert - positiv und negativ. Die Felder sind weniger geworden, teils bebaut, teils in Obstplantagen verwandelt. Die Hasen sind verschwunden und Reiher fischen nur noch die Teiche in den Gärten ab. Die Johannesstraße wurde modernisiert, dadurch enger, aber mit Bäumen bepflanzt und eine Unterführung ersetzte die Schranke. Der Lastwagenverkehr wurde dadurch unterbunden, aber Otto Mess machte zu. Dafür ist jetzt ein Edeka-Markt im Ort. Dieser befindet sich allerdings in der „größten Bausünde", die die schöne Freifläche vor dem Haus zerstörte. Eine Bebauung, die dem Charakter des Ortes völlig zuwider läuft, die Lärmbelastung um ein Vielfaches steigerte (durch eine völlig gedankenlose Anordnung der Bauten, die sich als Schallverstärker auswirkt) und nur als „Hochbaracken" zu beschreiben ist.

So sah das Gelände vor dem Bahnhof noch im August 1997 aus, bevor hier die „größte Bausünde in Delrath" entstand. Im Vordergrund der Aufnahme befindet sich heute der Eingang zum Edeka-Markt Fuchs. (Foto: privat)

Besonders erfreulich war die Idee der Bewohner, einen schönen Dorfplatz zu errichten, versehen mit Plastiken eines Bauern und eines Zinkhüttenarbeiters. Leider wurde nicht daran gedacht, die Figur einer Bäuerin bzw. Frau eines Arbeiters hinzuzufügen, sind diese doch ebenfalls prägend für den Ort. Nach wie vor befindet sich ein Blumengeschäft im Ort, obwohl Lage und Besitzer mehrfach gewechselt haben. Ein Schreibwarengeschäft ist dazu gekommen, wie auch ein Kleidungsladen.

Inzwischen sind die Gärten der Häuser im Lauf der Jahre immer schöner geworden und viele Häuser sind renoviert. Im Ort ist weitestgehend flächendeckend Tempo 30 vorgeschrieben, wird allerdings häufig nicht eingehalten, weil außer an der Johannesstraße keine Kontrolle stattfindet.

Erfreut waren wir, dass im Ort eine Raiffeisenbank vorhanden war, die ist inzwischen leider einem Automatenterminal gewichen, der ab und an die Funktion verweigert. Auch der Metzger ist verschwunden, dafür gab es zeitweilig drei Bäcker, wovon einer nun ein Café geworden ist.

Durch die Ansiedlung großer Speditionen ist die B 9 zu Berufsverkehrszeiten überlastet, wodurch die Fahrt nach Düsseldorf gern 30 Minuten beanspruchen kann. Bei Bauarbeiten muss man eher Stunden rechnen. Dafür ist aber die Frequenz der S-Bahn auf einen 20-Minuten-Takt gesteigert worden. Das verkommene Bahnhofsgebäude wurde vorzüglich restauriert und beherbergt jetzt eine Gaststätte und einen Schießstand; leider ist aber kein Kartenkauf (abgesehen von Automaten) mehr möglich und der Warteraum ist auch verloren gegangen.

Das Industriegebiet von Delrath ist ausgebaut worden. Es sind zahlreiche Speditionen mit großem Flächenbedarf angesiedelt worden. Hier sind die Straßen breit und mit Bäumen und Sträuchern bepflanzt. Im Gegensatz dazu ist die einzige neue Wohnbebauung, der Quirinushof, in dichter Bebauung, mit wenig Platz für Grün erfolgt.

Blick auf das restaurierte Bahnhofsgebäude beim Bau der Unterführung; im Hintergrund die „größte Bausünde" (heute mit dem Edeka-Markt Fuchs); einige der alten, markanten Kastanien stehen noch (Foto: B. Schleif)

Wie könnte die Zukunft von Delrath aussehen? Im Nordbereich erstreckt sich eine Agrarwüste. Hier könnte eine Neubebauung die Sünden der Vergangenheit vermeiden. Breitere Straßen, größere Gärten, damit Platz für vernünftige Bäume zwischen den Häusern verbleibt. Besonders mit Blick auf die anstehenden energetischen Probleme wäre ein Ausbau von Delrath vorteilhaft. Eine höhere Einwohnerzahl würde zum Erhalt der Infrastruktur beitragen, was die Notwendigkeit für Individualverkehr reduzieren würde. Die Anbindung über die S-Bahn nach Köln oder Neuss und Düsseldorf ist ideal.

Auch für motorisierte Verbindung ist Delrath vorzüglich gelegen - die Strecke nach Neuss oder Düsseldorf ist ideal für Elektromobilität, also E-Bike oder Elektroauto, die ja wegen der geringen Reichweite sonst wenig tauglich sind. Von Delrath aus ist sowohl Hin- als auch Rückfahrt ohne zwingende Aufladung möglich. Dies könnte ein unschätzbarer Vorteil werden, wenn der derzeitige Zustand der S-Bahn anhält oder sich noch weiter verschlechtert. Seit ca. zwei Jahren hört man nämlich fast ohne Pause: „Bitte beachten Sie, die S 11 nach Bergisch Gladbach/Düsseldorf Flughafen, Abfahrt XXX, wird voraussichtlich 5/10/15/20/25 Minuten später abfahren/wird ausfallen, wir bitten um Entschuldigung".

Das Industriegebiet am Silbersee

von Peter Jacobs

Kaum ein Industrieunternehmen hat eine derart große Bedeutung im wirtschaftlichen und gesellschaftlichen Leben von Delrath gehabt wie die Zinkhütte, deren Tätigkeit 1913 begann und 1971 endete. Die Zinkhütte wäre aber ohne die 1911 gegründete Industriebahn und ihre Lage am so genannten Silbersee kaum so erfolgreich geworden, weshalb diese in den Darstellungen besonders zu berücksichtigen waren.

Selbst im Jahr der Vorbereitung auf unsere 750-Jahr-Feier ist das Gebiet um den Silbersee noch von großer Bedeutung bei der Suche der Stadt nach neuen Gewerbe- und Industriegebieten zur Stärkung und Entwicklung des Wirtschaftsstandortes Dormagen.

Die Delrather Chronisten Burkhard Schleif und Günter Blank haben schon viel über Zinkhütte, Silbersee und Industriebahn geschrieben, weshalb in Teilen dieses Beitrages darauf zurückgegriffen wurde.

Der Silbersee

Durch groß angelegte Baggerarbeiten wurden bereits um 1911 riesige Mengen Kies und Sand auf dem Wasserweg nach Holland transportiert. Es entstand eine direkte Verbindung zum Rhein, welche später von der mit ihrer Nordostflanke an den Silbersee grenzenden Zinkhütte (neben der Industriebahn) als Transportweg benutzt wurde.

In den Jahren 1934 bis 1939 gingen Kies und Sand des im Volksmund „Bagger" genannten Silbersees über den Wasser-, Schienen- und Landweg in alle Himmelsrichtungen. Sie wurden auch zum Bau des „Westwalles", eines militärischen Befestigungswerkes, verwendet.

Die Gemeindeväter von Zons und Nievenheim hegten seinerzeit insgeheim die Hoffnung, dass der von Napoleon wieder aufgegriffene Gedanke zum Bau eines Rhein-Maas-Kanals in näherer Zukunft verwirklicht werden könnte. Dieser Kanal hätte dann auf dem Gebiet des Silbersees in den Rhein münden sollen und hätte dem damals neu geschaffenen Industriegebiet am Silbersee sehr große Standortvorteile verschafft.

Das Kanalprojekt war noch im Flächennutzungsplan der Stadt Dormagen von 1980 enthalten, wie der nachfolgenden Abbildung zu entnehmen ist. Es wurde erst 1992 endgültig zu den Akten gelegt.

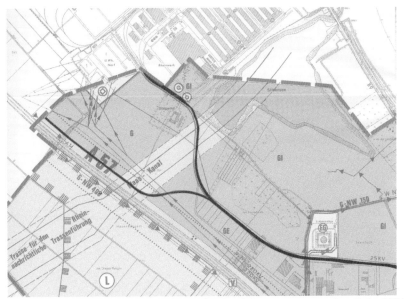

*Ausschnitt des Flächennutzungsplanes der Stadt Dormagen aus dem Jahr 1980
mit Kanaltrasse; am oberen, rechten Rand ist die Einmündung des Silbersees in
den Rhein erkennbar; die dicke, gestrichelte Linie ist die Stadtgrenze zu Neuss.*

Die Industriebahn

Die Gemeinderäte von Nievenheim und Zons beschlossen im Jahr 1911,
ca. 2 Mio. Quadratmeter Brachland zu erschließen, um es industriell nutzen zu können. *„Dieses Gelände lag verkehrsgünstig in der Delrather
Heide entlang der* [heutigen] *Bundesstraße 9 und hochwasserfrei in unmittelbarer Nähe zum Rhein."*

Es erschien sinnvoll, einen Anschluss an die Bahnstrecke Köln-Neuss
herzustellen. So gründete die Frankfurter Firma Höttger & Waldhausen,
die auf 100 ha Fläche ein Imprägnierwerk errichten wollte, mit den Gemeinden Zons und Nievenheim am 29. November 1911 die Industriebahn Zons-Nievenheim, *„eine normalspurige Industriebahn zur Verbindung der Station Nievenheim mit dem Rheinufer unterhalb der Ortschaft
Nievenheim".* Der aktuelle Betreiber, die Häfen- und Güterverkehr Köln
AG, feierte 2011 das 100-jährige Bestehen mit Sonderfahrten.

Die Gründung der Industriebahn brachte bald eine Steigerung der Nachfrage nach Industriegrundstücken mit Bahnanschluss. Zu den Interessenten gehörte auch die Rheinisch-Nassauische Bergwerks- und Hütten AG,
die ab 1926 Stolberger Zinkhütte hieß.

Die Zinkhütte

Am 17. Januar 1913 erfolgte die *„Konzessionierung der Zinkhütte Nievenheim durch ihre Muttergesellschaft, die Rheinisch-Nassauische Bergwerks- und Hütten AG. Die Zinkhütte zählte zu den ersten großen Anschlußnehmern der Industriebahn."*

Nicht nur die Nievenheimer Bauern protestierten, allerdings vergeblich, gegen die Konzessionierung, denn sie befürchteten erhebliche Nachteile für ihre Landwirtschaft. Auch die Stadt Düsseldorf legte Widerspruch ein, weil sie durch die überwiegenden Westwinde Rauchschäden auf ihrem Stadtgebiet befürchtete. Im derzeit noch gültigen Gebietsentwicklungsplan ist dieser Bereich als „Frischluftschneise" ausgewiesen.

„Noch im Jahr 1913 wurden die Anlagen der Zinkhütte, bestehend aus der eigentlichen Zinkhütte, einem Röstofen und einer Schwefelsäurefabrik mit Sulfatanlage, fertig gestellt" und gingen in Betrieb. *„Zugleich entstand eine Arbeitersiedlung in unmittelbarer Nähe der Zinkhütte."* Blank schreibt: *„Eine Siedlung entstand 1 km von Delrath entfernt direkt neben der Zinkhütte der Stolberger Zink AG, eine weitere Siedlung 400 m nördlich vom Ortskern mitten im Feld. [...] ‚Kolonie' war die Bezeichnung im Volksmund."* 1950 zählte Delrath erst 1914 Einwohner. *„Von denen* [wohnten] *allein 383 in der Siedlung an der Zinkhütte."*

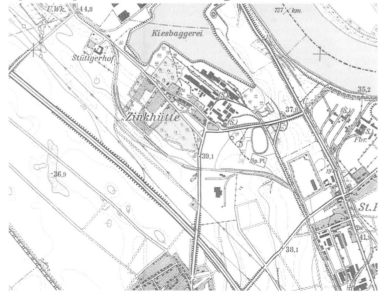

*Werk und Siedlungsbereich der Zinkhütte am Silbersee
(Ausschnitt aus Deutsche Grundkarte, Stand 1965)*

173

Nach dem Zweiten Weltkrieg erfolgte zunächst ein wirtschaftlicher Aufschwung der Zinkhütte. Waren 1956 an der Zinkhütte noch 520 Arbeiter und 50 Angestellte beschäftigt, so wurden am 30. September 1963 die 13 Schmelzöfen der Reduktionsabteilung stillgelegt und die Belegschaft von 410 auf 170 Betriebsangehörige reduziert. Am 30. September 1971 war an der Zinkhütte dann Schluss.

„Der Spiegel" berichtete in der Ausgabe 33/1971 über einen Umweltskandal, in den die Zinkhütte verwickelt war: *„Diesmal ging es um 3360 Tonnen Kalkschlamm mit zehnprozentigem Arsen und elfprozentigem Bleigehalt - Gift für Boden und Trinkwasser. [...] Der Schlamm war nicht, wie vereinbart, in einem stillgelegten Salzbergwerk bei Peine (Niedersachsen), sondern von zwei Fuhrunternehmern auf 19 Müllkippen deponiert worden."* Ermöglicht hatte diesen Skandal ein *„bundesweites Dilemma in Gesetzgebung, Rechtsprechung und Verwaltung"*. Eine 117-seitige Broschüre des Justizministeriums in Niedersachsen wies auf 176 einzelne Rechtsvorschriften hin. Der Sondermüll musste zurückgeholt werden. Daraus wurden ca. 7.000 t, vermischt mit normalem Müll. Laut Spiegelbericht *„waren etwa 200 Tonnen immer noch nicht aufgespürt."*

Zinkhütte und Wohnsiedlung wurden 1973 abgerissen, lediglich vier Privathäuser blieben noch kurze Zeit stehen.

Im Dezember 1985 fand man in Bodenproben zum Teil gravierende Überschreitungen der zulässigen Grenzwerte von Quecksilber, Cadmium, Arsen und Blei. Das Zinkhüttengelände wurde eingezäunt und alle bisherigen Nutzungen untersagt, es bestand akute Gesundheitsgefahr.

Während früher der so genannte „Bagger" ein nicht nur bei den Delrathern beliebter Badesee war, musste man ihn später einzäunen und wegen der erheblichen Gesundheitsgefahren das Baden verbieten (Fotos: Archiv G. Blank)

In den kritischen Bereichen des Zinkhüttengeländes wurde Boden abgetragen und eine Dichtung aufgebaut. Seit Mai 1989 sind Teilbereiche wieder eingeschränkt nutzbar. Es wäre zu prüfen, inwieweit die so genannte Arsenblase eine erneute Nutzung als Industriegelände behindert.

Geplant: Ein Hafen im Silbersee

Das Archiv im Rhein-Kreis Neuss beherbergt eine Akte, welche ein Gutachten aus dem Jahr 1941 über die zusätzliche Aufschließung des Industriegeländes durch die Anlage eines Hafens enthält. Die im Gutachten aufgeführten Planunterlagen (Anlage 1: Übersichtskarte M 1:25.000, Lageplan M 1:2500 und Profil M 1:100) sind dort leider nicht vorhanden.

Die im Gutachten aufgeführten Vorzüge der Verkehrsanbindungen des Industriegebietes Silbersee sind immer noch gültig, stellen sich heute sogar eher noch besser dar.

„Das Gelände der Gemeinden Zons-Nievenheim, östlich begrenzt durch die Rheinwasserstraßen, westlich begrenzt durch die Reichsbahnstrecke Köln-Neuß, eignet sich aus verschiedenen Gründen im besonderen Maße für die Industrieansiedlung. [...] Das Gelände wird nämlich sowohl durch die Wasserstraße des Rheins als auch durch die Hauptreichsbahnstrecke Köln-Neuß unmittelbar berührt und außerdem von der Reichsstraße Köln-Neuß [heute B 9] durchschnitten. Es besteht daher die Möglichkeit, alle drei Hauptverkehrsträger -die Schiffahrt, die Eisenbahn und den Lastkraftwagen- für die Industriesiedlung" zu nutzen.

Die Zinkhütte am Silbersee um 1965 (Archiv G. Blank)

175

Das Gutachten beinhaltet auch soziale Aspekte, etwas, was bei heutigen Planungen und Entscheidungen gelegentlich schmerzlich vermisst wird.

„Man verschaffte der Gefolgschaft billiges Baugelände [...] und gab ihnen Beihilfen zur Errichtung kleiner Eigenheime. [...] Dadurch, daß man bei jeder Arbeiterwohnung eine entsprechende Gartenlandfläche zur Verfügung stellte, [wurde] die Lebenshaltung der einzelnen Familie allgemein günstig beeinflußt. [...] Es ließ sich sogar nachweisen, daß die Lebenshaltung der Arbeiter von ländlichen Industriebetrieben trotz niedrigerer Löhne günstiger war als in der Stadt. [...] Für das Gelände kommt hinzu, daß durch die außerordentlich günstige Verkehrslage die Arbeiterschaft auch aus kleineren Gemeinden der Umgebung herangezogen werden kann. Aber selbst von den Großstädten Köln, Neuß und Düsseldorf können Arbeitskräfte bequem die Betriebe auf diesem Gelände erreichen, so daß also die Beschaffung von Arbeitskräften im Raume des vorgesehenen Industriegeländes keine Schwierigkeiten bieten wird, wie ganz allgemein die Verkehrslage des Geländes in jeder Beziehung vorteilhaft ist. [...] Da die bereits vorhandene Industriebahn der Gemeinden Zons-Nievenheim eine sehr bedeutende Ausdehnung erfahren kann, sind die Grenzen der Geländeausnutzung für eine Industrieansiedlung sehr weit gezogen."

Im Anschluss an diese Darstellungen wurde die hafenbahn- und straßenbautechnische Aufschließung des Geländes untersucht.

„Die örtliche Lage der Hafenbecken wird im wesentlichen bestimmt durch die vorhandene Einfahrt vom Rhein in die Kiesgrube und durch die Lage der Zinkhütte. [...] Infolge der unregelmäßigen Form der Kiesgrube ist es notwendig, einen Teil der Ausbaggerungsflächen im Laufe der Zeit zuzuschütten. Die weiteren Baggerungen nach den Planunterlagen für die beiden Hafenbecken werden erhebliche Mengen Abraum zum Ausfüllen des Geländes auf die planmäßige Höhe ergeben. Ferner werden die Haldenmassen der Zinkhütte für die nötige Anfüllung der Kiesgrube verfügbar sein." Der Gutachter empfiehlt, vorsorglich die Unschädlichkeit des Abraumes für den Fischbestand und die eisernen Spundwände zu untersuchen. *„Mit dem Zufüllen [...] würde neues Industriegelände geschaffen, das für die Erweiterung der Zinkhütte nach Norden erwünscht sein wird. [...] Die Hafenanlage besteht aus der Hafeneinfahrt mit dem Vorbecken zum Wenden der Schiffe und zwei Hafenbecken von je etwa 1500 m Länge [...] Für die Breite der Hafenbecken sind 80 m -auf der Wasserfläche gemessen- vorgesehen. Diese Breite*

ermöglicht es Schiffen von 1000 Tonnen Tragfähigkeit, notfalls auch in den Hafenbecken zu drehen. [...] Die Anordnung der Hafenbecken ist aus dem Lageplan 1:2500 und aus der Übersichtskarte 1:25000 ersichtlich."

„Es ist ratsam, den Ausbau des Ufers selbst, das heißt durch die Hafenverwaltung vorzunehmen, den Bau der Verladeanlagen und Umschlagsvorrichtungen jedoch den Anliegern zu überlassen. [...] Entsprechend dem Fortschreiten der Industrieansiedlung können etwa unter + 40,00 liegende Geländeflächen auf diese Höhe aufgefüllt werden [...] Für die weitere Ausbaggerung wird das aus der Zeichnung ersichtliche Querprofil zu empfehlen sein (Anlage Nr. 3)."

Wie sorgfältig die Planung konzipiert war, belegen nachfolgende Ausschnitte. Diese wären zwar für die Darstellung hier entbehrlich, sie zeigen aber den Unterschied zu manchen heutigen Planungen auf.

Rhein und Silbersee mit Brücke der B 9 (Aufnahme von1960, Archiv der NGZ)

„Die jetzt an der Hafeneinfahrt vorhandene Brücke ist auf die Dauer für den Schiffsverkehr zu eng. Es wird sich nicht umgehen lassen, eine räumige Hafeneinfahrt von 50 bis 60 m Breite vorzusehen und im Zusammenhange damit eine neue Brücke über die Reichsstraße 9 zu bauen. Außerdem muß die Hafeneinfahrt zwischen dem Rheinufer und der Straßenbrücke eine Ausweitung erfahren. Durch die scharfe Biegung, die der Strom oberhalb macht, drückt eine starke Strömung [...] auf die Hafeneinfahrt. Dies ist für einlaufende größere Schiffe hinderlich, weil diese

dann, mit dem Bug bereits im stillen Wasser, mit dem Heck durch die Strömung gegen die nördliche Hafenmolenseite gedrückt werden. [...] Es muß also wahrscheinlich, wie auf dem Plan eingezeichnet, an der Südseite der Hafeneinfahrt ein Kribbenkopf in den Strom hinausgebaut und die nördliche Seite des Rheinufers vielleicht schon vom Widerlager der Brücke ausgehend abgeschrägt werden. Hierdurch würde die Einfahrt halbtrichterförmig erweitert und die starke Strömung ausgeschaltet. Es ist nicht zu vermeiden, daß [...] sich Untiefen an der Einfahrt durch Erd- bzw. Sinkstoffablagerung bilden, die dann von Fall zu Fall fortgebaggert werden müßten. "

„Es ist zu erwarten, daß bei verkehrstechnisch fortschreitendem Ausbau das Gelände auf Industriesiedler eine lebhafte Anziehungskraft ausüben wird. [...] Es muß natürlich am Rande vermerkt werden, daß diese industriellwirtschaftliche Entwicklung für die Gemeinden auch erweiterte Aufgaben (Wohnsiedlungen und soziale Fragen) mit sich bringen wird. Bei nicht überstürztem, organischem Ausbau aber werden entsprechenden Aufwendungen auch jeweils entsprechende Einnahmen aus der Industrialisierung (Steuern und sonstige Einkünfte) gegenüberstehen. [...] Die Gemeinden Zons-Nievenheim schaffen sich auf jeden Fall [...] eine wirtschaftliche Basis, wie sie sonst für Gemeinden gleicher Größenordnung nicht oft gegeben sein dürfte. Allerdings bleibt Voraussetzung, daß der allgemein wirtschaftliche Auftrieb, der vor dem Kriege bereits zu beobachten war, nach Kriegsende seinen Fortgang nimmt. "

Burkhard Schleif beschreibt die Nachkriegssituation wie folgt: *„Bereits 1954 gaben die erzielten Produktionssteigerungen Anlaß zu Überlegungen, den Betrieb zu vergrößern und einen eigenen Hafenumschlagplatz direkt am Rhein zu errichten. [...] Die Zinkhütte nutzte für den Umschlag von Schiffsgütern die Krananlage der Stürzelberger Hütte. "*

Gewerbe- und Industriebereich (GIB) Silbersee statt GIB Kohnacker

Auf der Suche nach neuen Gewerbegebieten hat die Stadt auf Druck der Delrather Bürger das Gebiet am Silbersee wieder in ihre Überlegungen einbezogen, auch wenn eine Wiedernutzung dieser Flächen wegen der vorhandenen Altlasten mit Problemen verbunden ist. Auch dass sich die Fläche an einigen Stellen natürlich entwickelt hat und diese Bereiche möglicherweise jetzt schützenswert sind, sollte daran nichts ändern.

Der ins Auge gefasste neue GIB Kohnacker würde u. a. die Verkehrssituation in Nievenheim und Delrath deutlich verschlechtern, da der erhebliche, zusätzliche Verkehr im Verkehrsentwicklungsplan gar nicht berücksichtigt worden war. Dagegen ist das Gebiet am Silbersee bereits hervorragend durch die Industriebahn, den Rhein mit den Stürzelberger Verladeanlagen und die Bundesstraße 9 erschlossen. Zudem ist eine Anschlussstelle an der A 57 geplant, die eine weitere Verbesserung der Anbindung dieses Planungsraumes zur Folge hätte. Die Planung müsste allerdings in wesentlichen Punkten überarbeitet und der im Westen des Silbersees gelegene Stüttger Hof berücksichtigt werden. Ein neuer Autobahnanschluss an dieser und ein neues Gewerbegebiet an anderer Stelle ist nicht sinnvoll.

Ob die Betuwe-Bahnlinie zwischen A 57 und Silbersee, wie sie im Novembermagazin 2012 der IHK Mittlerer Niederrhein zu erkennen war, jemals realisiert wird, bleibt offen.

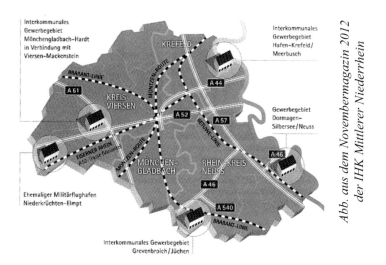

POTENZIALFLÄCHEN FÜR LOGISTIK

Abb. aus dem Novembermagazin 2012 der IHK Mittlerer Niederrhein

Quellen:
Schleif, Burkhard: Wo lit Delrod?, Historische Schriftenreihe der Stadt Dormagen, Nr. 16, Hrsg. Stadt Dormagen 1995
Archiv im Rhein-Kreis Neuss: Bestand Nievenheim 8031/7; Gutachten über die Aufschließung eines Industriegeländes der Gemeinde Zons-Nievenheim durch die Anlage eines Hafens (Ausbau, Organisation und Verwaltung) von Hafendirektor Fischer, Frankfurt a. M., 1941
Der Spiegel Nr. 33/1971
Blank, Günter: Delrather Zeitreise, Bände 1 bis 7, 1998 - 2010
Flächennutzungsplan der Stadt Dormagen vom 13.2.1980
Ausschnitt aus der Deutschen Grundkarte, 1965
Novembermagazin 2012 der IHK Mittlerer Niederrhein

Delrather Leben an Zinkhütte und Silbersee

Segeln auf dem Silbersee im Anblick der Zinkhütte (Foto: Archiv G. Blank)

Der Fußballplatz des SSV Delrath an der Zinkhütte um 1950 (Foto: Archiv G. Blank)

Der Stüttger Hof - begehrte Flächen

von Karl Nacke

Im Nordosten von Delrath liegt der Stüttger Hof an der Stadtgrenze zwischen Dormagen und Neuss. *„Ende des 19. Jahrhunderts wurde zu vorhandenen Stallgebäuden ein Wohnhaus errichtet, und so entstand ein eigenständiger Hof mit arrondierten Weiden und Ackerflächen."*

Der Stüttger Hof in seinen heutigen baulichen Grundzügen als klassischer Vierkanthof entstand in den Jahren 1896 bis 1898.

Im Jahr 1898 zog die Familie Nacke, aus dem Westfälischen stammend, auf den Stüttger Hof. Sie bewirtschaftet den Stüttger Hof nunmehr in der vierten Generation in Folge.

Der Stüttgerhof
(Foto: Archiv G. Blank)

Erster Bewirtschafter war Aloys Nacke von 1898 bis 1923. Mitgereist war sein Vater Ignaz, der beim Aufbau half. Ursprünglich war der Stüttger Hof, wie damals alle landwirtschaftlichen Betriebe, ein vielschichtig genutzter Bauernhof, der neben dem Ackerbau über Wiesen und Weiden verfügte und auch Pferde, Kühe, Schweine und Hühner hielt.

Von 1923 bis 1962 führte Albert Nacke den Hof. Er verlegte sich in den 1930er Jahren auf die Milchviehhaltung und musste nach der Machtübernahme durch die Nationalsozialisten auf Anordnung der Behörden die Bezeichnung Betriebsführer annehmen. *„Im Januar 1933 stifteten die Herren Bützler und [Albert] Nacke der Schule je 100 Liter Milch für unterernährte Kinder"*, zitiert Burkhard Schleif aus der Schulchronik.

Das Kriegsende war sowohl für den Stüttger Hof wie auch für die Familie Nacke eine Zeit harter Prüfungen. Der Zeitzeuge Paul Wicker (* 1929 an der Zinkhütte) berichtet darüber in Band 2 der „Delrather Zeitreise". *„Die Zinkhütte und die unmittelbare Umgebung war der letzte Verteidi-*

gungspunkt, um den Rückzug über den Rhein bei Stürzelberg zu sichern. Am 5.3. setzten die letzten deutschen Truppen in Stürzelberg auf die andere Rheinseite. [...] Der Sohn vom Stüttger Hof, Josef Nacke, für uns nur der ,Seppl' genannt, war mein bester Freund. [...] Ich brachte jeden Tag einen Eimer Milch nach Hause, der in der Nachbarschaft aufgeteilt wurde. Familie van der Woude (eine zwangsverpflichtete holländische Familie) versorgte den Kuhstall - auch noch, als die Amerikaner schon da waren und sie befreit waren. Ich weiß allerdings nicht mehr, wie viel Tiere im Stall waren. Jedenfalls gab es Milch im Überfluß, zumal sie nicht mehr abgeholt wurde. [...] Auf dem Hof hatten sich inzwischen einige Zwangsarbeiter eingefunden, die auf ihre Befreiung warteten. Herr Nacke hatte es Ihnen gestattet, sich im Hof zu ,verkrümeln'. Es war kein ungefährliches Unterfangen." Granaten schlugen ein. *„Hierbei wurde Seppl von einem Splitter getroffen".* Er erlag seinen schweren Verletzungen. So musste auch der Name von Josef Nacke auf dem in Delrath errichteten Ehrenmal festgehalten werden.

Karl Nacke senior, der den Hof von 1962 bis 2000 führte, befasste sich in den 1960er Jahren schwerpunktmäßig mit der Schweinemast, während der jetzige Bewirtschafter, Karl Nacke jun. (seit 2000), den Produktionsschwerpunkt auf den Ackerbau legte und immer noch legt.

Der heutige Bauer, Karl Nacke jun. ist Diplom-Agraringenieur. Er studierte an der Hochschule in Hohenheim bei Stuttgart. Seine Frau Maria Nacke studierte Ökotrophologie (Ernährungswissenschaft) in Mönchengladbach. Auf Einladung der Delrather hielt sie Vorträge in unserer Henri-Dunant-Grundschule über ein gesundes Schulfrühstück.

Im Jahre 1958 wurden im Rahmen einer Flurbereinigung die restlichen, verstreut liegenden Parzellen des Stüttger Hofes rund um die Betriebsstätte zusammengefasst, so dass damals eine voll arrondierte Fläche zur Bewirtschaftung zur Verfügung stand mit dem Vorteil der kurzen Wege von der Hofstelle zum Acker. Dieser Vorteil wird - soweit noch möglich - bis heute genutzt.

Im Jahre 1960 wurde auf Neusser Gebiet das Aluminiumwerk gebaut. Hierdurch verlor der Stüttger Hof alle zwischen dem Hof und der B 9 gelegenen Ackerflächen. In diesem Zusammenhang wurden auch zwei Hochspannungstrassen über die Flächen des Stüttger Hofes gelegt.

Flächen um den Stüttger Hof 1955 (links) und 1983 nach dem Bau der A 57 (rechts)
(Ausschnitte aus der Deutschen Grundkarte)

Über den Aluminiumwerken (links unten) befinden sich die Gebäude der Zinkhütte,
dazwischen der Silbersee. Die B 9a (noch ohne Standstreifen, heute A 57) durch-
schneidet die flurbereinigten Ackerflächen des Stüttger Hofes (Bildmitte unten)
(Foto: Rheinbraun AG - siehe unter Quellen)

1964 wurde die Bundesstraße 9a, die heutige A 57, gebaut mit der Folge, dass die bis dahin in einem Flurstück liegende gesamte Ackerfläche des Stüttger Hofes durchschnitten wurde und nunmehr zwei Ackerflächen - die von uns „Filetstücke" genannt werden - östlich und westlich der A 57 bewirtschaftet werden müssen. Diese beidseitig der Autobahn liegenden Felder sind von ihrer Geologie her sehr warm und dadurch schon sehr zeitig im Frühjahr zu bearbeiten. Außerdem sind sie voll bewässerungsfähig.

Hatten bis dato die im Nordosten und Südosten liegenden Gewerbe- und Industriegebiete sowie die Erweiterung der Industriebahn zur Aluminiumhütte die Wirtschaftsgrundlage und damit die Existenzfähigkeit des Stüttger Hofes noch nicht ernsthaft gefährdet, so geschieht dies in jüngerer Zeit durch neue Vorhaben wie die geplante Autobahnanschlussstelle Delrath, diskutierte interkommunale Gewerbegebiete im Bereich Silbersee und die im Planfeststellungsverfahren befindliche Verbreiterung der A 57 auf sechs Fahrstreifen nebst Lärmschutzanlagen.

Quellen:
Erinnerungen und Aufzeichnungen der Familie Nacke, Delrath 2012 (Manuskript)
Blank, Günter: Delrather Zeitreise, Band 1, 3. Auflage 2007; Band 4, 2005; Band 5, Nachdruck 2010
Schleif, Burkhard: Wo lit Delrod?, Historische Schriftenreihe der Stadt Dormagen, Nr. 16, Hrsg. Stadt Dormagen 1995
Wicker, Paul: Erinnerungen an die letzten Wochen vor Kriegsende an der Zinkhütte; in: Blank, Günter: Delrather Zeitreise, Band 2, Delrath 1999
Blank, Günter: Delrather Zeitreise, Band 5, Delrath 2006
Luftaufnahme der Zinkhütte; Foto: Rheinbraun AG, freigegeben durch den Regierungspräsidenten Düsseldorf, Nr. 18/68/1388
Deutsche Grundkarte 1:5000, Blatt 480623 (Delrath) von 1955 und 1983
Planfeststellungsverfahren des Rhein-Kreises Neuss aus dem Jahr 2006 zum Bau der K 33n und der Anschlussstelle Delrath
Planfeststellungsverfahren des Landesbetriebes Straßen NRW aus dem Jahr 2009 zur Verbreiterung der A 57 auf 6 Fahrstreifen

Das Engagement der Delrather Bürger

Die Einweihung des Dorfplatzes am 29. Juni 2002 war für die Redakteurin Franziska Gräfe (damals noch beim „Rheinischen Anzeiger") Anlass genug, den Delrathern nachfolgend wiedergegebene Anerkennung auszusprechen:

„Delrath - der einwohnermäßig drittkleinste Stadtteil Dormagens vor Straberg und Gohr. Ein oft unterschätztes Straßendorf, dessen rund 3.000 Einwohner eine verschworene Gemeinschaft bilden und in der Brauchtums- und Mundartpflege großgeschrieben werden. Erst das dorfeigene Wappen, nun ein wunderschöner Dorfplatz als Begegnungsstätte, der als greifbares Zeichen einer selbstbewussten Identität der Dorfbewohner steht.

Identität und Dorfgemeinschaft - zwei Schlagworte, die in der jüngeren Vergangenheit immer öfter fallen, beispielsweise wenn es um Hackenbroich geht. Dort wurde gestern ein Verein gegründet, der die Kräfte im Rahmen des Stadtteilprojektes ‚Jetzt geht's los' bündeln soll, zuvor haben diverse Arbeitskreise getagt, aus deren Mitte durchschlagende Lösungsvorschläge erwachsen sollten. 100.000 Euro aus Landesmitteln fließen in diesem Jahr nach Hackenbroich mit dem langfristigen Ziel, eine homogene Bürgerschaft und ein positiveres Ortsimage zu erreichen. Nicht einen öffentlichen Euro hat es in Delrath dafür gebraucht. Sicher kann man die Größe und die soziale Struktur der beiden Stadtteile nicht vergleichen. Der Delrather Dorfplatz steht dennoch als sichtbares Zeichen eines handfesten Bürgerengagements, das sich allein auf sich selbst verlässt."

Der Kampf um den Ortsnamen und die Ortsgrenze
von Peter Jacobs

Am 1. Januar 1975 trat der am 8. März 1974 von den Städten Dormagen und Zons sowie den Gemeinden Gohr, Nievenheim und Straberg unterzeichnete Gebiets-Änderungsvertrag in Kraft.

„Die neue Stadt Dormagen mit 55.739 Einwohnern und 85,59 qkm [...]
umfasst die Stadtteile Broich, Delhoven, Delrath, Dormagen, Gohr, Hackenbroich, Hackhausen, Horrem, Nievenheim, Rheinfeld, St. Peter,
Straberg mit dem Kloster Knechtsteden, Stürzelberg, Ückerath und die
mittelalterliche Zollfeste Zons.“ Nievenheim, Delrath und Ückerath wurden demnach nicht nach Dormagen eingemeindet. Vielmehr wurden
Dormagen, Gohr, Nievenheim, Straberg und Zons aufgelöst und zu einer
neuen Stadt mit dem Namen Dormagen zusammengeschlossen.

In § 2 des Vertrages war der Name der neuen Stadt geregelt: „Die neue
Stadt soll den Namen ‚Dormagen‘ führen. Mit Rücksicht auf die historische Bedeutung der Stadt Zons erhält dieser Stadtteil der neuen Stadt die
Bezeichnung ‚Feste Zons‘. Die alten Gemeindenamen Gohr, Nievenheim
und Straberg sowie die alten Ortsnamen Stürzelberg, Delrath, Hackenbroich und Delhoven bleiben als Stadtteilbezeichnungen erhalten.“
Der § 3 (Abs. 2) regelte die Rechtsnachfolge: „Die neue Stadt Dormagen
ist Rechtsnachfolgerin der Städte Dormagen und Zons, der Gemeinden
Gohr, Nievenheim und Straberg sowie des Amtes Nievenheim.“

Trotz vertraglicher Regelung gab es nach dem 1. Januar 1975 keine Be-
schilderungen mehr, an denen sich Autofahrer hätten orientieren können.
Die Ortsbezeichnung „Nievenheim, Stadt Dormagen, Kreis Neuss“ er-
regte den Unmut der Delrather, denen die Zusatzschilder „Delrath“ nicht
genügten und die daher eigenmächtig Änderungen an den Ortstafeln vor-
nahmen.

Nicht so sollten die Ortseingangsschilder von Delrath aussehen, sondern so!
(Fotos links und mitte: B. Schleif; rechts: P. Jacobs)

Die Bemühungen eines Ratsherren aus Delrath Anfang 1977 im Bezirksausschuss Nievenheim, „den Ortsteil Delrath mit präzisen Hinweis-

schildern für ortsunkundige Verkehrsteilnehmer besser auffindbar zu machen", verliefen im Sande. Der „Rheinische Anzeiger" berichtete am 9. Juni 1983, dass ein Antrag abgeblockt wurde, der in Nievenheim an der Ecke Neusser Straße/Bismarckstraße ein Hinweisschild nach Delrath forderte. Das Rheinische Straßenbauamt Mönchengladbach teilte lapidar mit, ein innerörtlicher Hinweis sei entbehrlich, weil Nievenheim nicht mehr als selbständige Gemeinde bestehe und der Ortsteil Delrath „*nahtlos in den Ortsteil Nievenheim übergeht"*.

Die Stadt Dormagen bestand nach ihrer Hauptsatzung vom 17. Mai 1984 in der Fassung vom 2. April 1986 aus den Bezirken Dormagen, Hackenbroich, Zons, Nievenheim, Straberg und Gohr. Die Karte, die als Anlage der Hauptsatzung beigefügt war, ließ keine Grenzen mehr zwischen einzelnen, historisch gewachsenen Stadtteilen erkennen.

Anlage zur Hauptsatzung der Stadt Dormagen vom 2. April 1986; Abgrenzung der nach § 1 der Hauptsatzung gebildeten Bezirke (Karte: Archiv G. Blank)

In Anbetracht dessen, dass der Name Delrath unterzugehen drohte, stellte der Delrather Chronist Günter Blank am 14. August 1989 einen Bürgerantrag zur Erhaltung des Ortsnamens Delrath sowie zur Anbringung einer entsprechenden Ortstafelbeschriftung und verwies auf die Vereinbarungen des Gebiets-Änderungsvertrages. *„Es hat nichts mit falschem Orts-patriotismus zu tun, wenn ich diesen Bürgerantrag stelle. [...] 15 Jahre nach der Neugliederung zeichnet sich ab, dass die Ortsbezeichnung Del-rath still und heimlich verschwindet. [...] Delrath ist kein Neudorf, son-dern seit 1263 geschichtlich belegt. [...] Dass Delrath geschichtlich im Schatten von Nievenheim steht, damit können wir gut leben – damit muss aber auch das ehemalige Dormagen leben können. Den Namen ‚Delrath‘ mit der entsprechenden Ortsbeschilderung zu erhalten, ist moralisch, ge-schichtlich und gemäß Gebietsänderungsvertrag unausweichlich.“*

Der Bezirksausschuss Nievenheim beschloss daraufhin am 23. August 1989, die Stadtverwaltung zu beauftragen, *„in der nächsten Legislaturperiode die Hauptsatzung so zu ändern, daß im Rahmen einer kleinräumigen Gliederung Delrath als eigenständiger Stadtteil aufgenommen wird. [...] Nach erfolgter Änderung werden entsprechende Ortsschilder aufge-stellt.“*

Die Stadt Dormagen machte in ihrem Amtsblatt vom 5. Januar 2000 die Einteilung der Bezirke in Stadtteile bekannt. Demnach gehörten Nieven-heim, Ückerath und Delrath zum Bezirk Nievenheim. In Absatz 3 war festgelegt: *„Die Stadtteilbezeichnungen sind in Personenstandsbüchern und -urkunden zu verwenden.“* Und Absatz 4 beinhaltete: *„Die Abgren-zung der Bezirke und Stadtteile ergibt sich aus [...] beigefügten Karte.“*

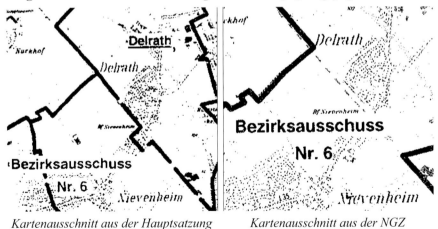

Kartenausschnitt aus der Hauptsatzung
vom 5. Januar 2000

Kartenausschnitt aus der NGZ
vom 12. Oktober 1999

Die der Hauptsatzung beigefügte Karte zeigte sowohl die Bezirks- als auch die Stadtteilgrenzen. Demnach gehörten sowohl der Latourshof als auch der Sülzhof zu Delrath, allerdings ohne die dazu gehörenden Felder. In ihrer Ausgabe vom 12. Oktober 1999 hatte die Neuß-Grevenbroicher Zeitung über die Einrichtung der Bezirksausschüsse berichtet. Die in diesem Beitrag verwendete Karte zeigte keine Stadtteilgrenzen.

Da auf der Nievenheimer Seite kein neues Ortsschild aufgestellt wurde, fasste Günter Blank nach: *„Die historische Grenze oder die künstliche Grenze ‚Bahnlinie' scheint die Frage zu sein. [...] Ich erlaube mir, Ihnen einige Kopien aus der Chronik des Amtes Nievenheim zukommen zu lassen, die beweisen, dass bis in die jüngste Geschichte hinein der Latourshof (vormals Dornenhof u. ä.) und der Sülzhof immer zu Delrath gehörten. [...] Ich füge weiter eine Landkarte aus dem Jahre 1803 bei, die die Zugehörigkeit dieser beiden Höfe zu Delrath optisch ausweist. [...] Die geplante Bahnüberführung würde das Gegenargument des Abgetrenntseins der beiden Gutshöfe zum Dorf Delrath weitgehend aufheben.“* Der Streit schwelte weiter. Die Stadt Dormagen gab am 16. Februar 2005 im Rheinischen Anzeiger, dem Amtsblatt der Stadt, eine Änderungssatzung bekannt, die bei der Abgrenzung von Delrath und Nievenheim wieder einen Schritt zurück machte. Dort hieß es:

Die Hauptsatzung der Stadt Dormagen in der Fassung vom 27.10.2003 wird wie folgt geändert:

1. §1 Gebiete und Stadtteile

Absatz 2 erhält folgende Fassung: ‚Das Stadtgebiet Dormagen gliedert sich in folgende Stadtteile: Dormagen-Mitte, Rheinfeld, Horrem, Hackenbroich, Delhoven, Hackhausen, Nievenheim, Ückerath, Delrath, Straberg, Knechtsteden, Gohr, Broich, Stadt Zons, St. Peter, Stürzelberg.' [...] Abs. 4:

Die Abgrenzung der Bezirke und Stadtteile ergibt aus der dieser Hauptsatzung als Anlage beigefügten Karte.“

Auf dieser Karte verlief die Grenze zwischen Nievenheim und Delrath entlang der Bahnlinie (vgl. nebenstehenden Kartenausschnitt), so dass der Latourshof und der Sülzhof nicht mehr zu Delrath gehörten.

Stadt Dormagen - Stadtteile - Anlage zur Hauptsatzung, Datum: 28.10.2004 (Ausschnitt)

Die Delrather Brüder Walter und Günter Blank waren mit diesem Ergebnis nicht einverstanden und monierten: *„Im Fips* [Rheinischer Anzeiger] *vom 16.2.2005 erscheint nun eine Stadtkarte, die die seit 740 Jahren zu Delrath gehörenden Höfe (Latourshof u. Sülzhof) von Delrath abschneidet."*

Die Stadt antwortete am 25.4.2005: *„Die vom Rat der Stadt Dormagen beschlossene Änderung der Stadtteilgrenze in dem von Ihnen genannten Bereich greift zum einen das Zusammenwachsen der Stadtteile Nievenheim und Delrath […] auf, zum anderen wird die Bahntrasse der Bahn AG als gegebene natürliche Grenze berücksichtigt […] im Sinne einer Verwaltungsvereinfachung […]. Solche verwaltungsinternen Vorgänge rühren die lange Geschichte des Stadtteils Dormagen-Delrath nicht an. Vor allem schmälern sie nicht deren Bedeutung. Aus dieser Sicht kann ich mir die Vereinbarkeit aktueller Verwaltungsnotwendigkeiten mit geschichtlichem Bewusstsein und der Verbundenheit als ‚Delrather' vor allem aber als ‚Dormagener Bürger' […] sehr gut vorstellen."*

Walter und Günter Blank stellten am 5. Februar 2008 einen erneuten Bürgerantrag auf Wiederherstellung der historischen Grenze. Sie sammelten dazu 515 Unterschriften. Viele Bürger gaben darüber hinaus auch noch persönliche Stellungnahmen ab. Der „Rheinische Anzeiger" berichtete am 2. April 2008, dass der Stadtrat dem Bürgerantrag ohne Gegenstimmen und ohne Enthaltungen zugestimmt habe.

Danach wurde der alte, historische Grenzverlauf durch Änderung der Hauptsatzung wieder hergestellt, der Latourshof und der Sülzhof gehören zusammen mit ihren Feldern wieder zu Delrath.

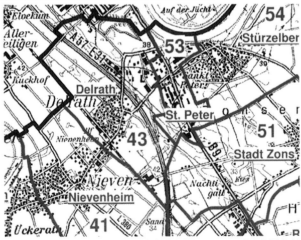

Anlage 1 zur Hauptsatzung vom 18.11.2004, Karte vom 3.3.2008 (Ausschnitt)

Quellen:
Rheinischer Anzeiger vom 3.7.2002
Auszüge aus dem Gebiets-Änderungsvertrag vom 8. März 1974 in: Blank, Günter:
Delrather Zeitreise, Band 4, 2005, S. 150 ff.
Schleif, Burkhard: Wo lit Delrod?, Historische Schriftenreihe der Stadt Dormagen,
Nr. 16, Hrsg. Stadt Dormagen 1995
Neuß-Grevenbroicher Zeitung vom 12. Oktober 1999
Bekanntmachung der Stadt Dormagen vom 5. Januar 2000 über den Beschluss des
Stadtrats vom 28. Dezember 1998 (unterzeichnet am 28. Dezember 1999) zur Än-
derung der Hauptsatzung
Bekanntmachung der Stadt Dormagen vom 16. Februar 2005 über den Beschluss
des Stadtrats vom 18. November 2004 zur Änderung der Hauptsatzung
Schreiben von Günter Blank an den Bürgermeister der Stadt Dormagen vom 3.
März 2005
Antwortschreiben der Stadt Dormagen vom 25. April 2005
Blank, Günter: Delrather Zeitreise, Bände 4, 5, 6 + 7, 2005, 2006, 2008 + 2011

In Memoriam Günter Blank

* 23. Mai 1939   † 8. Dezember 2012

Günter Blank hat nicht nur Delrather Geschichte aufgeschrieben, er hat
die jüngere Geschichte aktiv mitgestaltet. Leider war es ihm nicht mehr
vergönnt, das Ortsjubiläum, auf das er selbst aufmerksam gemacht und
hingewirkt hatte, zu erleben. Günter Blank starb nach langer, schwerer
Krankheit am 8. Dezember 2012. Delrath wird sich nicht nur an den Ju-
biläumsfesttagen dankbar an ihn erinnern.

Fotobearbeitung Marliese Speth, Delrath 2012

Delrather Engagement im Spiegel der Presse

Quelle: Archiv der BürgerInitiative Lebenswertes Delrath, Stand Oktober 2012

Das Wappen von Delrath

von Peter Jacobs

Das Wappen wurde im Auftrag des St. Hubertus Bürgerschützenvereins Delrath von dem Dürener Heraldiker Lothar Müller-Westphal entworfen.

Die heraldische Beschreibung:

„In Blau ein geasteter und bewurzelter silberner Baumstumpf, begleitet rechts von einer goldenen Blüte des Galmeiveilchens, links von einem goldenen Ring mit rotem Rubin."

Die Sinndeutung:

Der **Baumstumpf** ist ein redendes Emblem für den Ortsnamen, dessen älteste Form „Didenrode" besagt, dass Delrath als ein Rodungsort entstanden ist.

Das nur auf zinkhaltigem Boden gedeihende **Galmeiveilchen**, Wahrzeichen der Zinkindustrie, steht symbolisch für die Zinkhütte, die fast 60 Jahre lang eine bedeutende Rolle im Wirtschaftsleben von Delrath spielte.

Der **Ring** ist dem Wappen des Martin Henriquez von Strevesdorff entlehnt, der als kaiserlicher Kriegsrat, Generaleinnehmer des Erzstiftes Köln und „Rheinischer Geschichtsschreiber" eine einflussreiche Persönlichkeit war und der 1649 den Quirinushof in Delrath erwarb.

Die **Farben** sind frei gewählt.

Der Herolds-Ausschuss der Deutschen Wappenrolle mit Sitz in Berlin-Dahlem bekundet in Form eines Wappenbriefes vom 20. März 2000, dass das vom St. Hubertus Bürgerschützenverein Delrath 1926 e.V. vorgelegte Wappen nach Prüfung in heraldischer, wappenrechtlicher und genealogischer Hinsicht in die Deutsche Wappenrolle unter S3 eingetragen wurde. Das Wappen ist in heraldisch richtiger Form dargestellt.

Zur Entstehung:

Als der Delrather Chronist Günter Blank 1973 das Deutsche Wappenmuseum in Berchtesgaden besuchte, konnte er noch nicht ahnen, dass sich dieser Besuch später bis hinein in seinen Heimatort Delrath auswirken würde. Er stellte fest, dass nach der kommunalen Neugliederung viele Ortsteile von Dormagen noch ohne Ortswappen waren, *„darunter natürlich auch Delrath."* Das ließ ihn nicht ruhen.

Das „Team Chronik", das 1999 für die Erstellung einer Schützenchronik zum 75-jährigen Bestehen des St. Hubertus Bürgerschützenvereins Delrath im Jahr 2001 gebildet worden war, kam durch die Anregung von Günter Blank nach intensiven Gesprächen überein, den Delrathern ein Ortswappen zu schenken. *„Damit hatte sich mit dem Bürgerschützenverein eine ideale Rechtsperson als Auftraggeber für Heraldiker und Deutsche Wappenrolle gefunden."* Das war den Beteiligten wichtig, denn *„das Wappen sollte in die deutsche Wappenrolle eingetragen werden und musste in der Darstellung den heraldischen Gesetzen entsprechen."*
Man suchte aus einigen Entwürfen das vorliegende Wappen heraus. *„In einer eindrucksvollen Dorffeier erfolgte am 19.05.2001 die Wappenübergabe durch den Bürgerschützenverein an die Delrather Bevölkerung."*

Es soll nicht unerwähnt bleiben, dass ein Urgestein des Delrather Schützenwesens, Franz Longerich, Vater des damals amtierenden Schützenvorsitzenden, *„die nicht unerheblichen Kosten allein"* übernahm. Man sprach in diesem Zusammenhang von über 2.000 DM. Franz Longerich war 1915 geboren, 1931 dem Schützenverein beigetreten und bereits seit 1983 Ehrenmitglied des St. Hubertus Bürgerschützenvereins. Er wurde auf dem Anfang September 2001 stattfindenden Jubiläums-Schützenfest für seine 70-jährige Mitgliedschaft geehrt und konnte 2006 sogar sein 75-jähriges Jubiläum begehen.

Quellen:
Blank, Günter: Delrather Zeitreise, Band 5, 2001
Wir feiern Schützenfest, 75 Jahre St. Hubertus Bürgerschützenverein Delrath 1926 e. V., 75 Jahre Sappeurzug Delrath, Herausgegeben vom St. Hubertus Bürgerschützenverein Delrath 1926 e. V., Dormagen 2001
Beschreibung des Wappens durch den Heraldiker Lothar Müller-Westphal, Düren, von November 1999
Schreiben von Müller-Westphal an Hans-Dieter Longerich, Delrath, vom 7.1.2000
Schreiben des St. Hubertus Bürgerschützenvereins Delrath an den Vorsitzenden des Herolds-Ausschusses der Deutschen Wappenrolle vom 17.1.2000
Angaben von H.-D. Longerich, 2012, ehem. Vorsitzender d. Bürgerschützenvereins

Team Dorfplatz Delrath 2001 e. V.

von Burkhard Schleif

Dieser am 26. Mai 2004 gegründete Verein geht in seinen Ursprüngen auf den Zusammenschluss von zehn Ehrenamtlichen im Sommer 2001 zurück, die sich zunächst als „Team Dorfplatz" zusammengefunden hatten.

Dieses „Team Dorfplatz" hatte die Idee, einen Delrather Ortsmittelpunkt zu schaffen. Für diese herausfordernde Aufgabe setzte es auch auf die Unterstützung der Delrather Bevölkerung, der Delrather Vereine sowie von Förderern aus Politik und Wirtschaft.

Der Delrather Dorfplatz im Jahr 2012 (Foto: B. Schleif)

Die Team-Mitglieder wurden nicht enttäuscht. Durch Information der Öffentlichkeit erlangten sie nicht nur eine hohe Akzeptanz für das geplante Vorhaben, sondern auch die erhoffte Unterstützung. Allein das überwältigende Ergebnis einer Haussammlung zeigte, dass die Delrather Bevölkerung hinter dem Projekt stand. Diese Ausgangslage mit einer finanziellen Grundsicherheit motivierte das Team, erhöhte aber gleichzeitig auch den Erfolgsdruck.

Das Team übernahm daher die Suche nach einem geeigneten Platz, die Gestaltungsplanung, die Durchführung von Genehmigungsverfahren, die

Bereitstellung von Finanzmitteln, die Beschaffung und Bearbeitung von Materialien und die Einsatzorganisation von zahlreichen freiwilligen Helfern.

Nach etwa eineinhalb Jahren intensiver Arbeiten wurde dann am 29. Juni 2002 der Delrather Dorfplatz in einer eindrucksvollen Feier eingeweiht und der Delrather Bevölkerung zur Nutzung übergeben.

Auf dem Delrather „Dorfplatz" waren eine Brunnenanlage, ein Findling mit dem Delrather Ortswappen in Messing, ein Dorfbaum mit Wappenschildern zu Delraths Geschichte und der Delrather Vereinswelt, eine Pergola mit drei Bänken als Sitzgelegenheit, drei Flaggenmaste, ein Wege- und Prozessionskreuz und gepflasterte Verbindungswege zwischen diesen Elementen geschaffen worden.

Die Patenschaft für diesen Platz mit Übernahme seiner Pflege übernahm der St. Hubertus Bürgerschützenverein Delrath 1926 e. V. Hervorzuheben ist, dass ohne Beanspruchung städtischer Mittel allein durch die ehrenamtliche Gemeinschaftsleistung von Delrathern dieser schöne Dorfmittelpunkt geschaffen wurde.

Für das ehrenamtliche Engagement erhielt das „Team Dorfplatz" am 5. Dezember 2002, dem Tag des Ehrenamtes, in einer Feierstunde durch den Bürgermeister der Stadt Dormagen Anerkennung für den geschaffenen Dorfplatz. Als Dank erhielten sie, *„die keinen Lohn, aber hohen Verdienst haben"*, die silberne Münze der Stadt Dormagen.

Eigentlich hatte das „Team Dorfplatz" seine Arbeit getan und glaubte, sich nach einer Phase der Nachbetreuung auflösen zu können. Doch weit gefehlt: Erstens hatte das „Team Dorfplatz" die Rechnung ohne die Delrather gemacht. Diese hatten Gefallen an der Einweihungsfeier gefunden und meinten, dass sich der Dorfplatz für weitere Feiern gut eignen würde. Der Wunsch nach einer Neuauflage des Dorfplatzfestes im folgenden Jahr wurde immer wieder an die Team-Mitglieder herangetragen. Zweitens hatte das „Team Dorfplatz" die Wartungs- und Pflegearbeiten unterschätzt. Es gab zahlreiche Aktivitäten, die die Fachleute aus dem Team in Anspruch nahmen. Die Team-Mitglieder sammelten über Monate Erfahrungswerte, die an die Schützen weitergegeben werden sollten.

Und drittens zeigte sich auch bald, dass es rund um den Dorfplatz einer Organisations- und Koordinationsstelle bedurfte. Wer wäre hier besser geeignet gewesen als das „Team Dorfplatz"? Darüber hinaus verfügte das „Team Dorfplatz" aus der Abwicklung der Baumaßnahmen und der

Einweihungsfeier auch noch über einen Geldbestand, der für Zwecke des Dorfplatzes vorgesehen war und dafür verwendet werden sollte.

So blieben die Team-Mitglieder zusammen, organisierten zusammen mit dem Bürgerschützenverein einen wöchentlichen Pflegedienst, stellten erstmals 2002 einen Weihnachtsbaum auf dem Dorfplatz auf, unterstützten 2003 die Hubertuskompanie des Schützenvereins bei der ersten Ausrichtung einer Maifeier auf dem Dorfplatz und führten jeweils im Juni 2003 und 2004 zwei weitere Dorfplatzfeste mit Unterstützung von Helfern aus dem Bürgerschützenverein durch.

Am 26. Mai 2004 gründeten die verbliebenen neun Team-Mitglieder den Verein „Team Dorfplatz Delrath 2001 e. V.". Satzungsgemäß fördert der Verein den Heimatgedanken und traditionelles Brauchtum, erhält dauerhaft den Dorfplatz in Delrath als Ortsmittelpunkt und stärkt mit Dorfplatzfesten, Maifeiern und dem Aufstellen eines Weihnachtsbaums auf dem Dorfplatz die Ortsverbundenheit der Bevölkerung und das dörfliche Gemeinschaftsgefühl.

Der Verein vervollständigte die Gestaltung des Dorfplatzes, indem er von einem Künstler zwei bronzene Skulpturen schaffen ließ. Auch für die Realisierung und vor allem Finanzierung dieser beiden Gestaltungselemente setzte sich der Vereinsvorstand intensiv und nachdrücklich bei potentiellen Förderern und Sponsoren ein.

Der Zinkschmelzer als Brunnen   *Landwirt beim Ausbringen der Saat*
(im Hintergrund der Landwirt)   *(Fotos: B. Schleif)*

*Ehemalige Zinkhüttenarbeiter (oben) und Landwirte mit ihren Familien (unten)
bei der Einweihung „ihrer" Skulpturen (Fotos: B. Schleif)*

Im August 2006 wurde die Skulptur eines Zinkschmelzers und im Juni
2007 die Skulptur eines Landwirtes auf dem Dorfplatz enthüllt. Diese
beiden Berufszweige symbolisieren eindrucksvoll die Wurzeln des Dorfes Delrath. Die über Jahrhunderte dominierende Landwirtschaft und die
Zinkhütte, die wesentlicher Teil der Industrialisierung zu Beginn des
20. Jahrhunderts war, prägten das heutige Delrath nachhaltig.

Das Dorfplatzfest gehört mit zu den Höhepunkten des Jahres in Delrath. Nicht nur für das körperliche Wohlbefinden wird gesorgt, besondere Aufmerksamkeit gilt immer den Kindern. Für sie gibt es allerlei Abwechslung: ein Kinderkarussell, eine Hüpfburg, Ponyreiten und anderes mehr; auf dem Dorfplatzfest 2011 gehörte auch eine Wurfbude der BürgerInitiative Lebenswertes Delrath dazu, deren Preise bei den Kindern sehr begehrt waren. (Foto: privat)

Sowohl die Skulptur des Zinkschmelzers als auch die des Landwirtes wurden von dem freischaffenden Maler und Bildhauer Herbert Labusga aus Köln geschaffen.

1939 in Oppeln (Oberschlesien) geboren, machte er 1958 am Kunstgymnasium in Zakopane (Polen) sein Abitur.

Er studierte von 1959 bis 1964 Malerei bei Prof. Gerster in Köln, begann 1963 mit Grup-

Der Bildhauer Herbert Labusga mit der Figur des Landwirtes (Foto: Archiv G. Blank)

199

pen- und Einzelausstellungen, um ab 1966 als freier Bühnenbildner bei Theater-, Industrie-, Fernseh- und Filmproduktionen (z. B. „Die unendliche Geschichte") tätig zu sein.

Des Weiteren gestaltet Labusga seit Jahren große Motivwagen für den Kölner Rosenmontagszug.

Auch in Dormagen sind seine Werke zu sehen. So schuf er den Schweinebrunnen in Zons, die Kindergruppe in Nievenheim, die Tiergruppe in Horrem sowie das Treideldenkmal in Stürzelberg.

Herbert Labusga brachte in Delrath nicht nur seinen Kunst- und Sachverstand ein, sondern engagierte sich auch persönlich zusammen mit dem Vereinsvorstand bei der Schaffung der privat finanzierten Skulpturen im öffentlichen Straßenraum.

Quellen:
NGZ vom 7.12.2002: „Feierstunde zum Tag des Ehrenamtes im Historischen Rathaus: Sieben Vereine und Initiativen geehrt – Eine Ermutigung für das Ehrenamt"
Team Dorfplatz Delrath 2001 e. V.: Vereinssatzung und unveröffentlichtes Protokollbuch

Verein der Freunde und Förderer der Henri-Dunant-Schule

von Peter Jacobs

Der „Verein der Freunde und Förderer der Henri-Dunant-Schule, Städtische Grundschule Dormagen-Delrath e.v.", wie er mit vollständigem Namen heißt, wurde am 14. Januar 1993 gegründet. Erstmals öffentlich trat der Förderverein auf dem Schulfest am 5. Juni 1993 auf, die Eintragung ins Vereinsregister erfolgte am 7. Juni 1993. Bestand der Förderverein laut Gründungsurkunde zunächst aus 7 Mitgliedern, so sind heute 71 Mitglieder unterstützend tätig.

Die nachfolgende Darstellung des Fördervereins wurde seiner eigenen Internetseite entnommen.

„Warum ein Förderverein?

Vor ungefähr 20 Jahren gründeten engagierte Eltern den Verein,
- *um geschäftlich tätig werden zu können,*
- *durch den Status der „Gemeinnützigkeit" Spendenquittungen ausstellen zu können,*
- *durch eine rechtskräftige Satzung die Vergabe der Geldmittel für jedes Vereinsmitglied überprüfbar zu machen,*
- *um auch externen Personen und Institutionen die Möglichkeit der Förderung zu geben,*
- *um aktiv bei der Gestaltung eines regen Schullebens mitzuwirken,*
- *um vielfältige Begegnungen und Zusammenarbeit zwischen Elternhaus und Schule zu fördern.*

‚Wir widmen uns der ideellen und materiellen Unterstützung und Förderung der Schule. Im Verein können sich Mitglieder finanziell oder durch ihre aktive Mitarbeit engagieren.'

Dazu gehört die Finanzierung von Anschaffungen, die nicht durch die Stadt Dormagen als Schulträger finanziert werden können. Insbesondere sind das Materialien für Unterricht und Freizeit, wie z. B. ein Klettergerüst für den Schulhof. Weiterhin unterstützen wir Schüler(innen) finanziell bei Bedürftigkeit.

Eine ebenso wichtige Aufgabe ist die Organisation und finanzielle Abwicklung von Schulveranstaltungen (z. B. St. Martin; Schulfeste).

Seit einigen Jahren arbeitet der Verein wirtschaftlich sehr erfolgreich als Träger der Offenen Ganztagsschule. Besonders aktive Eltern finden Sie in der Abteilung *„Schulhofgestaltung"*, die ihre finanziellen Geschäfte ebenfalls über den Förderverein abwickelt.

Viele helfende Hände für einen schöneren Schulhof

Ärmel hochkrempeln für einen guten Zweck: Rund 50 Eltern, Kinder und Lehrer unserer Schule packten am Wochenende tatkräftig an, um unseren Schulhof weiter zu verschönern. Ab sofort können sich alle über farbenfrohe Schulhof-Bemalungen, neue Bepflanzungen sowie verbesserte Sitzmöglichkeiten freuen. Auch Eltern, deren Kinder erst im September eingeschult werden, beteiligten sich an der Aktion.

Bereits vor drei Jahren hatte ein engagiertes Schulhofteam [...] damit begonnen, die Neugestaltung des Schulhofs Schritt für Schritt detailliert zu planen. Seitdem hat sich sehr viel getan. An drei großen Aktionswochenenden entstanden mit Unterstützung von insgesamt 100 Eltern, Kindern, Lehrern und Betreuern der Offenen Ganztagsschule unter anderem ein neues Fußball-Spielfeld, eine Matsch- und Buddel-Ecke, ein großzügiger Rückzugsbereich, bunt bepflanzte Beete, eine Sechseck-Schaukel sowie ein Kletter-Reck. Damit sind nunmehr die meisten der geplanten Projekte erfolgreich umgesetzt worden. „Es ist unglaublich, mit welchem Engagement sich alle Beteiligten hier eingesetzt haben [...]. Positiver Nebeneffekt: Die gemeinsame Aktion stärkt den Zusammenhalt – eine Identität, die sich auch in einem neu gestalteten Schul-Logo widerspiegelt.

Möglich wurde die Umsetzung der Maßnahmen durch zahlreiche Spenden. Unternehmen aus Delrath sowie die Hubertusschützen beteiligten sich finanziell, zweimal gab es Geld bei der Chempark-Spendenaktion ‚Nachbarschafft Hilfe‘. Mit viel Kreativität rief die Schule zudem die Aktion ‚Sponsored Silence‘ – Reden ist Silber, Schweigen bringt Geld – ins Leben. Kinder machten sich vor kurzem bereits zum zweiten Mal auf die

Suche nach Sponsoren, die ‚Schweigeeinheiten' der Kinder finanzierten. Der Erfolg kann sich sehen lassen. Insgesamt kamen in den vergangenen Jahren so rund 20.000 Euro zusammen, die vor allem in die deutliche Aufwertung des Schulhofes investiert wurden.

Wir bedanken uns sehr herzlich bei allen Unterstützern, ohne deren Hilfe es nicht möglich gewesen wäre, unseren Schülerinnen und Schülern einen so schönen und ansprechenden Schulhof zu präsentieren. Auch den Kindern gefällt es: ‚Wir haben jetzt sehr viel mehr Möglichkeiten, in den Pausen zu spielen'. "

Alle Fotos stammen von der Internetseite des Vereins der Freunde und Förderer der Henri-Dunant-Schule.

Quellen:
www.henri-dunant-schule.de
Urkunde mit den Unterschriften der Gründungsmitglieder
Werbeblatt des Vereins der Freunde und Förderer der Henri-Dunant-Schule
Schleif, Burkhard: Wo lit Delrod?, Historische Schriftenreihe der Stadt Dormagen, Nr. 16, Hrsg. Stadt Dormagen 1995
Blank, Günter: Delrather Zeitreise, Band 5, S. 102
Angaben von Elisabeth Werner, Delrath 2012
http://www.dormagen.de/vereine.html

Die BürgerInitiative
Lebenswertes Delrath
(B.I.L.D.)
von Peter Jacobs

Delrath, liebens- und lebenswerter Ortsteil von Dormagen

Delrath, früher ein überwiegend landwirtschaftlich geprägtes Straßendorf, entwickelte sich mit neuen Wohngebieten abseits der Hauptstraße zu einem neuzeitlichen Ortsteil.

Nicht wenige Neusiedler bauten ihre Häuser in Delrath (so auf der Nordseite des Elvekumer Weges oder Am Quirinushof) oder kauften Wohneigentum. Sie müssen zwar, wenn sie Delrath über die B 9 und den Zinkhüttenweg anfahren, erst einmal durch ein rund 80 ha großes Industriegebiet fahren, wenn sie dann aber hinter der Autobahn ihre Häuser erreicht haben, nehmen sie davon kaum noch etwas wahr.

Der Vorteil der geografischen Lage von Delrath ist überzeugend. In einem Radius von etwa 35 km befinden sich Städte wie Düsseldorf, Neuss, Köln und Krefeld. Hervorragende Verkehrsanbindungen durch Eisenbahn und Autobahn sind gute Argumente, hier den Wohnort zu wählen. Die Hauptwindrichtungen sorgen dafür, dass der Schadstoffausstoß der umliegenden Gewerbe- und Industriebetriebe Delrath nicht oder nur selten erreicht. Das Grundwasser liegt tief genug unter dem Baugrund, so dass selbst ein Rheinhochwasser kaum Schaden in Delrath anrichten kann. Im Norden und Süden erstrecken sich Felder, die im Sommer grün sind und freien Blick in die Landschaft gewähren. Die Wirtschaftswege eignen sich sehr gut für Spaziergänge, sportliche Betätigung wie Jogging oder Radfahren und im Süden als verkehrsfreier Zugang zum Sportplatz des SSV Delrath sowie zum Zerrenger Büschgen mit seinem „Ententeich".

Die Planung der Anschlussstelle Delrath

Im Jahr 2005 wurde die formale Planung für den Bau einer Autobahnanschlussstelle (AS) Delrath im Norden unseres Ortes eingeleitet. Das dort gelegene Landschaftsschutzgebiet wurde nahezu unbemerkt aufgehoben.

Der größte Teil des nördlichen Naherholungsraumes von Delrath sollte für die Straßenplanung fortfallen, was jedoch nicht erforderlich wäre. Eine erste Bürgerinitiative formierte sich gegen den unnötig hohen Flächenverbrauch, andere wollten die Anschlussstelle ganz verhindern.

Die Bürgerinitiative machte Alternativvorschläge, die jedoch von Politik und Verwaltung ignoriert wurden. Es gab viele Einsprüche im Planfeststellungsverfahren. Zu Hilfe kam den Bürgern ein katastrophaler Planungsfehler: man hatte das Lager einer Spedition übersehen, die technische Gase umschlägt. Bis heute (August 2012) ruht das Verfahren wegen fehlender Gutachten.

Die Planung des Gewerbe- und Industriegebietes Kohnacker

Das Fass zum Überlaufen brachte die Absicht der Stadt, auf dem Kohnacker, dicht bei der Wohnbebauung am südlichen Ortsrand von Delrath, einen neuen Gewerbe- und Industriebereich (GIB) anzusiedeln. Dieser würde den letzten Freiraum im Süden Delraths vernichten, die räumliche Einschnürung Delraths verschärfen und insgesamt die Lebensqualität der Bewohner unverhältnismäßig beeinträchtigen.

Auch die Verkehrssituation in Nievenheim und Delrath würde sich deutlich verschlechtern, denn die erheblichen, zusätzlichen Verkehre waren im Verkehrsentwicklungsplan nicht berücksichtigt worden.

Das „eingekesselte Dorf“:

Im Nordosten von Delrath befindet sich die A 57, mit (3) gekennzeichnet, zwischen A 57 und B 9 das ca. 80 ha große Gewerbegebiet (5), westlich von Delrath verläuft die Eisenbahn Köln-Neuss (4). Durch die im Planfeststellungsverfahren befindliche AS Delrath im Norden des Ortes (2) und durch den geplanten GIB Kohnacker (1) im Abstand von 200 m zum südlichen Ortsrand drohte Delrath eingeschlossen zu werden.

Gründung der BürgerInitiative Lebenswertes Delrath

Kaum dass Anfang/Mitte Februar 2010 erste Mitteilungen über die Planung des Gewerbe- und Industriegebietes Kohnacker in den Zeitungen standen, nahm man untereinander Kontakt auf, wurde sich einig, aktiv gegen die Planungsabsichten vorzugehen, und schloss sich zusammen als: BürgerInitiative Lebenswertes Delrath" (B.I.L.D.).

Der Name ist Programm und zu dem bis heute anhaltenden Erfolg trugen sowohl die Gründung des inzwischen stadtbekannten Stammtisches als auch das Identität stiftende Logo bei.

Es erfüllte B.I.L.D. mit Freude, dass die Schützen 2011 deren Slogan in abgewandelter Form für eine Großfackel benutzten.
(Foto: Petra Lingel-Drebenstedt, Delrath)

Im Verlauf ihres Bestehens nahm B.I.L.D. an inzwischen zahllosen Ausschusssitzungen teil, führte Besprechungen mit Vertretern von Verwaltung, Politik und Medien. Das Internet ist eine große Hilfe. Mehrere tausend Flugblätter wurden erstellt, gedruckt, verteilt, mehr als 1.200 Unterschriften gesammelt und an den Regionalrat übergeben, die Delrather Vereine mit ins Boot genommen. Die Mitstreiter beweisen viel Idealismus und sind inzwischen eine eingeschworene Gemeinschaft.

Wichtig ist, dass die Bürgerinitiative parteipolitisch neutral ist und bleibt.

B.I.L.D. schrieb Briefe an den Ministerpräsidenten, mehrere Ministerien, den Petitionsausschuss des Landtages, die Bezirksregierung, an alle Mitglieder des Regionalrates sowie an Spitzenpolitiker von Bund und Land und verschiedene Verbände, darunter die Naturschutzverbände. B.I.L.D. führte Gespräche mit den Kommunalpolitikern in Dormagen. Die Mitglieder aller Fraktionen des Regionalrates, dabei auch der Landrat als Vorsitzender des Regionalrates, folgten einer Einladung zu Ortsbegehungen, um sich eigene Eindrücke von der Situation in Delrath zu verschaffen.

Das Foto zeigt einen Teil der Mitglieder des Stammtisches bei der Präsentation eines Banners vor dem „Alten Bahnhof Nievenheim". (aus: Delrather Zeitreise, Bd. 7)

Wie bei der AS Delrath war B.I.L.D. nicht einfach nur „gegen" die Planung Kohnacker, sondern tat sich auch durch die Ausarbeitung einiger guter Alternativlösungen sowie vieler sachkundiger Einwände hervor. Inzwischen zeichnen sich neue, bessere Alternativen ab, die aufmerksam verfolgt werden.

B.I.L.D. stellte im Verlauf ihrer Arbeit fest, dass es nicht ausreicht, an der einen oder anderen Stelle „Flagge zu zeigen", unsere Gesellschaft muss vor allen Dingen ihre Zukunftsfähigkeit aktiv mitgestalten.

Aus diesem Grund wurde ein Konzept zur Entwicklung von Delrath erstellt, das sich nicht nur mit einzelnen Problemen befasst, sondern viele Punkte beinhaltet. Es befasst sich mit dem demografischen Wandel ebenso wie es Vorstellungen aus der Landespolitik aufgreift, damit Delrath seine Infrastruktur behält, attraktiv bleibt und junge Menschen aus den Ballungsgebieten sich Delrath nicht nur wegen der günstigen Grundstücks- und Immobilienpreise als neuen Wohnort auswählen.

Die BürgerInitiative Lebenswertes Delrath unterhält eine eigene Internetseite und ist auch an den Vorbereitungen zur 750-Jahr-Feier von Delrath im Jahr 2013 aktiv beteiligt.

Quellen:
Jacobs, Peter: Die BürgerInitiative Lebenswertes Delrath (B.I.L.D.), in: Blank, Günter: Delrather Zeitreise, Band 7, Seiten 58 ff
http://www.bild-delrath.de/ (Homepage von Wolfgang Rinke † Dezember 2012)

Ad fontes: Quellen zur Geschichte Delraths im Archiv im Rhein-Kreis Neuss

von Stephen Schröder

Wer sich mit der Geschichte Delraths und seiner Bewohner beschäftigt und dabei nicht bei den in gedruckter Form vorliegenden Informationen stehen bleiben möchte, benötigt authentische historische Quellen. Sie oder er findet solche in großer Zahl und unterschiedlicher Form im Archiv im Rhein-Kreis Neuss, das seit Anfang 2007 als *„gemeinsames Archiv“*[1] des Kreises und der Stadt Dormagen fungiert und vor allem aufgrund seiner städtischen Zuständigkeit als das zentrale historische Gedächtnis für die Geschichte Delraths anzusehen ist: Nicht weniger als 444 Treffer verzeichnet die zentrale Archivdatenbank, wenn man nach dem Begriff „Delrath" sucht (Stand: August 2012). Unterlagen, die sich von ihrem Inhalt her auf Delrath beziehen, deren Datenbankeintrag den Begriff aber nicht expressis verbis enthält, sind dabei noch nicht einmal berücksichtigt. Der folgende Beitrag gibt einen knappen Überblick über wichtige Quellen zur Geschichte Delraths, die im Archiv im Rhein-Kreis Neuss verwahrt werden, und macht darüber hinaus auf naheliegende Auswertungsmöglichkeiten aufmerksam.

Das Gros der überlieferten Zeugnisse stellen Verwaltungsakten vor allem aus der Zeit des 20. Jahrhunderts dar. Da Delrath seit Beginn der preußischen Zeit 1816 in administrativer Hinsicht zur Gemeinde und Bürgermeisterei Nievenheim (seit 1927 zum Amt Nievenheim) gehörte[2], sind vor allem die Unterlagen des Bestandes „Amt Nievenheim" einschlägig für dessen Geschichte. Für die Zeit nach der kommunalen Neugliederung des Jahres 1975, in deren Kontext Delrath zu Dormagen kam, finden sich wichtige Betreffe in erster Linie im Bestand „Stadt Dormagen", der allerdings vielfach noch den archivgesetzlichen Sperrfristen unterliegt.

Gemäß der Aufgabenvielfalt der Nievenheimer Verwaltung beziehen sich die älteren Unterlagen in inhaltlicher Perspektive auf ganz verschiedene Sachverhalte – von für Delrath so wegweisenden Projekten wie dem Bau des Bahnhofs oder Belangen der Industriebahn über Grundstücks- und Gebäudeangelegenheiten bis hin zu Schul- und Vereinssachen, und vieles Weitere mehr. Wie ertragreich das genaue Studium der die Verwaltungsvorgänge im Detail erhellenden Akten bisweilen sein kann, zeigt Peter Jacobs Darstellung über die Geschichte des Nievenheimer Bahnhofs in diesem Band. Ähnliches ließe sich auch für zahlreiche andere Themenfelder ermitteln. So ist im Archiv etwa – um nur ein Beispiel zu erwähnen – eine interessante Akte über den „Ankauf des Schulgrundstücks zu Delrath" überliefert, welche die Verhandlungen und Verwicklungen zwischen der Gemeinde einerseits und der katholischen Kirche andererseits wegen eines Grundstückstauschs im Zusammenhang mit der Errichtung der Delrather Volksschule in den 1920er und 1930er Jahren dokumentiert[3].

Der Hinweis auf die Schule verweist bereits auf eine andere Quelle, die aufgrund ihres hohen Informationsgehalts eine etwas ausführlichere Vorstellung verdient. Die Rede ist von der „Schul-Chronik für die Schule zu Delrath"[4]. Auf insgesamt 73 Seiten dokumentiert die Chronik, zu deren Führung die Schulen gemäß den Bestimmungen des preußischen Staates verpflichtet waren, die einschlägigen Geschehnisse der Schule, aber auch – in nachgeordneter Perspektive – des Ortes in chronologischer Folge. Die zeitliche Spanne erstreckt sich dabei von der Einweihung der Volksschule am 15. Oktober 1927 bis zum 25. Mai 1952. Die durchgehend handschriftlichen Aufzeichnungen werden ergänzt um eingeklebte Fotografien und Zeitungsausschnitte, was den Aussagewert der Chronik zusätzlich erhöht.

Das thematische Spektrum, welches die Chronik umspannt, ist durchaus breit, wobei einzelne Aspekte teils recht ausführlich behandelt werden, wie bereits der erste Eintrag vom 15. Oktober 1927 zur „Einweihung der Schule Delrath" beweist: „Der Gedanke einer eigenen Schule kam besorgten Eltern, die ihren Kindern den weiten Weg nach Nievenheim und sich selbst die damit verbundenen Unregelmäßigkeiten für den Haushalt, sowie erhöhten Verschleiß an Kleidungsstücken, ersparen wollten. Die dem Gemeinderat angehörenden Herren Bolle und Thuir interessierten den Herrn Bürgermeister Rahmen, der mit ihnen in zäher Ausdauer Schritt für Schritt weiter-

ging, bis endlich durch einen Zuschuss der Regierung, sowie durch die Bereitwilligkeit der Gemeinde, der Gedanke Wirklichkeit wurde"[5]. Die Schulchronik berichtet vom schulischen Leben unter den teils schwierigen Rahmenbedingungen der ersten Jahre. Auch interessante sozialgeschichtliche Rückschlüsse lassen sich aus der Quelle ziehen, sind doch regelmäßig die Berufe überliefert, welche die aus der Schule Entlassenen gewählt haben. Der erste derartige Eintrag erfolgte am 1. April 1928 und lautet wie folgt[6]:

Knaben		Mädchen	
1	Landwirtschaft	9	Hauswirtschaft
3	Handwerk	2	Handwerk
–	Kaufm[ännische] Tätigkeit	1	Verkäuferin
2	Fabrikarb[eit]		
2	Weiterstudium (Handelssch[ule])		

Auch die Zeit der nationalsozialistischen Diktatur findet in der Schulchronik ausführlichen Niederschlag. So erfährt der Leser, wie der Anteil der von der Staatsjugend erfassten Schülerinnen und Schüler im Laufe der Zeit zunahm, ehe der Chronist unter dem Datum des 15. November 1935 vermerkte: *„Schüler und Schülerinnen sind jetzt mit 100 % der Staatsjugend angeschlossen"*[7]. Die Einbeziehung der Lehrerschaft in die Strukturen des „Dritten Reiches" wird ebenfalls ersichtlich. Nicht nur wurden die Lehrer der bereits Ende Mai 1933 in *„Horst-Wessel-Schule"*[8] umbenannten Volksschule Anfang September 1934 auf den „Führer" vereidigt. Eine Lehrkraft wird in der Schulchronik sogar ausdrücklich als *„SA-Lehrer beim Sturmbann II Standarte 28"* bezeichnet[9]. In mindestens einem Fall vermerkt die Chronik auch Geschehnisse, die im weiteren Zusammenhang mit non-konformem Verhalten respektive Widerstand gegen den Nationalsozialismus stehen. So heißt es unter dem Datum des 12. November 1936: *„Herr Kaplan Holtermann verließ heute den Unterricht und ließ die Kinder allein. Der Deutsche Gruß sollte nach seinen Anweisungen: ,Heil Hitler, Grüss Gott, Herr Kaplan' heißen. Da er selbst den Kindern sagte, er käme nicht mehr wieder, übernimmt Pfarrer Knor vorl[äufig] den Religionsunterricht in der Mittelklasse"*[10]. Von Interesse ist dieser Vorfall vor allem deshalb, weil Holtermann in der Zeit des „Dritten Reiches" wiederholt in Konflikt mit der Staatsmacht geriet und namentlich wegen des geschilderten Vorfalls in der Delrather Volksschule angezeigt wurde, woraufhin ihm die Unterrichtserlaubnis vom Regierungspräsidenten entzogen wurde[11].

In den Kriegsjahren wurde die Zeitdauer, die zwischen den einzelnen Chronikeinträgen lag, zunächst größer und die Vorkommnisse der zurückliegenden Wochen und Monate wurden häufig zusammenfassend geschildert. Im Januar 1942 wurde die Chronik infolge der Kriegsereignisse und der Personalveränderungen in der Schule schließlich überhaupt nicht mehr weitergeführt. Allerdings wurden die wichtigsten Ereignisse später – „nach Jahren"[12], wie es in der Quelle heißt – nachgetragen. Obschon der Wert der Quelle dadurch etwas gemindert wird, enthält die Schulchronik nicht zuletzt für die Kriegsjahre interessante Erkenntnisse, namentlich mit Blick auf die Geschichte des Dorfes. Dies trifft etwa auf die diversen Fliegerangriffe zu, von denen Delrath heimgesucht wurde, aber auch auf die Kriegsgeschehnisse gegen Ende der Kampfhandlungen sowie auf den Einmarsch der amerikanischen Truppen am 5. März 1945: „Noch am Abend wurden sämtliche Häuser nach deutschen Soldaten abgesucht. Die gerade auf Urlaub befindlichen, kranken Soldaten wurden in die Gefangenschaft geführt. Die Dörfler wurden aus den Häusern herausgeholt und ohne Habe nach Nievenheim getrieben. Schauerlich war dieser Gang! An brennenden Feldscheunen, an verletzten Soldaten, an umherliegenden, blutgefleckten Soldatenkleidern und Gewehren, an schweren am[erikanischen] Panzerwagen vorbei ging es unter beständigem Beschuß über die Landstraße"[13].

Auch die Nachkriegsjahre, als es zunächst an allem mangelte, das Schulgebäude „sehr zerstört"[14] war und der Schulbetrieb nur unter äußerst widrigen Umständen wiederaufgebaut werden konnte, werden in der Chronik ausführlich und anschaulich dokumentiert, wie folgender Eintrag vom 7. Juli 1947 belegt: „Die Schulkinder werden aus der Schule gehalten, weil Schuhe und andere Kleidungsstücke fehlen. Außerdem ist die Ernährungslage sehr schlecht. Die Kinder müssen deshalb unmittelbar oder mittelbar mitwirken, daß zusätzliche Nahrungsmittel ins Haus kommen. Manchmal werden den Kindern bedenkliche Handlungen zugemutet wie Betteln, Hamstern, Diebstahl und Mitwirkung bei Schwarzmarktgeschäften"[15]. Die erwähnten Beispiele verdeutlichen: Die Chronik der Delrather Schule, die seit 1946 wieder als katholische Volksschule fungierte, stellt eine zentrale Quelle sowohl für die Geschichte der Einrichtung selbst als auch für diejenige des Ortes dar.

Letzteres gilt in gewandelter Form auch für die Zivil- und Personenstandsregister, deren Erstschriften für Delrath wie für alle anderen Dormagener Stadtteile seit einigen Jahren im Archiv im Rhein-Kreis Neuss verwahrt werden und dort eingesehen werden können[16]. Nachdem die Dokumentation des Personenstandes über Jahrhunderte hinweg eine kirchliche Aufgabe war, ging die Beurkundung von Personenstandsveränderungen im Rheinland im Zuge der Französischen Revolution auf den Staat über. Ausdruck dieser Entwicklung war die im linksrheinischen Gebiet bereits 1798 erfolgte Einführung von Zivilstandsregistern, welche auch nach dem Ende der französischen Herrschaft fortgeführt und erst Mitte der 1870er Jahre von den standesamtlichen Personenstandsregistern abgelöst wurden. Insbesondere für Familienforscher, die sich für ihre Vorfahren interessieren, stellen die stets in doppelter Ausführung gefertigten Register – im Einzelnen handelt es sich um Geburten-, Heirats- und Sterberegister – herausragende und für weiterführende Recherchen nicht selten unverzichtbare Zeugnisse dar.

Dass diese Quellen heute überhaupt im Archiv im Rhein-Kreis Neuss benutzt werden können, ist eine direkte Folge des *„Gesetzes zur Reform des Personenstandsrechts"*[17] vom 19. Februar 2007, welches das bis dahin geltende Recht grundlegend reformierte und mit Wirkung vom 1. Januar 2009 u. a. die Abgabe der Register an das zuständige öffentliche Archiv nach folgenden Fristen bestimmte:

- Eheregister und Lebenspartnerschaftsregister: 80 Jahre
- Geburtenregister: 110 Jahre
- Sterberegister: 30 Jahre

Aus den gleitenden Fristen lässt sich auch errechnen, bis zu welchem Stichjahr die Register bereits im Archiv vorliegen. In der Regel wird jährlich ein weiterer Jahrgang abgegeben. Mit der erstmaligen Abgabe an die Archive wurde auch die vormals auf einen sehr engen Personenkreis begrenzte Benutzung namentlich der Personenstandsregister seit 1876 deutlich liberalisiert: Seit Anfang 2009 können sämtliche Register für Forschungszwecke von Dritten benutzt werden, sofern die festgelegten Fristen abgelaufen sind[18]. Zu erwähnen ist schließlich noch, dass mit den Registern auch die dazugehörigen Sammelakten mit vorbereitenden Unterlagen für die Beurkundung des Personenstandes (z. B. Ehefähigkeitsbescheinigungen, Zustimmungen von Vormündern bei Heiraten Minderjähriger) den Archiven angeboten wurden. Auch sie können seit Anfang 2009 im Archiv im Rhein-Kreis Neuss nach den geschilderten Regularien eingesehen werden.

Wie bei den Verwaltungsakten sind für Delrath die Register der Bürgermeisterei bzw. des Amtes Nievenheim einschlägig, welche Personenstandsfälle aus allen angehörigen Gemeinden enthalten. In inhaltlicher Perspektive überliefern die Register wichtige Primärinformationen zu den jeweiligen Personen wie z. B. Name, Geburtstag, Wohnort, Beruf, Religion etc. Ein repräsentativer Eintrag aus dem Geburtenregister des Jahres 1901 lautet etwa wie folgt: *„Nr. 59[.] Nievenheim am 24. Juni 1901. Vor dem unterzeichneten Standesbeamten erschien heute, der Persönlichkeit nach bekannt, der Hülfsbahnwärter Johann Peter Kollenbroich[,] wohnhaft in Delrath[,] katholischer Religion, und zeigte an, daß von der Anna Maria Kollenbroich geborenen Worringen, seiner Ehefrau[,] katholischer Religion, wohnhaft bei ihm zu Delrath in seiner Wohnung am vierundzwanzigsten Juni des Jahres tausend neunhundert und eins Nachmittags um ein Uhr ein Mädchen geboren worden sei und daß das Kind die Vornamen Anna Maria erhalten habe. Vorgelesen, genehmigt und unterschrieben Johann Peter Kollenbroich[.] Der Standesbeamte. In Vertretung Kremer[.]"*[19].

Von großem Interesse sind für Familienforscher zudem die Beischreibungen und Randvermerke mit Informationen aus anderen Registern und Änderungen des Personenstandes. Das abgebildete Beispiel aus dem Nievenheimer Heiratsregister des Jahres 1926 zeigt einen solchen Fall mit Hinweisen auf die Geburten von vier Kindern des Paares in den Jahren 1927 bis 1935, auf die Heirat einer Tochter 1946, auf den Tod der beiden Vermählten 1966 und 1970 sowie auf ein Scheidungsurteil des Landgerichts Düsseldorf[20]. All diese Hinweise verweisen wiederum auf weitere Quellen, die nach Ablauf der Fristen im Archiv im Rhein-Kreis Neuss bzw. – sofern vorhanden – im Landesarchiv Nordrhein-Westfalen Abteilung Rheinland in Düsseldorf eingesehen werden können. Über ein solches Verfahren lassen sich Schritt für Schritt die verwandtschaftlichen Verhältnisse einer Familie rekonstruieren.

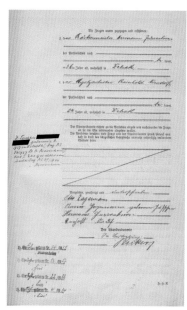

Archiv im Rhein-Kreis Neuss, Amt Nievenheim Heiratsregister 1926 Nr. 24

Im Archiv im Rhein-Kreis Neuss werden indes nicht nur schriftliche Quellen zur Geschichte Delraths verwahrt, sondern auch bildliche. Darunter fallen verschiedene Kartenwerke, unter denen wiederum – neben der bekannten Kartenaufnahme durch Tranchot und von Müffling – vor allem den Urkatasterkarten aus dem frühen 19. Jahrhundert ein besonderer Stellenwert zukommt.

Bereits zur Zeit der französischen Besatzung wurde mit der systematischen Vermessung des Gebietes des heutigen Rhein-Kreises Neuss begonnen. Die neuen preußischen Herrscher setzten diese Arbeiten in den Jahren nach dem Wiener Kongress fort. Auch Delrath wurde in diesem Zusammenhang vermessen und kartographisch erfasst. Da das Urkataster von den unterschiedlichen Verwaltungen immer wieder benötigt wurde und sich deshalb über die Jahrzehnte und Jahrhunderte hinweg erhalten hat, stehen die entsprechenden Karten heute im Original im Archiv zur Verfügung. Für Delrath von Interesse sind dabei vor allem eine Übersichtskarte im Maßstab 1:10.000, die ursprünglich unter dem Titel *„Gemeinde[-]Charte des Parcellar-Katasters der Gemeinde Nievenheim Regierungs-Bezirk Düsseldorf Landkreis Neuss Bürgermeisterei Nievenheim[.] Beendigt auf dem Felde […] 1818/19 durch den Geometer Reichard"*[21] firmierte, sowie diverse Flurkarten im Maßstab 1:2.500. Letztere gehen teilweise ebenfalls auf das Jahr 1818 zurück, wurden im Laufe der Zeit aber (mehrfach) fortgeschrieben, d. h. ergänzt und berichtigt, wobei die letzte Änderung – soweit ersichtlich – aus dem Jahr 1966 datiert[22]. Das Urkataster deckt mit seinen Fortschreibungen also eine Zeitspanne von nicht weniger als 150 Jahren ab. Von seiner Aussagekraft her lassen sich anhand der Karten u. a. die Entwicklung der Besiedlung und Bebauung des Dorfes, aber auch die Veränderungen einzelner Sectionen, Fluren und Straßenzüge, teils sogar einzelner Höfe erkennen. Überdies können die Karten Hinweise für die Erforschung von Flurnamen geben.

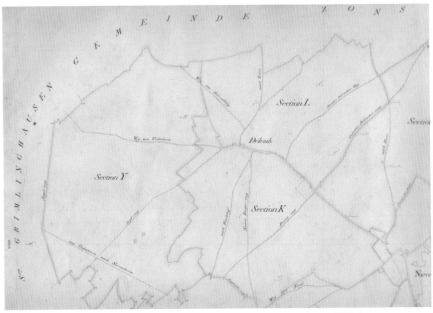

Archiv im Rhein- Kreis Neuss, Katasterunterlagen NV 1

Zu den bildlichen Quellen des Archivs zählen natürlich auch die Postkarten und die fotografische Überlieferung, die durch die Zusammenlegung der beiden vormals selbständigen Archive im Jahr 2007 insbesondere für den Raum Dormagen und damit auch für Delrath sehr dicht ausfällt. Die inhaltliche Bandbreite erstreckt sich dabei von zahlreichen „Grüßen aus Delrath" in Postkartenformat über Abbildungen von Gebäuden wie z. B. des Bahnhofs bis hin zu Fotos des Delrather Schul- und Vereinslebens (z. B. Hubertus Schützenbruderschaft Delrath, SSV Delrath 1927). Zur Illustration von Sachverhalten, die an anderer Stelle überliefert sind, oder auch als eigene Quelle – bildliche Zeugnisse können in vielerlei Hinsicht bedeutsam sein.

Archiv im Rhein- Kreis Neuss, Fotobestand Amt Nievenheim 6002-0003

Als letzte zentrale Quellengattung sei abschließend auf die umfangreiche Zeitungsüberlieferung verwiesen, die im Archiv im Rhein-Kreis Neuss verwahrt wird. Aufgrund der Fülle von – häufig nur dort überlieferten – Informationen und ihres regelmäßigen, teils sogar täglichen Erscheinens stellt die Presse eine vortreffliche Ergänzung der übrigen Zeugnisse dar. Für Delrath kommt dabei dem *„Anzeiger für Köln-Worringen, Dormagen und Umgegend. Bekanntmachungsblatt der Ämter Dormagen, Zons und Nievenheim"*[23] sowie seinem Nachfolger, dem noch heute existierenden *„Rheinischen Anzeiger"*[24], besondere Bedeutung zu. Von Januar 1932 bis Mai 1941 sowie für die Zeit vom 10. November 1950 bis zur Gegenwart steht das Blatt, das sowohl als Heimatzeitung als auch als amtliches Organ fungiert(e), im Archiv zur Verfügung.

Der kurze und notgedrungen unvollständige Überblick mag verdeutlicht haben, dass das Archiv im Rhein-Kreis Neuss ein weites Spektrum unterschiedlichster Zeugnisse zur Geschichte Delraths – wie übrigens auch aller anderen Dormagener Stadtteile und der Stadt als Ganzes – verwahrt. Diese Quellen stehen allen interessierten Bürgerinnen und Bürgern an fünf Wochentagen in der Regel kostenfrei zur Verfügung. Der Zweck der Benutzung ist dabei nicht entscheidend: Ob zur wissenschaftlichen Forschung, der Heimat- oder Familiengeschichte wegen oder schlicht aus privatem Interesse – kommen Sie uns besuchen!

Kontakt:
Archiv im Rhein-Kreis Neuss
Schloßstraße 1
41541 Dormagen-Zons
Tel.: 02133 530210
Email: kreisarchiv@rhein-kreis-neuss.de

---

[1] So die Bezeichnung in: Öffentlich-rechtliche Vereinbarung der Stadt Dormagen mit dem Rhein-Kreis Neuss über die Einrichtung eines gemeinsamen Archivs, in: Amtsblatt für den Regierungsbezirk Düsseldorf 188 (2006) Nr. 51, S. 418 (digital: http://www.brd.nrw.de/wirueberuns/Amtsblatt/2006/Amtsblatt_51_06.pdf).

[2] Vgl. Burkhard Schleif, Wo lit Delrod?, hrsg. im Auftrag der Stadt Dormagen, Der Bürgermeister von Heinz A. Pankalla (= Historische Schriftenreihe der Stadt Dormagen Nr. 16), Dormagen 1995, S. 12-14.

[3] Vgl. hierzu vor allem Archiv im Rhein-Kreis Neuss, Amt Nievenheim Nr. 639.

[4] Archiv im Rhein-Kreis Neuss, Schulchronik Delrath, Deckblatt.

[5] Ebenda, S. 1.

[6] Ebenda, S. 5.

[7] Vgl. ebenda, S. 22, 23, 25 und 26 (dort das Zitat; Hervorhebung im Original).

[8] Ebenda, S. 18 (Hervorhebung im Original).

[9] Vgl. ebenda, S. 20 (dort das Zitat) und 22.

[10] Ebenda, S. 28.

[11] Vgl. Anette Gebauer-Berlinghof: Der Nationalsozialismus, in: Nievenheim. Die Geschichte des Kirchspiels, der Bürgermeisterei und des Amtes von den Anfängen bis zur Gegenwart, im Auftrage der Stadt Dormagen hrsg. von Peter Dohms und Heinz Pankalla (= Historische Schriftenreihe der Stadt Dormagen Nr. 17), Dormagen 1996, S. 320f.

[12] Archiv im Rhein-Kreis Neuss, Schulchronik Delrath, S. 42.

[13] Ebenda, S. 47.

[14] Ebenda, S. 50.

[15] Ebenda, S. 58.

[16] Von jedem Personenstandsbuch existiert in der Regel eine Sicherungsabschrift. Diese Zweitschriften werden für das gesamte Rheinland zentral im Landesarchiv Nordrhein-Westfalen Abteilung Rheinland Standort Brühl verwahrt.

[17] Vgl. Bundesgesetzblatt 2007 Teil I Nr. 5, S. 122-148.

[18] Vgl. hierzu die Präsentation von Dr. Bettina Joergens: Was bringt die Personenstandsreform Neues für die Archive?, abrufbar unter: http://www.lwl.org/waa-download/pdf/Was_bringt_die_Personenstandsreform_Neues.pdf (Zugriff: 24. August 2012).

[19] Archiv im Rhein-Kreis Neuss, Amt Nievenheim Geburtenregister 1901 Nr. 59.

[20] Archiv im Rhein-Kreis Neuss, Amt Nievenheim Heiratsregister 1926 Nr. 24.

[21] Archiv im Rhein-Kreis Neuss, Katasterunterlagen NV 1.

[22] Archiv im Rhein-Kreis Neuss, Katasterunterlagen NV 15-16, 18-19 sowie 39-42.

[23] So der offizielle Titel der ältesten im Archiv im Rhein-Kreis Neuss überlieferten Ausgabe vom 7. Januar 1932.

[24] So erstmals die Bezeichnung in der Ausgabe vom 13. Juni 1952.

Ein Grabkreuz in Nievenheim

An der Innenseite der nordwestlichen Mauer, die den Kirchhof der Pankratiuskirche in Nievenheim umfasst, befindet sich das Grabkreuz der Edelfrau Kaumanns, die auf dem Leckenhof in Delrath gewohnt hatte und am 23. Januar 1843 dort gestorben war. In Ermangelung eines eigenen Friedhofs werden Delrather seit ewigen Zeiten in Nievenheim beerdigt. Folgerichtig steht das Grabkreuz in Nievenheim.

(Foto: P. Jacobs)

„Ruhestaette der edlen Frau ACL Kaumanns geb. Ingenhoven
Sie starb am 23ten Januar 1843 auf dem Lickenhof zu Delrath
Sie ruhet in Frieden"

Redaktionsteam und Co-Autoren

Dipl.-Ing. Peter Jacobs

geb. 30.05.1944 in Düsseldorf
Studium: Allgemeiner Ingenieurbau (Staatliche Ingenieurschule Koblenz), Verkehrsbau (Staatl. Ing.-Schule Köln)
Verkehrsplaner in verschiedenen Ämtern des Landschaftsverbandes Rheinland und des Landesbetriebes Straßenbau NRW bis 2006
Mitglied der Arbeitsgemeinschaft deutscher Studentenhistoriker
Mitgründer der BürgerInitiative Lebenswertes Delrath

Dipl.-Kfm. Burkhard Schleif

geb. 14.06.1954 in Dormagen
Studium: Betriebswirtschaftslehre an der Universität zu Köln
Geschäftsführer im „Team Dorfplatz Delrath 2001 e. V."
Autor der Delrath-Chronik „Wo lit Delrod?" (1995) sowie von Beiträgen in der Nievenheimchronik (1996), der Schützenchronik (2001) und in der „Delrather Zeitreise" (2006 und 2008)

Dr. jur. Nikolaus Wiesenberger

geb. 06.11.1947 in Düsseldorf
Studium: Rechtswissenschaften in Münster und Berlin
promoviert zum Dr. jur. an der Universität Münster
Mitarbeiter in der Rechtsabteilung des Erzbischöflichen General-vikariats in Paderborn, Dezernent bei der Bezirksregierung Detmold, Referatsleiter in der Abteilung Städtebau der jeweils zuständigen Ministerien der Landesregierung in Düsseldorf bis 2010

Jost Auler MA

geb. 23.04.1958 in Düsseldorf
Studium: Ur- und Frühgeschichte, Anglo-Amerikanische Geschichte, Mittlere und Neue Geschichte
Archaeotopos-Buchverlag, Dormagen

Dipl.-Ing. Bertwin Heller

geb. 20.11.1949 in Dormagen
seit 30 Jahren selbständiger Kfz- und Gebäudesachverständiger
Gründungsmitglied (Sept. 2009) der Billard Gemeinschaft Dormagen-Delrath

Redaktionsteam und Co-Autoren

Diplom-Agraringenieur Karl Nacke

geb. 14.07.1964 in Neuss
landwirtschaftliche, praktische Ausbildung
Studium: Agrarwissenschaften an der Universität Stuttgart-
Hohenheim
Landwirt auf dem Stüttger Hof

Prof. Dr. Gerd Novotny

Univ.-Prof., B.Sc., Ph.D. (Univ. London)
geb. 29.10.1941 in Wien
1948 mit Eltern nach Großbritannien übersiedelt
Schulbildung in England
Studium: Psychologie (B.Sc.) und Physiologie am University
College London, Promotion zum Dr. Phil. (Ph.D.) in Physiologie,
Berufstätigkeiten an den Anatomischen Instituten der Universitä-
ten Göttingen, Aachen und Düsseldorf

Dieter Platz

54 Jahre alt, verheiratet, zwei Kinder
staatl. geprüfter Techniker für Fahrzeug- und Sicherheitstechnik
Manager bei einer der größten Tankwagenspeditionen Europas
(Wartung und Reparatur, Entwicklung v. technischem Material)
Ehrenamtlich tätig in der Deutschen Pfadfinderschaft St. Georg
im Stammesvorstand in Delrath, auf Bundesebene im Kuratorium
für das Bundeszentrum der DPSG in Westernohe (Westerwald)

Dr. phil. Stephen Schröder

geb. 19.09.1973 in Esslingen
Studium: Geschichtswissenschaft, Politikwissenschaft, Staats-
recht (Universitäten Stuttgart und Bonn)
promoviert zum Dr. phil. an der Universität Bonn
Leiter des Archivs im Rhein-Kreis Neuss

Marion Zacheja

geb. 27.03. 1966 in Waltrop
Berufsausbildung zur Versicherungskauffrau in Neuss, später be-
rufliche Tätigkeit in einer Assekuranz in Düsseldorf
Mutter von zwei Kindern
viele Jahre ehrenamtliche Tätigkeiten in Schule und Kirche

Dankesworte
des Vorsitzenden des Vereins „750 Jahre Delrath"

Liebe Mitbürgerinnen und Mitbürger,

als Vorsitzender des Vereins „**750 Jahre Delrath e. V.**" möchte ich auch noch einige Dankesworte an Sie richten.

Als erstes danke ich den Laudatoren, dass sie für unsere Festschrift es sich nicht haben nehmen lassen, unserem Dorf zu gratulieren.

Danken möchte ich auch unserem Schirmherrn Heinz Hilgers, der auf unsere Anfrage hin, Schirmherr für unser Dorfjubiläum zu werden, sofort zusagte.

Um dieses Fest zu organisieren, waren viele Helfer notwendig. Es wurden einige Gremien gebildet. Sie haben ihre Freizeit geopfert, damit unser Fest „**750 Jahre Delrath**" gelingt.

Ich danke den Familien und Mitbürgern, die ihre Fotoalben, Familienchroniken und ihre Erinnerungen zur Verfügung gestellt haben.

Danken möchte ich dem Redaktionsteam, das in über einjähriger, unermüdlicher Arbeit nicht nur die vorliegende Festschrift erstellt hat, sondern auch viele Ideen entwickelte und Anregungen zur Durchführung der Jubiläumsveranstaltungen gab.

Ein Dorf lebt auch durch seine Vereine. Diese versuchen durch ihre Veranstaltungen das Dorfleben zu bereichern. Ohne diese Veranstaltungen wäre kein Dorfleben möglich. Deshalb bitte ich alle Mitbürgerinnen und Mitbürger, diese Veranstaltungen zu besuchen, damit diese Vereine weiter existieren und somit zu unserem Wohlbefinden beitragen können.

Am Ende bleibt zu hoffen, dass auch unsere Kindeskinder erzählen können, dass Delrath lebens- und liebenswert ist.

Herzlichst Ihr

Detlef Weber

Der Verein „750 Jahre Delrath"

bedankt sich bei allen Sponsoren,

deren Namen im Internet unter

www.delrath.net

nachzulesen sind.